Adieu pour cette année

Adieu pour cette année

La correspondance au Canada, 1640-1830

Jane E. Harrison

Données de catalogage avant publication (Canada)

Harrison, Jane E., 1959-

Adieu pour cette année. La correspondance au Canada, 1640-1830

Traduction de : Until next year
Comprend des réf. bibliogr.
Publ. en collab. avec : Musée canadien de la poste et Musée canadien des civilisations

ISBN 2-89261-206-3

1. Lettres (Genre littéraire) canadiennes – Histoire et critique 2. Correspondance – Ontario – Histoire. 3. Correspondance – Québec (Province) – Histoire. 4. Postes – Ontario – Histoire. 5. Postes – Québec (Province). I. Musée national de la poste (Canada). II. Musée canadien des civilisations. III. Titre

PS8207.H3714 1997   C816'.309   C97-940692
PS9207.H3714 1997
PR9193.4.II3714 1997

Copyright © 1997
Musée canadien des civilisations
100, rue Laurier, Hull (Québec), Canada J8X 4H2

Édition française publiée par XYZ éditeur
pour le Musée canadien de la poste
et le Musée canadien des civilisations

Traduction : Christian Bérubé
Conception de la couverture : Leslie Macredie
Photographie de la couverture : Plume et canif pliant, par Claire Dufour
Mise en pages : Édiscript enr.

Tous droits réservés. Aucune partie de cet ouvrage protégé par les droits d'auteur ne peut être reproduite ou utilisée sous quelque forme ou par quelque moyen que ce soit – graphique, électronique ou mécanique – sans l'autorisation écrite préalable de l'éditeur. Toute requête pour la photocopie, l'enregistrement vidéo ou sonore, la reproduction dans les banques de données et les systèmes d'archivage de toute partie de ce livre doit être adressée par écrit au Canadian Reprography Collective, 214 King Street West, Suite 312, Toronto, Ontario M5H 3S6.

Table des matières

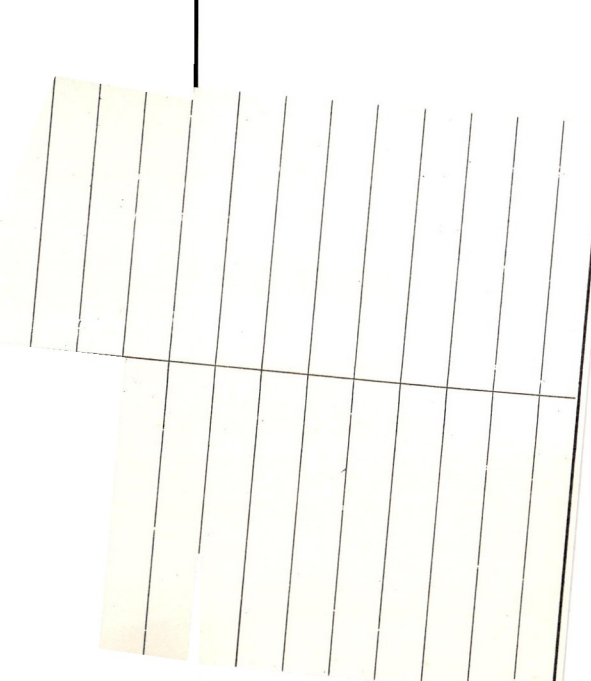

Liste des illustrations 9

Avant-propos
    par Francine Brousseau et John Willis............................ 13
    Note 15

Remerciements... 17

Préface 19

Note de l'auteur 23

Introduction.. 25
    Notes 29

Chapitre 1
La lettre 31
    Notes 54

Chapitre 2
Les communications et la Nouvelle-France 77
    Les premières années – Le monde de Marie de
        l'Incarnation... 77
    Le pays d'en haut... 88
    Une colonie plus solide.. 91
    Années de perturbations... 108
    Conclusion 110
    Notes 110

Adieu pour cette année

Chapitre 3
Le courrier après la Conquête 117
    Les communications et le bassin du Saint-Laurent............. 119
    Le courrier de New York 123
    Le courrier de Halifax 126
    L'axe Québec-Montréal 136
    La Malbaie – Une localité au-delà de l'axe
        Québec-Montréal 142
    Le courrier dans le Haut-Canada et au-delà....................... 144
    La sécurité du courrier 165
    Conclusion 169
    Notes 170

Conclusion 175
    Notes 177

Bibliographie 179

Liste des illustrations

Chapitre 1

1. *The Instructor; or, Young Man's Best Companion* 33
2. *The Self-Instructor; or, Young Man's Best Companion; Being an Introduction to All the Various Branches of Useful Knowledge* [181?] 34
3. *Le secrétaire des demoiselles; contenant des billets galans avec leurs réponses sur divers sujets* 35
4. *The Classical Letter Writer* 36
5. Le recueil de correspondance de Lawrence Ermatinger 37
6. « Comment faire une plume » 39
7. Écriture enfantine 41
8. Belle écriture 42
9. Une écriture convenable 43
10. Une écriture médiocre 44
11. L'art de manier la plume 45
12. Dater une lettre 47
13. François Malépart de Beaucourt, *Margaret Robertson Sutherland*, 1792 48
14. John Anderson à John Askin, 1798 50
15. John Cornwall à John Askin, 1786 52
16. Louis Baby à François Baby, 1765 53
17. Plume et canif pliant 55
18. Instructions pour faire de l'encre 56
19. Outil pour effacer et agate 57
20. Sablier 58
21. Écritoire complète 59
22. Horace Bundy, *Avocat du Vermont*, 1841 60
23. L'écritoire de voyage complète 61
24. Cachets de gousset 62

25. Faire de la place pour le texte 63
26. Écrire en travers d'une lettre 64
27. Plier la lettre 65
28. J. S. Chardin, *Une femme occupée à cacheter une lettre* 66
29. Cachets de bureau 67
30. John Collet, *La lune de miel*, 1755-1765 68
31. Un cachet de deuil 69
32. Ouverture d'une lettre 70
33. Espacement du texte 71
34. (a) Plis 72
    (b) Plis 73

Chapitre 2

1. *Marie de l'Incarnation*, 1672 79
2. Répartition de la population dans la vallée du Saint-Laurent, 1667 80
3. Trafic maritime entre l'Europe et Québec sous le régime français 84
4. *Rade de l'Isle Percée* 85
5. Marie de l'Incarnation à Mère Cécile de Saint-Joseph 87
6. Le pays d'en haut au XVIIe siècle 90
7. Jean-Baptiste-Louis Franquelin, *Québec comme il se voit du côté de l'est*, 1688 92
8. Vue du port de La Rochelle 94
9. Bureau, fin du XVIIe siècle 95
10. Traversées de l'Atlantique sous le régime français 97
11. *La ville de Louisbourg vue du port*, 1731 98
12. Vue du port de Bordeaux 99
13. (a) Vue de la ville de Montréal, 1721 102
    (b) Vue de la ville de Trois-Rivières, 1721 103
    (c) Vue de la ville de Québec, 1721 104
14. Répartition de la population dans la vallée du Saint-Laurent, 1765 105
15. Vue est de Montréal 109
16. Vue de Québec, 1761 111

Chapitre 3

1. Elizabeth Francis Hale, *Vue de la basse-ville et du port, Québec* 120
2. Trafic maritime à destination de Québec au cours de la période coloniale britannique jusqu'en 1840 122
3. Traversées de l'Atlantique depuis la Grande-Bretagne jusqu'en 1830 124
4. Voies de communication vers New York jusqu'en 1820 125
5. George Isham Parkyns, *Vue de Halifax depuis l'île George*, v. 1801 128
6. Le voyage par voie de terre entre Québec et Halifax avant 1820 129
7. P. J. Bainbrigge, *Le camp Saint-François, centre du portage du Témiscouata* 130
8. Charles Turner, *Ville et port de Saint John (N.-B.)* 132
9. Jonathan Sewell 133
10. William et Charlotte Berczy 134
11. La lettre du docteur James Gregory concernant les symptômes dont souffrait John Nairne 137
12. Répartition de la population dans la vallée du Saint-Laurent, 1790 138
13. Trois-Rivières et Berthier 139
14. Transport par voie de terre 141
15. Propriété du colonel Nairne à Mal Bay 143
16. Répartition de la population dans la vallée du Saint-Laurent, 1825 145
17. Voies intérieures empruntées par les canots, 1770 147
18. Richard Dillon, *Michillimakinac, sur le lac Huron* 148
19. La population d'origine européenne du Haut-Canada, 1800 151
20. *Le bord de la rivière à Détroit*, 1794 153
21. James Peachy, *Vue du fort Niagara* 154
22. Robert Irvine, *Queenston vue des hauteurs* 155
23. Adam Gordon Kenmure, Le *Sauk*, goélette de sa Majesté .. 156
24. James McGill 158

Liste des illustrations

25. Richard Dillon, *Vue nord-ouest de Montréal* 159
26. Répartition de la population et noms des localités, Haut-Canada, 1825 160
27. John Pattison Cockburn, *Le Joseph de Gaspé* 162
28. Sandwich 164
29. York, 1804 166
30. York, 1828 167
31. Edward Walsh, *St. Joseph's Island* 168

Avant-propos

L'historiographie des communications postales au Canada n'est pas aussi abondante qu'elle devrait l'être. Quelques chercheurs professionnels, dont des géographes, se sont intéressés au sujet et y ont apporté une très importante contribution. Des historiens professionnels qui ont lu et analysé de nombreuses lettres dans le cadre de leurs recherches se sont régulièrement penchés sur leur contenu sans toutefois se soucier de ce qu'elles auraient pu leur apprendre sur la nature du système de communication postal lui-même. Grâce à leurs ouvrages et à leurs articles sur les nombreuses communautés locales et régions composant notre pays, les philatélistes et historiens locaux nous ont donné un aperçu du patrimoine postal du Canada. Ce qui manque, c'est une analyse de l'histoire postale du Canada dans une perspective plus large, qui examinerait le sujet des communications postales dans le cadre plus vaste de notre histoire sociale et culturelle.

C'est surtout la période coloniale de l'histoire postale du Canada qui a besoin d'être réétudiée. Depuis la publication en 1920 de *History of the Post Office in British North America, 1639-1870* de William Smith, personne n'a tenté d'effectuer une étude sérieuse de cette période essentielle de notre histoire postale. J. C. Arnell, dans *Atlantic Mails : A History of the Mail Service between Great Britain and Canada to 1889*, publié par le Musée national de la poste en 1980, s'étend longuement sur le courrier transatlantique au cours de la période britannique (fin XVIIIe et XIXe siècle), mais ne fait qu'effleurer la période française. La publication de l'ouvrage *Adieu pour cette année*, de Jane Harrison, constitue une initiative importante pour combler cette lacune, ce qui devrait nous amener à une meilleure compréhension du rôle joué par la poste au cours de la période coloniale de l'histoire de notre pays. D'autres ouvrages sur des périodes ultérieures ont été rédigés ou sont en cours de rédaction. Le Musée national de la poste a publié en 1992 *On Track : The Railway Mail Service in Canada* de Susan McLeod O'Reilley. Chantal Amyot et John Willis, du Musée canadien de la poste, sont en train de rédiger un livre sur l'histoire des bureaux de poste dans les petites localités rurales ou les petites villes au Canada de 1880 à 1940. Ce renouveau de la recherche, fondamental pour le mandat du Musée canadien de la poste, devrait susciter

Adieu pour cette année

un intérêt accru et une meilleure compréhension de l'importance de notre patrimoine postal, tant chez les spécialistes que dans le grand public.

Adieu pour cette année est né il y a plusieurs années comme projet de recherche. C'est à Francine Brousseau, ancienne conservatrice du Musée canadien de la poste, et actuelle directrice de cet établissement, que nous devons l'idée de glaner de l'information sur la façon dont le courrier circulait en étudiant minutieusement ce qu'en disaient les correspondants dans leurs lettres. Jane Harrison avait rédigé un rapport de recherche en 1987. Nous l'avons de nouveau contactée en 1993 alors qu'elle préparait un doctorat sur les communications postales, pour qu'elle révise le manuscrit en vue de sa publication. Elle a accepté notre proposition et le résultat est un texte de qualité qui devrait soulever un intérêt considérable tant chez les passionnés d'histoire que chez les spécialistes.

Adieu pour cette année nous offre une relecture du courrier de nos ancêtres. L'ouvrage est étayé par une tradition d'érudition dans le domaine de l'histoire sociale, laquelle, au cours des vingt-cinq dernières années, s'est penchée sur la vie et les expériences de l'homme et de la femme ordinaires. Une branche de plus en plus importante de l'histoire culturelle, qui ne s'intéresse pas seulement aux objets matériels, mais également, selon les termes de Serge Gagnon, « aux sentiments, aux goûts, à l'imaginaire et aux croyances [1] » qui sont si intimement liés à nos vies, vient également l'enrichir. Quelle que soit la perspective adoptée, sociale ou culturelle, on nous présente invariablement un tableau beaucoup plus limpide de nos ancêtres, à la fois en tant que sujets et objets de leur histoire. *Adieu pour cette année* offre un aperçu de la vie privée et des préoccupations d'au moins un segment de la société coloniale canadienne, c'est-à-dire la minorité instruite. Nous apprenons la part qu'elle prenait aux communications écrites, comment elle les gérait et à quel point elle en dépendait. Il est vrai que nous avons affaire à une minorité, et une minorité souvent saisie dans le contexte d'une vie sociale privée et familiale. Néanmoins, c'étaient des membres actifs de la société coloniale qui était la leur. En tant que tels, ils nous éclairent sur un monde colonial plus vaste, un monde qu'il n'est pas facile de reconstituer simplement en étudiant les inventaires de succession ou en dressant un tableau de la variation du taux de natalité à partir de diverses sources statistiques.

L'époque coloniale fut caractérisée par l'absence de service postal gouvernemental organisé au Canada, ou à tout le moins par son caractère relativement rudimentaire. Les particuliers devaient faire preuve de beaucoup d'initiative personnelle s'ils voulaient que leurs lettres arrivent à destination. *Adieu pour cette année* nous apprend comment, en l'absence de système postal officiel, les particuliers n'avaient d'autre choix que de prendre eux-mêmes la situation en mains. À notre époque d'acheminement facile du courrier par voie électronique et de tri mécanique du courrier, nous ne pouvons pas réaliser à quel point nos ancêtres coloniaux devaient *eux-mêmes* s'investir pour que l'acheminement du courrier se fasse sans accroc. Dans le contexte colonial, par ailleurs, rien ne pouvait être tenu pour acquis. Les lettres ne voyageaient pas particulièrement facilement entre Paris et Québec, ni sur le Saint-Laurent et les Grands-Lacs. Mais les choses étaient passablement plus compliquées. La circulation du courrier nécessitait tout un processus, parfois sinueux, fortement dépendant des saisons et souvent sujet à des retards. L'auteur de *Adieu pour cette année* décrit admirablement ce processus. De plus, elle nous apprend une nouvelle façon de lire les lettres du passé, non seulement pour leur contenu, mais aussi pour le désir de communiquer dont elles témoignent.

Lorsque nous lisons des lettres d'autrefois, nous nous immisçons dans une conversation ayant des particularités manifestes et d'autres cachées. Mais l'intérêt de cette conversation ne se limite pas à ce qui est écrit à l'intérieur du pli. Dans son étude, Jane Harrison montre qu'après des recherches et des recoupements minutieux, on peut arriver à une compréhension satisfaisante du processus caché qui permet à deux personnes ou plus de rester en contact à tel moment et à tel endroit. *Adieu pour cette année* affirme l'importance des communications postales dans le processus général des communications interpersonnelles au cours de la période coloniale de notre histoire. Marie de l'Incarnation et Jonathan Sewell, pour ne nommer que deux de nos correspondants, attachaient une grande importance à leurs lettres parce que c'était le seul moyen pour eux de communiquer avec une personne qui se trouvait physiquement loin d'eux. Il n'est donc pas étonnant qu'ils aient été prêts à s'investir pour que leurs lettres atteignent leur destinataire.

Au cours de la période coloniale, on ne pouvait pas espérer connaître par l'intermédiaire de témoins oculaires tout ce qui se passait dans le monde. La plupart des nouvelles, bonnes ou mauvaises, étaient transmises par le courrier. Il n'est pas facile pour l'observateur de la fin du XXe siècle de saisir toute l'importance du courrier. Utilisons notre imagination. Remontons un instant dans le temps, jusqu'aux années 1940 : vous venez de recevoir par le courrier l'annonce que votre fils est mort au combat quelque part sur les champs de bataille d'Europe, d'Afrique ou d'Asie. Imaginez ce que vous pourriez ressentir en lisant cette nouvelle sur une feuille de papier relativement petite. Maintenant, vous commencer à avoir une infime idée de ce que pouvait représenter le système postal pour ses clients coloniaux il y a deux ou trois siècles.

Dans les pages qui suivent, Jane Harrison propose un point de vue à la fois fascinant et hardi. Nous sommes certains que son livre suscitera d'autres études dans le domaine de l'histoire des communications postales au Canada, et des communications en général. Qu'est-ce qu'un musée de la poste pourrait demander de plus ?

Francine Brousseau
John Willis

Note

1 Serge Gagnon, *Québec and its Historians : The Twentieth Century* (Montréal, Harvest House, 1985), p. 164.

Remerciements

*A*u cours des dix années qui furent nécessaires pour que naisse ce livre à partir d'un rapport de recherche, j'ai contracté de nombreuses dettes. Francine Brousseau est à l'origine de l'idée du projet original, et son aide et son enthousiasme constants ont été essentiels à la publication de cet ouvrage. Au cours de l'été et du printemps de 1986, alors que je me consacrais à la recherche initiale, j'ai reçu l'aide de nombreux archivistes, bibliothécaires et spécialistes auxquels depuis longtemps je dois des remerciements. J'aimerais remercier tout particulièrement le personnel de la Bibliothèque nationale du Canada, à Ottawa, celui des Archives nationales du Canada, à Ottawa — tout spécialement Marianne McLean, Tim Dubé, Patricia Kennedy et Bruce Wilson ; le personnel des Archives nationales du Québec et des Archives du Séminaire de Québec, à Québec ; celui des Archives de l'Université de Montréal et de la Baldwin Room de la Central Reference Library, à Toronto.

John Willis, du Musée national de la poste, a supervisé la métamorphose du rapport initial en manuscrit avec un enthousiasme inébranlable, commentant les brouillons et se chargeant d'interminables détails administratifs. Ses collègues du Musée national de la poste et les employés du Musée canadien des civilisations, dont Anne Malépart, ont apporté d'innombrables façons leur concours à ce projet.

Ceux qui connaissent Phil Dunning parlent de son incommensurable enthousiasme et de son extraordinaire générosité, tant pour ce qui est de son temps que de ses connaissances. J'en ai profité et j'ai eu énormément de plaisir. Sans le prêt de sa riche collection d'artefacts, le présent ouvrage aurait été beaucoup moins intéressant visuellement. Tina Bates m'a mise en relation avec Phil et a passé des heures à nous aider à choisir le matériel à utiliser dans les photos. Claire Dufour a fait, comme toujours, des merveilles avec son appareil photo. Andrée Héroux a réalisé des cartes qui enrichissent le texte. Jim Burant et Gilbert Gignac, des ANC, et Conrad Graham, du Musée McCord à Montréal, m'ont apporté une aide précieuse pour ce qui est des illustrations. Jane Lynch, du Service de prêts entre bibliothèques de la J. P. Robarts Library de l'Université de Toronto, m'a aidée avec une bonne humeur sans faille à retrouver des textes peu connus. Dick Helmstader,

Adieu pour cette année

Jan Hazelton, Michael Bliss et Christopher Moore m'ont tous prodigué aide et conseils. Barbara et Alex Harrison, Susan Padmos, David Paton, Shannon McSheffrey, Eric Reiter et Susan McLeod O'Reilly m'ont aidée de leurs conseils et m'ont hébergée lorsque j'en avais besoin.

J'ai eu la chance d'avoir dans la Wilfrid Laurier University Press un éditeur enthousiaste qui n'a pas ménagé ses encouragements. Tous m'y ont apporté une aide qui ne s'est jamais démentie, mais j'aimerais exprimer tout particulièrement ma gratitude à ma secrétaire de rédaction, Carroll Klein, et à la directrice, Sandra Woolfrey. Mme Woolfrey a accordé au projet une attention personnelle à la fois étonnante et encourageante.

Par-dessus tout, ce livre a bénéficié énormément des critiques formulées par d'autres spécialistes. Je suis particulièrement reconnaissante aux lecteurs anonymes qui ont lu le manuscrit pour la WLUP. Allan Greer, Valerie Korinek et Jeff McNairn ont lu des parties du texte. Avec une abnégation digne d'une véritable amitié et d'une sincère collaboration entre spécialistes, Paul Deslandes, Adam Crerar et Deborah Van Seters ont lu et relu ce que j'écrivais, formulant pendant toute la durée de la rédaction de l'ouvrage des critiques judicieuses. Leurs conseils se sont avérés inestimables, mais la responsabilité de toute erreur qui aurait pu subsister m'appartient entièrement. Toutefois, c'est envers Charlie Trainor que j'ai la dette la plus grande. Il a vécu pendant plus de dix ans avec cette histoire du courrier. Il l'a lue, corrigée et dactylographiée, et m'a soutenue avec une patience et un respect inégalables. Rien de ce que je pourrais dire ici n'exprimerait adéquatement ma gratitude. Il sait pourquoi ce livre est dédié à Matthew et Emma, qui n'en ont pas vu le commencement mais qui sont ici pour en célébrer la fin.

Préface

Ce livre est le prolongement d'un projet de recherche que j'ai réalisé il y a un certain nombre d'années pour le Musée national de la poste, à Ottawa. Le musée projetait d'organiser une exposition sur l'histoire des services postaux au Canada, mais il lui manquait des données sur la façon dont la poste fonctionnait sous le régime français et pendant les premières décennies de la période coloniale britannique. Les études existantes sur le courrier d'autrefois étaient rares et sommaires ; elles s'appuyaient presque exclusivement sur les peu nombreux registres officiels subsistants et s'intéressaient surtout aux premiers courriers et aux premières routes postales officielles. Les lettres de l'époque contiennent souvent des allusions à la circulation du courrier, mais cette source avait été presque totalement négligée. Le musée espérait qu'un examen des collections de lettres remontant aux premières années de la colonie française des rives du Saint-Laurent offrirait un point de vue nouveau, plus complet et plus personnel, sur les débuts des communications.

L'objectif du projet était de déterminer les raisons à l'origine de la rédaction des lettres et d'analyser ce que leur texte révélait sur les moyens d'acheminement du courrier. L'étude originelle ne se voulait nullement une histoire exhaustive du courrier. Elle ne puisait à aucune autre source primaire et ne tentait pas d'intégrer des données tirées d'ouvrages secondaires existants. Elle mettait en relief les aspects des communications auxquels les lettres elles-mêmes faisaient allusion, laissant de côté les sujets qui n'intéressaient pas les contemporains. Les textes étaient passionnants et vivants, dépassant les attentes du Musée. Le rapport final mit en lumière de nouveaux thèmes et nous permit de comprendre le courrier d'autrefois d'un point de vue novateur. Cette histoire réclamait un plus vaste public, et à l'incitation du musée je me suis attelée à la tâche de transformer un document de travail en un texte destiné à la publication.

Cet ouvrage suit dans ses grandes lignes le projet initial. Il a été enrichi par un dépouillement minutieux des sources secondaires existantes et par une plus grande connaissance de ma part de la culture des processus de communication des premières années du Canada, mais il n'a pas changé en substance.

Adieu pour cette année

Trois considérations générales m'ont guidée dans le choix des collections de recherche. D'abord, le temps et les ressources étant limités, j'ai dû me concentrer sur des modèles généraux et des itinéraires précis, des localités et des moments particuliers. Deuxièmement, le musée s'intéressait particulièrement au courrier échangé dans la colonie même et entre celle-ci et la France ou la Grande-Bretagne. C'est pourquoi je me suis peu étendue sur le courrier entre le Canada et d'autres territoires de l'Amérique du Nord. Troisièmement, en insistant sur quelques grandes collections, la recherche était plus rapide et il était plus facile de repérer les modèles, de retracer les changements au cours des ans et de distinguer entre l'habituel et l'extraordinaire dans les usages d'un correspondant particulier.

Les correspondants qui sont au cœur de mon étude constituaient une élite. Même si on les compare aux épistoliers en général, ces correspondants étaient extraordinaires à cause du volume de courrier que la plupart écrivaient chaque année. Toutefois, au sein de ce groupe restreint, j'ai tenté de retenir un éventail aussi large que possible de correspondants. On y trouve des figures religieuses tels les prêtres associés au Séminaire de Québec, des missionnaires catholiques et des membres de congrégations religieuses féminines, des négociants tels John Askin, George Allsopp, et ceux qui figurent dans la collection Baby ; des avocats comme les frères Sewell ; des dames de la bonne société comme Elisabeth Bégon, Elizabeth Russell et Anne Powell ; l'artiste William Berczy, des fonctionnaires, des seigneurs, des soldats et des marchands de fourrure. De plus, l'utilisation de collections importantes de lettres m'a donné accès à beaucoup de personnes très diverses.

Dans le choix des collections, je me suis efforcée de tenir compte d'un certain nombre de facteurs importants. D'abord, même si la majorité des correspondants étaient des hommes, beaucoup de femmes écrivaient également. Les lettres de Marie de l'Incarnation, rédigées au début de la période française, constituent en particulier une source riche et vaste ; les lettres de Mère de Sainte-Hélène, celles des femmes de la famille Askin, d'Elizabeth Russell, de Charlotte Berczy et d'Anne Powell nous font également entendre des voix de femmes importantes.

Les sources ont été choisies à peu près équitablement parmi les correspondants de langue française et ceux de langue anglaise. Sous le régime français, les correspondants étaient inévitablement francophones. Après la Conquête, la volumineuse collection Baby et des lettres des documents Berczy et Askin en particulier fournissent un point de vue francophone, tandis que les documents Nairne, Russell et Powell sont des lettres de correspondants anglophones.

Il subsiste relativement peu de collections de lettres du régime français. Celles que j'ai consultées pour le présent ouvrage constituent une part importante de ce qui existe. Pour les décennies suivant la Conquête, le volume des lettres conservées est plus important. La répartition géographique des correspondants est également plus vaste. Par conséquent les lettres utilisées constituent une portion moindre de ce qui existe. La recherche s'est surtout concentrée sur des villes comme Québec, Montréal, Queenston et York, qui, étant des grands centres, revêtent une importance particulière, et également sur des localités telles que La Malbaie et Détroit, pour lesquelles les sources sont particulièrement riches. Des villes et des régions déjà décrites dans la documentation secondaire, par exemple Kingston et l'est de l'Ontario, ont été laissées de côté.

Enfin, au choix des collections a présidé le souci d'une répartition le plus équitable possible entre les époques. Les lettres de Marie de l'Incarnation couvrent la période des années 1640 jusqu'au début des années 1670 ; les lettres consultées dans les Archives du Séminaire de Québec ont été écrites entre 1680 et 1720 ; Mère de Sainte-Hélène représente les années 1730 à 1740, tandis qu'elle et beaucoup d'autres correspondants nous amènent jusqu'à la Conquête. Pour ce qui est de la période britannique, les lettres de la collection Baby datent des toutes premières années de la domination anglaise, et les documents Askin commencent en 1778, mais la plupart des lettres étudiées furent écrites à partir des années 1790.

Les lettres qui forment le cœur de ce livre constituent un échantillon riche et diversifié. Comme dans tout travail historique, il existe des lacunes inévitables : les historiens pourraient déplorer qu'une collection ou une autre n'ait pas été utilisée, ou auraient pu souhaiter qu'on insiste davantage sur un aspect particulier. Néanmoins, l'objectif de ce projet n'a jamais été de recréer le passé de façon exhaustive, mais plutôt de susciter l'intérêt et la réflexion.

Préface

J'espère faire prendre conscience à ceux qui se penchent sur les débuts des communications de l'existence d'une source incroyablement riche et jusqu'à présent négligée, et en même temps présenter au lecteur profane une histoire qui n'a jamais été racontée. Cet ouvrage se veut un début, une première incursion dans un nouveau territoire. Il offre un point de vue sur le processus des communications et fait revivre l'expérience d'un groupe de correspondants pour lesquels le courrier était vital.

Note de l'auteur

Le présent ouvrage met en valeur d'abondantes citations de lettres d'époque datant du XVIIe siècle jusqu'au début du XIXe siècle. Pour que celles-ci soient plus accessibles, les passages rédigés à l'origine en anglais ont été traduits en français. Ce faisant, on s'est efforcé de conserver aussi bien le ton que le sens de l'original. Lorsqu'il semblait important que le lecteur ait la possibilité de lire l'original, on a inclus celui-ci dans une note en bas de page. Dans certains cas, la traduction n'a pu rendre le sens de l'original ; ainsi, ces passages apparaissent tels qu'écrits à l'origine en anglais et une traduction française figure dans la note en bas de page.

L'un des objectifs de cet ouvrage est de donner au lecteur un aperçu de ce qu'étaient les lettres elles-mêmes, de leur style, de leur langue. Pour cette raison, l'orthographe, les majuscules et la ponctuation n'ont pas été modernisés dans le cas des passages cités dans la langue d'origine. Les conventions suivantes ont été utilisées pour les passages manquants ou difficiles à lire. Lorsqu'un mot, ou une expression, manque ou est illisible, il est remplacé par des points de suspension entre crochets aigus <…>. Lorsqu'une partie de mot manque ou est illisible, elle est remplacée par des points de suspension, et les lettres qu'il est possible de déchiffrer sont mises hors des crochets. Lorsqu'un mot ou un passage est difficile à lire, mais que le sens semble clair d'après le texte et une connaissance de l'écriture de l'auteur de la lettre, ce mot, ou cette expression, est donné à l'intérieur de crochets aigus. Tous les commentaires de l'auteur du présent ouvrage figurent à l'intérieur de crochets droits.

Introduction

À cette distance, l'écriture est mon seul moyen de communication, le seul qui me permette de profiter de votre société, à laquelle le ciel, vous et le monde pouvez témoigner, je tiens plus que tout ce que l'œil peut voir, tout ce que la langue peut décrire ou que le cœur de l'homme peut concevoir [1].

[Jonathan Sewell, avocat et juge bien en vue de Québec, à son épouse bien-aimée Harriet Sewell, alors qu'il se trouvait loin de chez lui en 1798]

Aujourd'hui, nous sommes en pleine révolution des communications. Le téléphone, la télécopie, le courrier électronique et l'autoroute de l'information ont transformé la façon dont nous communiquons ainsi que la vitesse et l'aisance avec laquelle nous le faisons. Pour bien des gens, la lettre conventionnelle — que l'on affranchit, sur laquelle on écrit une adresse et qu'on dépose dans la boîte aux lettres — est une rareté relative. Rares sont ceux qui aujourd'hui écrivent une lettre, sinon pour marquer des occasions spéciales ou envoyer leurs vœux annuels à des amis habitant au loin. Le service postal est jugé particulièrement lent.

Les Canadiens ont connu autrefois un monde très différent. La population européenne de ce qui était à l'origine la colonie française du Canada, et, plus tard, le Haut et le Bas-Canada, était relativement peu nombreuse. Ces colons vivaient dans des localités éloignées les unes des autres, reliées par des routes rares et souvent mauvaises sur lesquelles les voyages pouvaient être longs et pénibles. Il n'y avait ni chemins de fer ni canaux ; ils ne disposaient ni du télégraphe ni du téléphone. Un océan les séparait de l'Europe.

La solitude les menaçait, mais ils avaient deux défenses principales. D'abord, le voyage. En effet, il est évident qu'à pied ou en raquettes, en voiture ou en traîneau, les Canadiens se déplaçaient souvent, tant l'été que l'hiver, sur des distances étonnantes. Certains traversaient et retraversaient même l'Atlantique à un rythme surprenant. Autrement, les Canadiens comptaient sur la correspondance. Seules les lettres les reliaient à des amis, des parents, des collègues et des associés éloignés.

Comment comprendre une pareille dépendance ? Il est difficile d'imaginer que l'on puisse ne disposer que d'un moyen de communication, sans compter que l'État, pendant une grande partie de cette période, ne joua guère de rôle dans la transmission des lettres — une bonne partie du « courrier » ne passait jamais par un bureau de poste [2].

Cet ouvrage veut recréer le monde des communications de l'époque. Il indiquera qui écrivait des lettres, et pourquoi. Il expliquera de quels instruments on se servait et à quoi ressemblaient les lettres. Mais surtout il décrira comment les lettres se déplaçaient entre les localités et franchissaient l'océan. Il a pour objectif de faire connaître les conventions, les stratégies et les structures qui caractérisaient les communications écrites. Cette approche est fondamentale parce que la correspondance ne pouvait rompre l'isolement des colons et les relier au monde extérieur que si la circulation des lettres se faisait avec facilité, rapidité et régularité, et de façon sûre.

C'est une source inédite qui nous permet de faire revivre cet univers : le courrier même. Dans leurs lettres, les correspondants révèlent leurs attentes et évoquent le rôle que jouaient les lettres dans leur vie et leurs affaires. Ils nous renseignent sur l'acte même de la correspondance, et les formes qu'il prenait, et nous en apprennent beaucoup sur le processus de communication. Beaucoup de lettres débutent par un long inventaire du courrier envoyé et reçu, lequel inventaire comportait souvent des considérations détaillées sur les voies de communication, les coûts et les risques de retard et d'égarement. D'autres parlent plus généralement de la transmission du courrier. Toutes, par leur forme et leur contenu, fournissent d'importants indices sur la façon dont elles circulaient. Les lettres nous amènent au cœur du processus de communication et révèlent des conventions, des comportements, des usages et des voies sur lesquels les documents officiels de l'époque sont muets.

Il sera question d'une période et d'un territoire précis. L'ouvrage portera sur l'aire de colonisation européenne que l'on appelait à l'époque Canada, et qui comprend aujourd'hui les parties méridionales de l'Ontario et du Québec. Les gens de ce territoire partageaient une situation et des expériences qui les distinguaient des habitants de la côte atlantique et de leurs voisins du sud. Sous le régime français, les colons étaient concentrés le long de la vallée du Saint-Laurent. Nous nous intéresserons surtout à cette zone de colonisation principale, mais nous aborderons brièvement l'expérience des correspondants du « pays d'en haut » — les terres de la traite des fourrures au nord et à l'ouest[3]. En 1760, la colonie du Canada ou de Québec[4] tomba aux mains des forces britanniques, et dans le traité de Paris de 1763 la souveraineté sur ce territoire fut cédée à la Grande-Bretagne. Après cette date, nous nous intéresserons surtout aux établissements en pleine croissance de la vallée du Saint-Laurent et aux communautés en expansion du pays d'en haut, à partir desquelles fut créée en 1791 la nouvelle province du Haut-Canada. Notre récit se poursuit jusqu'aux années 1820, mais s'achève à ce moment. Dans les années 1830, les formes, les modes et la vitesse des communications avaient commencé à changer. Le temps du chemin de fer approchait, le service postal connaissait une croissance phénoménale et la lettre même était différente.

Cet ouvrage porte sur un groupe limité de Canadiens — ceux qui pouvaient écrire des lettres et qui constituèrent un pourcentage relativement faible de la population totale tout au long de la période que nous examinons. Sous le régime français, la population sachant lire et écrire était surtout urbaine — elle devait comprendre la plupart des membres du clergé et des ordres religieux, les administrateurs, les officiers, certains seigneurs, beaucoup de commerçants et un petit nombre d'autres personnes. Dans les dernières décennies du XVIIe siècle, on croit que 49,9 pour cent de la population des paroisses de Montréal et de Québec pouvait écrire son nom ; 28,6 pour cent de la population rurale pouvait faire de même[5]. Au début du XIXe siècle, on estime que 60 pour cent de la population totale des villes du Bas-Canada savait lire et écrire, ce chiffre étant de 22 pour cent dans la population rurale. Dans les années 1840 et 1850, les deux pourcentages commencèrent à monter[6].

Nous en savons beaucoup moins sur le Haut-Canada avant le milieu du XIXe siècle. Le taux d'alphabétisation des premiers colons variait probablement en fonction de facteurs tels que l'origine nationale, la richesse, l'instruction, l'appartenance religieuse et l'emploi. Mais en fait, nous ne savons guère dans quelle mesure la plupart des premiers habitants du Haut-Canada pouvaient lire et écrire. Il est vraisemblable que ce fut le cas de presque tous ceux qui ont grandi après 1830, mais nous ne sommes déjà plus dans la période examinée dans cet ouvrage[7].

Ainsi, lorsque nous parlons du monde des correspondants, nous parlons d'un groupe assez peu nombreux, et les lettres qui ont survécu tendent à rétrécir encore plus notre champ d'investigation. Il pouvait arriver qu'un Canadien illettré envoie ou reçoive une lettre, faisant appel à l'aide d'un voisin, d'un voyageur ou d'un membre du clergé pour l'écrire ou la lire, mais les lettres qui nous sont ainsi parvenues sont rares. Beaucoup de colons ordinaires, qui savaient lire et écrire, mais étaient pauvres et avaient peu de liens avec d'autres personnes, envoyaient probablement des lettres de temps à autre. De petits fragments de celles-ci ont survécu. Ceux qui correspondaient le plus souvent, et dont les lettres nous sont parvenues en plus grand nombre — et qui forment donc la base de ce livre —, savaient lire et écrire, étaient généralement nantis, puissants et blancs, et entretenaient des rapports avec de nombreuses personnes. Ces hommes et ces femmes étaient des négociants importants et influents, des administrateurs, des gens d'Église, des avocats, des juges, des seigneurs, des militaires et des membres bien en vue de leur communauté. Ce n'étaient pas des gens ordinaires, mais il est assez évident que leur expérience des communications l'était. Le monde qu'ils décrivaient, tout auteur de lettre, membre de l'élite ou non, aurait vu le même, et il est vraisemblable également que tout auteur de lettres aurait réagi dans une grande mesure, sinon tout à fait, comme les membres de ce groupe.

Conservées comme souvenirs ou à titre d'archives, ou simplement oubliées dans un tiroir, les lettres qui nous sont parvenues révèlent les pensées, les expériences et les actes des gens du passé.

Il est tentant de voir dans la correspondance un processus difficile et vulnérable. Nous évoquons une vision héroïque des Canadiens s'efforçant de communiquer en dépit de difficultés extraordinaires. Les rares lettres apportaient des nouvelles imprécises de gens et d'événements presque oubliés : un lien vital ténu avec un monde éloigné. Les films, les romans et les récits nous incitent souvent à voir les choses de cette manière, et en effet, de notre point de vue — et nos attentes sont extraordinairement différentes —, il est difficile d'imaginer que ceux qui vivaient à cette époque n'étaient pas d'éternels frustrés. Les lettres, quant à elles, commencent à nous faire entrevoir quelque chose de très différent et de beaucoup plus passionnant. Ce n'étaient pas des mots occasionnels apportant de vieilles nouvelles dans un trou perdu, mais des lettres fréquentes et substantielles sur lesquelles comptaient les Canadiens et qui étaient des outils essentiels dans la conduite de leurs affaires personnelles, financières et publiques.

Les lettres apportaient du réconfort aux correspondants lorsqu'ils étaient séparés de leur famille et de leurs amis. Elles étaient, comme l'écrivait mère de Sainte-Hélène, une sœur hospitalière de l'Hôtel-Dieu de Québec, « une de mes plus douces consolations[8] ». Elizabeth Russell, dame de bonne famille du Haut-Canada, considérait les lettres d'une amie éloignée comme « un des plus grands réconforts de ma vie » et « un de mes plus grands bonheurs[9] ». Le peintre William Berczy, souvent séparé de sa femme Charlotte, s'exprimait en termes semblables en 1809 : « Quel plus grand plaisir pourai-je avoir eloignée de toi, que de me servir de l'invention heureuse et merveilleuse de transmettre sur un feuille de papier nos pensées à quelque distance que ce soit[10]. »

En fait, les lettres pouvaient être le dernier lien entre des membres d'une même famille et des amis séparés pour le reste de leur vie. L'ursuline Marie de l'Incarnation quitta la France pour le Canada en mai 1639, lorsque son fils Claude avait 20 ans. Elle ne devait jamais le revoir, et pendant la trentaine d'années qu'elle passa à Québec, les lettres qu'ils échangèrent tous les ans étaient le seul lien direct entre la mère et le fils[11]. Les lettres d'autres correspondants étaient aussi très importantes pour elle. En septembre 1668, elle écrivit à une ursuline de Tours que leurs lettres étaient « la dernière voye par laquelle mon cœur se répandra dans le vôtre, et vous asseurera que mon âme demeurera toujours collée à votre âme[12] ». De la même manière, les lettres étaient le moyen privilégié permettant à Marie-Anne Panet et à sa sœur de maintenir des liens après que le mariage de la première en 1781 l'eut obligée à gagner le Canada, au nord. Le père de Marie-Anne Panet, Jean-Gabriel Cerré, était un important négociant du pays des Illinois, et sa famille vivait à Saint-Louis-des-Illinois (près de l'actuelle ville de Saint-Louis, dans le Missouri). Son père et son frère venaient parfois au Canada pour des raisons commerciales, mais, à l'exception d'un unique séjour dans sa famille en 1790, elle ne revit jamais sa mère ni sa sœur. Quelques années après ce séjour, la sœur de Marie-Anne écrivait :

> J'aurais en effet, ma Chère Sœur désiré d'être rapproché de vous mais Cela Sans me Separer de Maman. Ce qui devenait impossible, il faut nous Soumettre à nos destinées, l'amitié qui nous sunit et les nouvelles reciproques que nous nous donnons Sont des Consolations desquelles il faut savoir jouir[13].

Les parents envoyaient des lettres pour exercer leur autorité sur leurs enfants vivant au loin. George Allsopp, un négociant britannique

Adieu pour cette année

bien en vue, seigneur de Jacques-Cartier, village en amont de Québec, écrivit à ses fils de nombreuses lettres les conseillant sur la conduite de leurs affaires. Établis à Londres, New York et Lisbonne, ceux-ci ne travaillaient pas que pour assurer leur propre subsistance, mais aussi, comme il était d'usage à l'époque, pour assurer la fortune de toute la famille. De chez lui, Allsopp s'intéressait de près à leurs affaires, prodiguant encouragements, conseils et critiques dans ses lettres, et écrivant nombre de lettres de recommandation pour mobiliser ses connaissances en leur faveur [14].

John Nairne, le seigneur de Murray Bay (La Malbaie), en aval de Québec, envoya à sa fille Madie d'interminables lettres de conseils. En août 1782, alors qu'elle avait 15 [13?] ans, il lui écrivit une lettre sur la façon dont elle devait se comporter si, ainsi qu'elle en avait le projet, elle faisait un séjour prolongé en Écosse. Nairne la prévenait qu'elle serait « très malade en mer » et la conseillait ainsi : « Efforce-toi de manger souvent, aie toujours des biscuits à portée de la main et manges-en souvent un peu, respirer et manger un peu de citron te sera utile, et aussi de sortir souvent sur le pont pour respirer et faire de l'exercice. » La plupart des lettres portaient sur la manière dont elle devait se comporter avec ses tantes. Il écrivait : « Lorsque tu iras pour la première fois chez tes tantes, veille à être bien vêtue, il faut que tu sois toujours propre et bien mise. » Ses sœurs, la prévenait-il, lui poseraient bien des questions, et il consacrait deux pages aux réponses qu'elle devait donner : il lui rappelait son âge et celui de ses frères et sœurs, la fréquence à laquelle elle et lui se rencontraient, et l'endroit où il vivait. Au sujet de sa demeure à Murray Bay, il lui suggérait de leur dire : « C'est un bel endroit, où il y a de bonnes récoltes de blé, abondance de bon lait et de beurre, ainsi que de saumon et de truites, et […] ta mère a construit une belle grande maison […] et il y a maintenant beaucoup de gens qui [y] sont installés. » Il lui disait que si ses tantes lui demandaient si elle voulait rentrer chez elle, à Murray Bay, elle devait répondre : « Tu aimerais beaucoup aller là-bas voir ta mère et tes anciennes connaissances, mais pas aller y vivre tout le temps [15]. »

Les correspondants écrivaient également des lettres pour commander à des amis et des parents des biens et des services d'une diversité stupéfiante. L'avocat et juge Edward Bowen écrivit une série de lettres entre août 1814 et juin 1815, demandant à son ami Jonathan Sewell, qui se trouvait alors en Angleterre, d'acheter un piano et de le lui expédier au Canada [16]. Les membres de la famille Nairne échangèrent une correspondance abondante avec James Ker, d'Édimbourg, un ami intime qui était aussi leur agent. Au moyen de ces lettres, ils réglaient leurs finances et leurs biens, ainsi que les successions, et sollicitaient des avis médicaux. Ils discutèrent même de la conception d'une pierre tombale qui fut expédiée plus tard de Grande-Bretagne [17].

Par-dessus tout, cependant, ce que demandaient et donnaient les Canadiens dans leurs lettres, c'étaient des nouvelles sur tout, de la mode aux derniers événements politiques et militaires. On était avide de tout ce qui concernait l'Europe : ainsi, en 1795, Elizabeth Russell pressait ainsi une correspondante en ces termes : « Donne toujours beaucoup de détails sur tous les sujets que tu abordes, car je trouve le plus infime détail sur ce qui concerne ta partie du monde intéressant [18]. » Les nouvelles étaient un bien que certains possédaient et que d'autres convoitaient. Le négociant montréalais Lawrence Ermatinger écrivit en 1770 à un correspondant d'affaires à Londres : « Nous n'avons pas de nouvelles à présent. Vous les avez toutes, et comme les nouvelles d'Angleterre ne sont pas désagréables à apprendre dans cette partie du monde, j'espère que vous me ferez la faveur de m'en donner quelques-unes [19]. »

L'intérêt que l'on portait aux nouvelles tenait en partie à la simple curiosité et au désir d'être informé des plus récents événements, mais la connaissance de ceux-ci aidait aussi les Canadiens à prendre des décisions importantes. Par exemple, en 1791, Stephen Sewell écrivait de Saint John (Nouveau-Brunswick) à son frère Jonathan, à Québec, lui apprenant que Québec allait être divisé pour former les deux provinces du Haut-Canada et du Bas-Canada, et que le général Simcoe était nommé gouverneur du Haut-Canada. « Tu dois utiliser au mieux cette nouvelle, à ton avantage et au mien… », disait-il à Jonathan [20]. Les deux frères étaient des avocats qui avaient besoin d'appui pour obtenir des postes dans la fonction publique. Une prise de connaissance rapide des événements importants pouvait leur permettre de profiter des changements et de l'emporter sur d'éventuels concurrents.

Les négociants avaient particulièrement besoin de connaître les nouvelles. Celui qui disposait des renseignements les plus à jour et les plus complets relativement aux prix et aux marchés coiffait ses concurrents. En outre, les négociants étaient à l'affût de nouvelles plus générales d'ordre politique et militaire, car la navigation, l'offre et la demande ainsi que les prix étaient tous extrêmement sensibles à l'évolution des conditions. Lawrence Ermatinger reconnaissait ce fait lorsqu'il affirmait en 1772 : « Nous avons eu vent ici d'une guerre. Si c'est vrai, ceux qui ont spéculé sur le blé subiront des pertes considérables [21]. »

Les négociants ne correspondaient pas uniquement pour recevoir des nouvelles, loin de là. Ils écrivaient aussi des lettres pour établir des relations d'affaires ou commerciales, pour passer une commande de marchandises, pour annoncer comment et quand des marchandises seraient expédiées, et pour accuser réception de celles-ci. Ils envoyaient et payaient des comptes par courrier, et discutaient à leur sujet. Leur correspondance est d'une abondance et d'une diversité étonnantes, et concerne tous les aspects de leurs affaires.

D'autres correspondants trouvaient aussi que les lettres étaient des instruments essentiels dans la conduite de leurs affaires. Par exemple, le médecin et chirurgien du roi, Michael Sarrazin, envoyait des données scientifiques essentielles par courrier aux membres de l'Académie royale des sciences, à Paris, au début du XVIIIe siècle [22]. L'ingénieur Chaussegros de Léry avait besoin du courrier pour envoyer des rapports à Paris concernant le problème crucial des fortifications du Canada au cours de la première moitié du XVIIIe siècle [23]. Tant à l'intérieur du Canada qu'entre le Canada et l'Europe, on échangeait par courrier des renseignements importants, et on établissait des politiques.

Les lettres étaient des documents courants rédigés dans un but bien précis : atténuer la solitude, communiquer des nouvelles et faire des affaires. Ce livre racontera leur histoire.

Notes

1 Archives nationales du Canada [ANC], MG 23 GII 10, Documents Jonathan Sewell, vol. 3, 25 février 1798, p. 1128-1131.

2 Le mot « courrier », ne désigne traditionnellement que les lettres portant une preuve matérielle — tampon ou marque postale apposée à la main — de leur traitement par un bureau de poste. Ici, le mot désigne toute lettre transmise d'un correspondant à son destinataire.

3 Le terme « pays d'en haut » est utilisé ici pour désigner le territoire situé en amont de Montréal, mais comme le dit Richard White : « À proprement parler, il ne commençait que là où les voyageurs sortaient du territoire de la Huronie, sur la rive orientale du lac Huron. Le pays d'en haut comprenait les terres entourant le lac Érié, mais pas celles qui se trouvaient au sud du lac Ontario, lesquelles appartenaient au pays iroquois. Il englobait les Grands Lacs et s'étendait au-delà, jusqu'au Mississippi. » [Richard White, *The Middle Ground : Indians, Empires and Republics in the Great Lakes Region, 1650-1815* (New York, Cambridge University Press, 1991), p. x]

4 Le terme Nouvelle-France désigne en fait la grande zone française d'Amérique du Nord qui, outre le Canada, comprenait l'Acadie, Louisbourg et les postes de l'Ouest, dont la Louisiane.

5 R. Roy, Yves Landry et H. Charbonneau, « Quelques comportements des Canadiens au XVIIe siècle d'après les registres paroissiaux », *Revue d'histoire de l'Amérique française*, 31, 1 (1977), p. 66, et Allan Greer, « The Pattern of Literacy in Quebec, 1745-1899 », Histoire sociale/Social History, 11 (1978) ; voir en particulier les p. 330-331, où Greer résume ses conclusions. Les niveaux d'alphabétisation ne sont pas absolus, et il faut noter que d'être en mesure de signer ne signifiait pas que l'on pouvait écrire une lettre.

6 Greer, « The Pattern of Illiteracy in Quebec », p. 313, 315. Ces chiffres globaux masquent des écarts considérables dans le taux d'alphabétisation selon le sexe, la langue et l'emploi. Greer est d'avis que les années 1840 et 1850 ont marqué un tournant en ce qui a trait aux taux d'alphabétisation au Québec, les taux globaux connaissant une hausse substantielle et l'écart entre les taux urbains et ruraux se rétrécissant considérablement.

7 S. Houston et A. Prentice, *Schooling and Scholars in Nineteenth Century Ontario* (Toronto, University of Toronto Press, 1988), p. 85, et R. D. Gidney, « Elementary Education in Upper Canada : A Reassessment », dans *Education and Social Change : Themes from Ontario's Past*, sous la dir. de Michael B. Katz et Paul H. Mattingly (New York, New York University Press, 1975), p. 14-15. Les deux textes s'inspirent au moins en partie de H. J. Graff. Ce dernier affirme qu'en 1861 les taux d'alphabétisation étaient élevés dans le Haut-Canada. Dans le Canada Ouest, 14 comtés présentaient un taux d'alphabétisation de plus de 95 pour cent, et dans la plupart celui-ci était de plus de 90 pour cent [H.J. Graff, « Literacy and Social Structure in Elgin County, Canada West : 1861 », *Histoire sociale/Social History*, 6, 11 (avril 1973), p. 45-46].

8 « Lettres de Mère Marie-Andrée Duplessis de Sainte-Hélène, supérieure des Hospitalières de l'Hôtel-Dieu de Québec », *Nova Francia* [ci-après « Mère de Sainte-Hélène »], 3 (1927-1928), 17 octobre 1735, p. 177.

9 « Draft Letters from Elizabeth Russell to Mrs. Kiernan », 8 septembre 1809 et 26 janvier 1799, Metropolitan Toronto Public Library [MTL], Elizabeth Russell Papers, L21, 17.

Adieu pour cette année

10 « La correspondance générale » [ci-après Collection Baby], U1508, 28 juin 1809, Archives de l'Université de Montréal, Collection Baby, partie 2, série U.
11 Dom Guy Oury (sous la dir. de), *Marie de L'Incarnation, Ursuline (1599-1672) – Correspondance* (Solesmes, Abbaye Saint-Pierre, 1971) [ci-après *Marie de l'Incarnation*], juillet 1657, p. 588-590. Pour en savoir plus sur leur relation, voir le chap. 2.
12 *Ibid.*, 13 septembre 1668, p. 816.
13 Collection Baby, U2545, 23 septembre 1796.
14 « Photostat de recueil de correspondance, 1793-1796, ANC, Documents George Allsopp, MG 23 G III 1, vol. 1.
15 ANC, Documents John Nairne, MG 23 G III 23, vol. 1, 16 août 1782, p. 23-31.
16 Documents Sewell, vol. 5, 17 août 1814, p. 2394-2397 ; 20 novembre 1814, p. 2449-2453 ; juin 1815, p. 2482-2485.
17 Voir, par exemple, documents Nairne, vol. 2, 10 avril 1816, p. 876-879 ; voir aussi vol. 1, 2 septembre et 5 octobre 1802, p. 2993-2997 ; vol 1, [15 ?] mars 1803, p. 302-305 ; vol 1, 4 août 1802, p. 285-288.
18 « Draft Letters », début janvier 1795, Documents E. Russell.
19 ANC, Documents Famille Ermatinger, MG 19 A 2, série 1, vol. 1, recueil de correspondance Lawrence Ermatinger (1770-1778), 30 octobre 1770, p. 334.
20 Documents Sewell, vol. 3, 20 avril 1791, p. 772-773.
21 Documents Ermatinger, série 1, vol. 1, 1er février, p. 114-115.
22 Kathryn A. Young, « Crown Agent – Canadian Correspondent : Michael Sarrazin and the Académie Royale des Sciences, 1697-1734 », *French Historical Studies*, 18, 2 (1993), p. 416-433. Sarrazin envoyait à Paris des rapports détaillés décrivant la flore et la faune d'Amérique du Nord.
23 Voir Chaussegros de Léry, Joseph Gaspard, *Inventaire des papiers de Léry conservés aux Archives de la Province de Québec*, Pierre-Georges Roy (sous la dir. de), 3 vol. (Québec, Archives de la Province de Québec, 1939-1940).

Chapitre 1

La lettre

$\mathcal{L}$es lettres qui forment le cœur de ce livre ont été écrites au cours d'une période de plus de 200 ans. Elles diffèrent bien sûr considérablement par le ton et la langue. Elles reflètent l'évolution de l'art épistolaire et communiquent des renseignements très différents. Mais ces lettres ont en commun, à un degré extraordinaire, de nombreuses caractéristiques importantes. Dans l'ensemble, les instruments, les conventions et les formes de l'art épistolaire sont demeurés remarquablement uniformes tout au long des XVIIe et XVIIIe siècles[1]. La conception des instruments pour écrire a changé, mais on continuait de se servir des mêmes types d'objets. La manière dont les correspondants s'exprimait a évolué, mais la structure et la présentation de la lettre sont demeurées inchangées. C'est seulement à la fin de cette période que le papier, les plumes et l'aspect de la lettre commencèrent à se transformer de façon importante.

À quoi ressemblaient ces lettres ? Comment étaient-elles écrites ? Quelles étaient les formules, usages et conventions auxquels avaient recours les correspondants ? Ce chapitre suivra le processus d'écriture d'une lettre, de l'enseignement de l'art à la description du papier, des plumes et de l'encre, la matière première de la correspondance. Il examinera la structure de la lettre, la calligraphie et les styles épistolaires, et s'achèvera par une description de la façon dont on pliait et scellait une lettre, et de la manière dont on y inscrivait l'adresse.

Adieu pour cette année

Les correspondants considéraient l'aptitude à écrire des lettres comme importante. Étudiant en vue de devenir avocat, Stephen Sewell, fils cadet de Jonathan Sewell père, éminent loyaliste du Massachusetts, faisait observer en 1790, à l'âge de 19 ans : « D'après moi, un homme de qualité ne peut posséder plus grand talent, ni un avocat talent plus utile [2]. » En 1783, John Nairne, seigneur de Murray Bay, pressait sa fille Madie de lui écrire tous les mois depuis Québec afin de devenir une bonne épistolière. Cela, lui disait-il en guise d'encouragement, la rendrait à la fois utile aux autres et « estimée et resp[ectée] en général [3] ».

Comme d'autres arts, l'art épistolaire devait s'apprendre. Nombres d'ouvrages s'avéraient utiles. Des guides pratiques donnaient des renseignements de base sur la préparation des plumes et de l'encre [4]. D'autres ouvrages tels que *The Instructor, or, Young Man's Best Companion*, 1767 [Ill. 1] étaient des manuels généraux conçus pour « établir les fondations d'un trésor de connaissances, dont l'acquisition peut s'avérer une source de satisfaction secrète pour son possesseur et contribuer à faire de lui un membre agréable et utile de la société [5] » [Ill. 2]. Comme dans les cas des guides pratiques, le lecteur y apprenait comment tailler une plume et préparer de l'encre, mais il y était aussi question d'art épistolaire, et on y donnait les préceptes pour bien écrire une lettre, à l'aide de nombreux spécimens de missives. Parmi les ouvrages très répandus figurait le « letter writer » ou le « secrétaire », par exemple le *Secrétaire des Dames* ; *Nouveau Secrétaire Français* [Ill. 3] ; *The Model Letter Writer : With Forms of Address and Instructions in Every Style of Correspondence*, v. 1806 ; *The Classical Letter Writer, consisting of epistolary selections : designed to improve young ladies and gentlemen in the art of letter-writing*, 1836 [Ill. 4]. Ces livres abordaient les questions du matériel et des techniques d'écriture, mais c'étaient surtout des recueils de lettres modèles sur tous les sujets imaginables, dont l'amitié, les affaires, les conseils, les condoléances, modèles que les correspondants pouvaient copier ou adapter [6].

Les parents mettaient aussi sans aucun doute la main à la pâte pour enseigner à leurs enfants l'art épistolaire. Les lettres de John Nairne à sa fille Madie au début des années 1780, lorsque le service militaire l'avait éloigné de sa famille, nous donnent un rare aperçu de ce rôle. Il lui demandait de lui écrire, et dans ses réponses il critiquait son écriture et lui conseillait de se concentrer sur l'amélioration de son orthographe et de son style : « Songe, l'exhortait-il, qu'on ne peut s'instruire sans application ni peine, que plus tu écriras, plus cela te deviendra facile… [7] » Il lui proposait des modèles de lettres à copier et lui donnait des conseils [8]. Il lui recommandait d'abord de « penser à ce que tu dirais si la personne était présente, à qui que tu écrives, et [de] le mettre sur papier [9] ». Il lui suggérait en outre de lui écrire ses lettres « deux fois, de sorte que tu aies la possibilité la première fois de faire des pâtés et de corriger ce que tu veux dire [10] ».

Ce que Nairne suggérait à Madie, c'est-à-dire qu'elle écrive d'abord un brouillon de ses lettres avant de les mettre au propre, était alors courant. Elizabeth Russell semble avoir invariablement fait des brouillons de ses lettres à son amie intime Elizabeth Kiernan. En 1813, elle écrivait à York [Toronto] un brouillon de lettre où elle faisait observer : « Je suis des plus inquiète de ne pas avoir reçu de lettre de toi depuis celle qui est datée du 4 <?> mars 1811, que je n'ai reçue qu'au mois de juillet suivant. » Une note de la main d'Elizabeth Russell à la fin du brouillon se lit comme suit : « N'a jamais été mise au propre, car avant de l'avoir terminée j'ai reçu une lettre de Mme < >, datée du 26 novembre 1812, m'informant du décès de Mme Kiernan en juin [11]. » Pour Elizabeth Russell, les brouillons de lettres lui permettaient d'affiner sa pensée et lui laissaient une copie du courrier qu'elle envoyait.

Il était important pour beaucoup de correspondants de garder une copie des lettres envoyées. Certains, à l'instar d'Elizabeth Russell, conservaient leurs brouillons, tandis que d'autres gardaient des copies au propre de leurs lettres. Celles-ci pouvaient être conservées sur de simples feuilles [12], mais bien des correspondants, particulièrement les négociants, possédaient des recueils dans lesquels eux ou un commis copiaient toute leur correspondance. Certains recueils étaient reliés en cuir avec tranche dorée, tandis que d'autres étaient de simples cahiers brochés, ou même des livres constitués de feuilles volantes brochées à la main. Leur but était cependant le même — constituer un dossier complet et généralement chronologique de ce qui avait été écrit [Ill. 5].

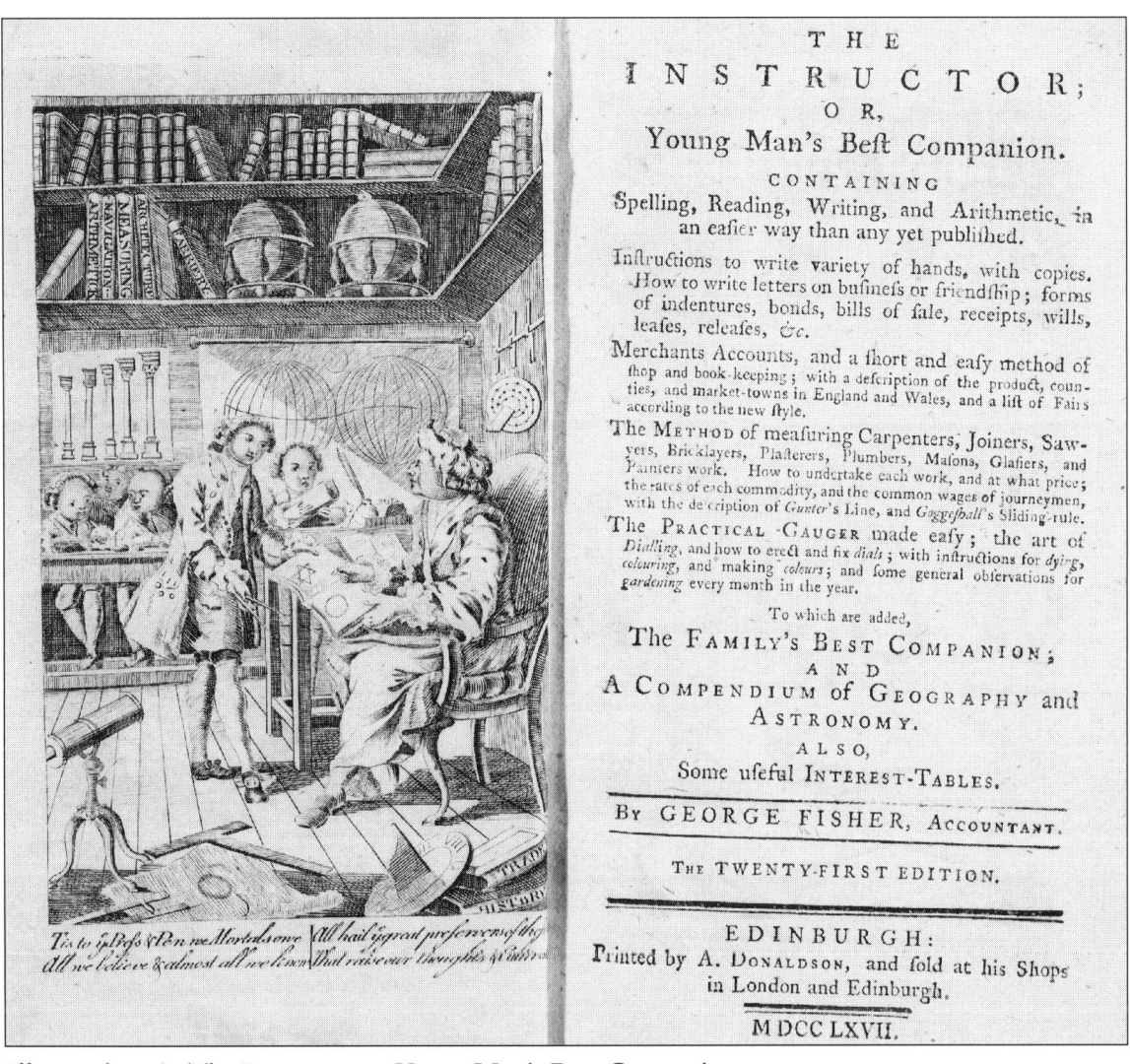

Illustration 1. *The Instructor; or, Young Man's Best Companion*

The Instructor; or, Young Man's Best Companion, de George Fisher (Édimbourg, A. Donaldson, 1767), était un manuel d'instruction typique. Cet ouvrage a été maintes fois réédité, ce qui donne à penser qu'il était très populaire. On y abordait tout, de l'orthographe à l'arithmétique, en passant par la bonne façon de lire, ou d'écrire des lettres d'affaires ou des lettres personnelles. Mais ce genre d'ouvrage était loin de se limiter à ces sujets, comme l'indique sa table des matières. (Gracieuseté de la University of Illinois Library.)

Illustration 2. *The Self-Instructor; or, Young Man's Best Companion; Being an Introduction to All the Various Branches of Useful Knowledge* [181?]

Des manuels tels que le *Self Instructor* présentaient des échantillons de lettres pouvant servir de modèles à l'épistolier inexpérimenté. *The Self Instructor; or, Young Man's Best Companion; Being an Introduction to all the Various Branches of Useful Knowledge* (Liverpool, Nuttall, Fisher, and Dixon, 181?). (Gracieuseté de Special Collections, Douglas Library, Université Queen's.)

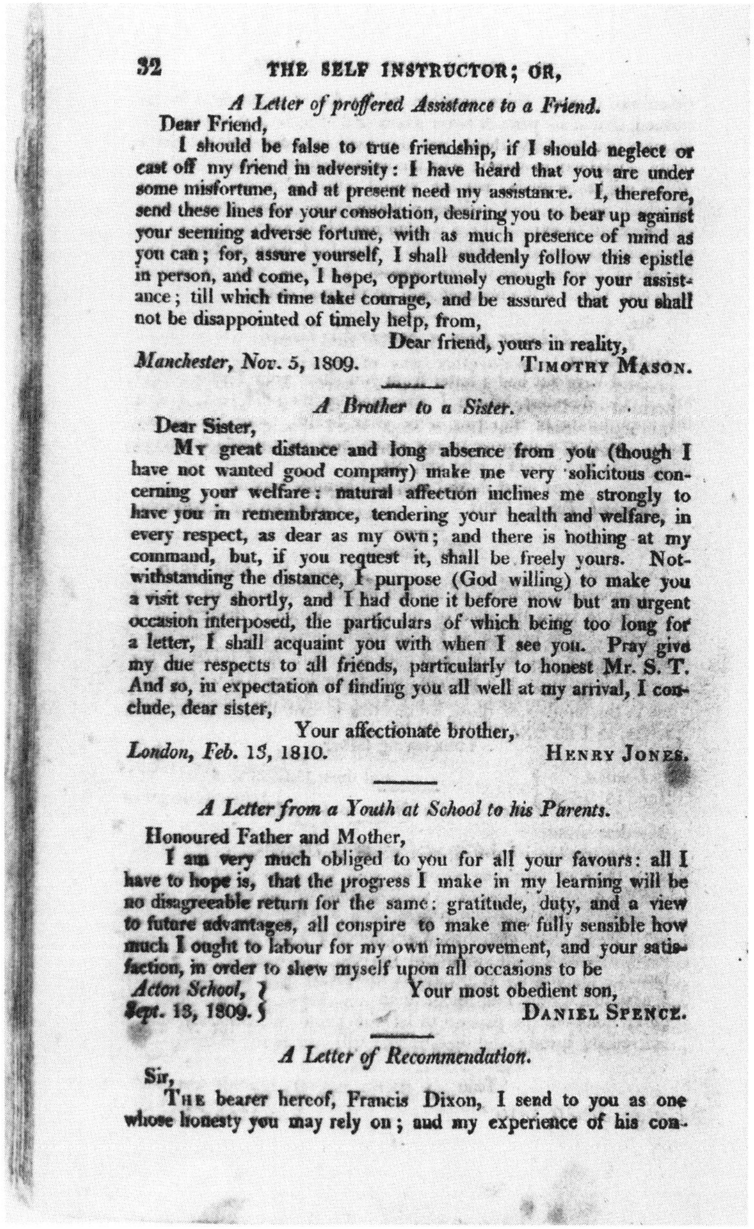

32   THE SELF INSTRUCTOR; OR,

A Letter of proffered Assistance to a Friend.

Dear Friend,
    I should be false to true friendship, if I should neglect or cast off my friend in adversity: I have heard that you are under some misfortune, and at present need my assistance. I, therefore, send these lines for your consolation, desiring you to bear up against your seeming adverse fortune, with as much presence of mind as you can; for, assure yourself, I shall suddenly follow this epistle in person, and come, I hope, opportunely enough for your assistance; till which time take courage, and be assured that you shall not be disappointed of timely help, from,
          Dear friend, yours in reality,
Manchester, Nov. 5, 1809.   TIMOTHY MASON.

A Brother to a Sister.

Dear Sister,
    MY great distance and long absence from you (though I have not wanted good company) make me very solicitous concerning your welfare: natural affection inclines me strongly to have you in remembrance, tendering your health and welfare, in every respect, as dear as my own; and there is nothing at my command, but, if you request it, shall be freely yours. Notwithstanding the distance, I purpose (God willing) to make you a visit very shortly, and I had done it before now but an urgent occasion interposed, the particulars of which being too long for a letter, I shall acquaint you with when I see you. Pray give my due respects to all friends, particularly to honest Mr. S. T. And so, in expectation of finding you all well at my arrival, I conclude, dear sister,
          Your affectionate brother,
London, Feb. 15, 1810.   HENRY JONES.

A Letter from a Youth at School to his Parents.

Honoured Father and Mother,
    I am very much obliged to you for all your favours: all I have to hope is, that the progress I make in my learning will be no disagreeable return for the same; gratitude, duty, and a view to future advantages, all conspire to make me fully sensible how much I ought to labour for my own improvement, and your satisfaction, in order to shew myself upon all occasions to be
Acton School,   Your most obedient son,
Sept. 18, 1809.   DANIEL SPENCE.

A Letter of Recommendation.

Sir,
    THE bearer hereof, Francis Dixon, I send to you as one whose honesty you may rely on; and my experience of his con-

Illustration 3. *Le secrétaire des demoiselles ; contenant des billets galans avec leurs réponses sur divers sujets*

Le secrétaire est un exemple de ce type de manuel français du XVIIIe siècle à l'usage des auteurs de lettres. Il contenait des lettres modèles sur divers sujets et pour diverses réponses, dont une « Lettre de civilité sur un marriage » et un « Avis à un fils étant a l'Armée ». La majorité des lettres de ce livre concernent les relations entre les sexes, par exemple « Lettre d'un amant qui se plaint » et « Lettre d'une coquette à un homme pour le prier de la venir voir ». *Le secrétaire des demoiselles ; contenant des billets galans, avec leurs réponses sur divers sujets* (La Haye, Jacoob van Ellinkhuysen, 1704), page de titre. (Gracieuseté de la Boston Public Library.)

Illustration 4. *The Classical Letter Writer*

The Classical Letter Writer était un ouvrage compact de plus de 300 pages. Il reproduisait des lettres écrites par des personnes éminentes, lettres qui devaient servir de modèles pour un vaste éventail de types de lettres. Edward C. Biddle, *The Classical Letter Writer* (Philadelphie, Desilver Thomas & Co., 1836), page de titre. (Photo de l'original figurant dans les collections de la Brigham Young University Library : Harry Foster.)

Quebec Mess.rs Johnston & Purss — the 6th August 1776

St Johns Henry Gordon Esq.r — the 6th Auguste 1776.

Michilimakinac Mess.rs Bell and Bostwick — the 7th Auguste 1776

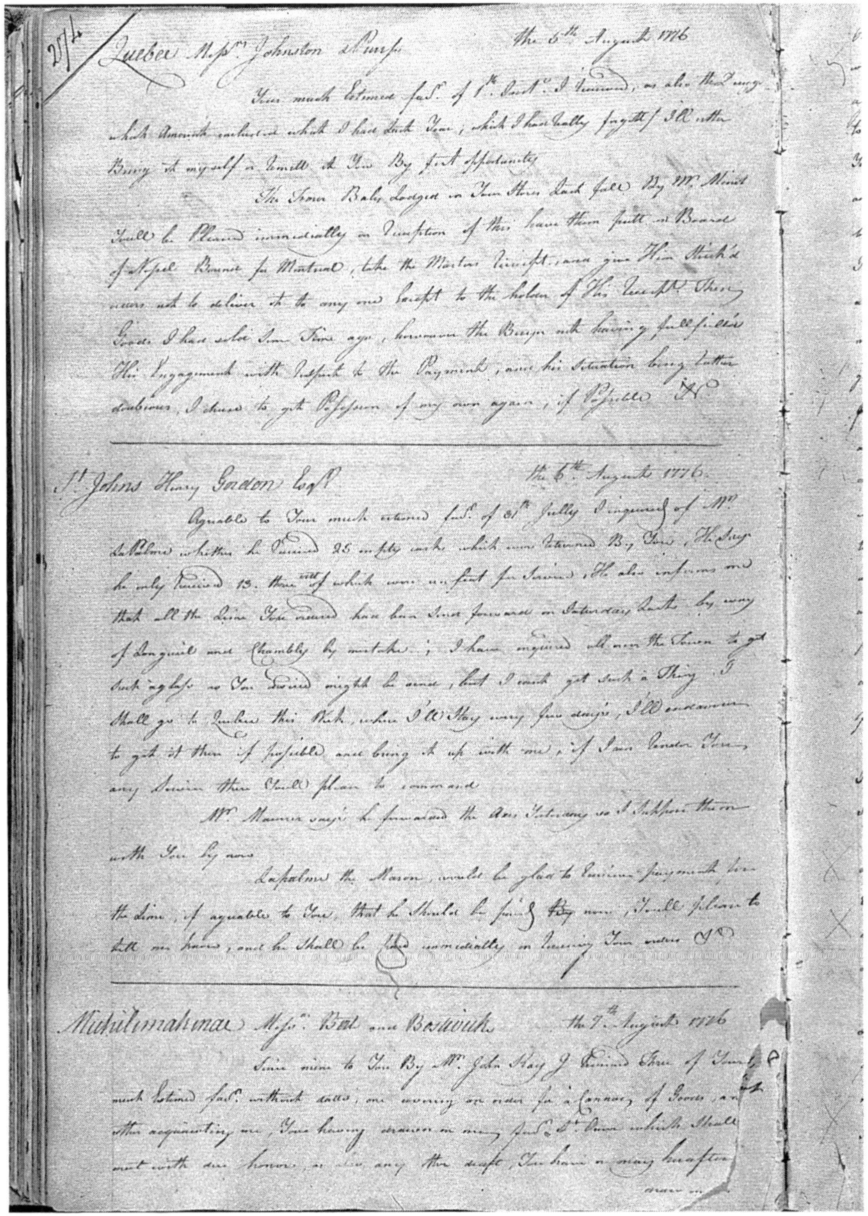

Illustration 5. Le recueil de correspondance de Lawrence Ermatinger

Beaucoup de correspondants conservaient des copies de leurs lettres dans des recueils de correspondance. Celui-ci appartenait à Lawrence Ermatinger, un négociant montréalais. Ce dernier, ou un commis, y copia soigneusement toute sa correspondance d'affaires de 1770 à 1778. Les lettres étaient copiées par ordre chronologique. La première ligne, en haut à gauche, indiquait à qui la lettre était adressée, et la destination. La date était inscrite en haut à droite. Beaucoup de recueils de correspondance contiennent un index simple des noms des destinataires, et un petit nombre comportent une répartition par sujet. Le recueil de correspondance d'Ermatinger est un volume relié de près de 40 cm de hauteur, 26 cm de largeur et 5 cm d'épaisseur. Dans ses lettres, Ermatinger commandait des marchandises et en accusait réception, discutait des tendances du marché, négociait des comptes, et offrait des conseils d'ordre commercial ou en demandait. ANC, Documents Ermatinger, série 1, vol. 1, Recueil de correspondance de Lawrence Ermatinger, p. 274.

Adieu pour cette année

Le papier sur lequel les correspondants écrivaient aussi bien la lettre que sa copie était fait de peilles de lin ou de coton. La plus grande partie, sinon la totalité, était faite à la main [13] par des fabriquants qui, ayant acheté les peilles en vrac, les lavaient, les triaient et les laissaient pourrir en tas pendant un certain nombre de jours. On pilait ou découpait les chiffons jusqu'à ce qu'on les ait réduits aux fibres qui les composaient, et ils étaient enfin transformés par ajout d'eau en une sorte de bouillie ayant la consistance du porridge. Ensuite, on trempait dans le mélange des plateaux ressemblant à des cribles, puis on les retirait, les égouttait et les secouait, ne laissant au fond qu'une mince pellicule de fibres de chiffon entremêlés. Les fragiles feuilles ainsi produites étaient posées en piles interfoliées de feutre, pressées, séchées, encollées avec des mélanges de gélatine animale et d'alun pour les rendre moins absorbantes, et pressées et frottées ou martelées pour produire une bonne surface d'écriture. Ce papier, communément appelé papier « vergé », présentait un motif peu prononcé mais visible de lignes étroites — l'empreinte de la grille des plateaux utilisés dans le processus de production. Au XIXe siècle, certains correspondants utilisaient un autre type de papier ne présentant pas ce motif ténu de « lignes d'eau transversales ». Appelé « papier vélin », il était fait à l'aide de cribles fins analogues aux moustiquaires d'aujourd'hui, qui ne laissaient aucune marque visible.

La qualité du papier n'était pas fonction de son épaisseur : tant les papiers de la meilleure qualité que les plus médiocres étaient offerts en de nombreuses épaisseurs. La qualité du papier était déterminée en grande partie par sa surface unie, sa solidité et sa couleur. La surface unie était le résultat de l'habileté du fabriquant, et la solidité tenait au processus employé et aux ingrédients. La couleur du papier dépendait des matières premières utilisées, aussi bien le tissu que l'eau. Le meilleur papier était fait de lin nouveau de la première qualité et de l'eau le plus pure, et il était d'un blanc crémeux. Le ton de beaucoup de papiers était cependant café clair, allant jusqu'au gris foncé, à cause de l'utilisation de matières anciennes ou décolorées, ou d'eau boueuse. Les fabriquants de papier pouvaient tenter de camoufler l'emploi de matières de faible qualité : ils ajoutaient du bleu — une petite quantité de teinture bleue comme celle qu'utilisaient les blanchisseries — qui contribuait à donner une illusion de blancheur ; ou encore ils essayaient de masquer les impuretés en teignant le papier en bleu. Vers la fin du XVIIIe siècle, quelques producteurs blanchissaient les chiffons (peilles) qu'ils utilisaient, processus qui, tout en blanchissant le papier, contribuait à long terme à sa détérioration [14].

La couleur du papier était dans une grande mesure une question d'esthétique, mais sa solidité était beaucoup plus importante : un papier de qualité médiocre pouvait causer des difficultés aux auteurs de lettres. En 1807, le révérend C. C. Cotton écrivit depuis la baie Missisquoi, sur le lac Champlain, à son père, en Angleterre, se plaignant en ces termes : « Votre dernière était écrite sur du papier écu épais et fragile, ce qui fait que les angles avaient pratiquement disparu, veuillez écrire sur un papier écu mince et bien apprêté, enfin comme celui que vous avez toujours enployé [15]. » Les lettres écrites sur du papier de qualité inférieure sont maintenant fragiles et s'effritent, mais une grande partie du papier qui a survécu est encore remarquablement solide et souple [16].

Les correspondants écrivaient généralement avec des plumes d'oies. Celles-ci étaient faites de pennes de gros oiseaux, dont le dindon, mais les dernières pennes de l'oie domestique avaient la réputation d'être les meilleures. Les plumes étaient traitées avant usage afin d'enlever l'humidité, la graisse et les membranes de la tige. Celle-ci devenait ainsi dure et élastique, et l'encre pouvait s'écouler facilement de la pointe de la plume. La plume préparée était ensuite soigneusement taillée pour obtenir un bec fin. Celui-ci s'usait avec l'usage et devait être réparé ou taillé peut-être toutes les trois ou quatre pages [17]. [Ill. 6] John Nairne pressait sa fille Madie d'« apprendre à faire et réparer [ses] propres plumes, et [d']avoir un canif à portée de la main à cette fin [18]. » Au XIXe siècle, certains correspondants utilisaient peut-être d'autres types de plumes. Dès le début du siècle, il fut possible de se procurer des plumes de roseau munies de becs de plume d'oie, et les plumes à bec d'acier commençaient à apparaître, mais on ne les utilisait guère avant les années 1830 [Ill. 17].

La plupart des correspondants écrivaient à l'encre noire, mais aujourd'hui celle-ci nous paraît généralement brune, à cause, tout simplement, du passage du temps, ou de son exposition à la lumière. On

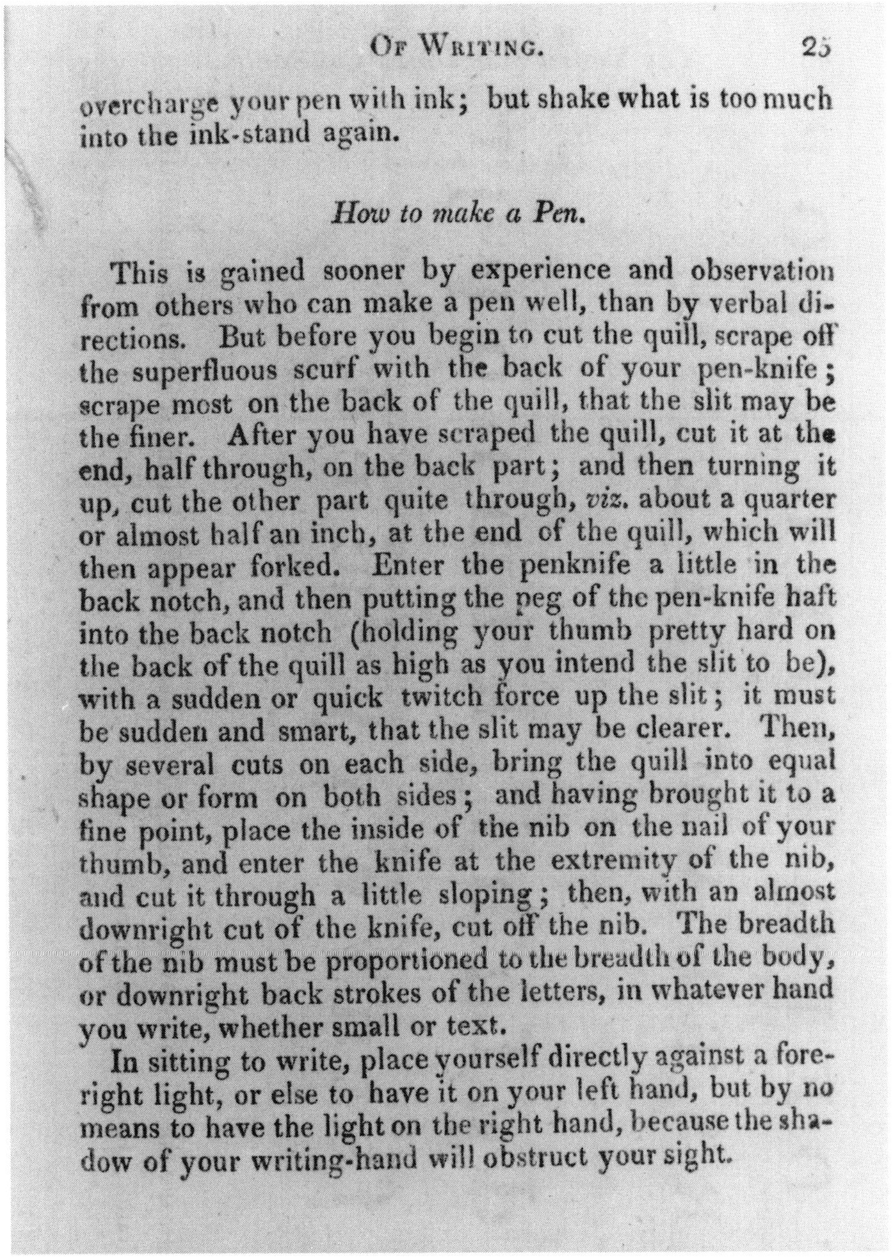

> OF WRITING. 25
>
> overcharge your pen with ink; but shake what is too much into the ink-stand again.
>
> *How to make a Pen.*
>
> This is gained sooner by experience and observation from others who can make a pen well, than by verbal directions. But before you begin to cut the quill, scrape off the superfluous scurf with the back of your pen-knife; scrape most on the back of the quill, that the slit may be the finer. After you have scraped the quill, cut it at the end, half through, on the back part; and then turning it up, cut the other part quite through, *viz.* about a quarter or almost half an inch, at the end of the quill, which will then appear forked. Enter the penknife a little in the back notch, and then putting the peg of the pen-knife haft into the back notch (holding your thumb pretty hard on the back of the quill as high as you intend the slit to be), with a sudden or quick twitch force up the slit; it must be sudden and smart, that the slit may be clearer. Then, by several cuts on each side, bring the quill into equal shape or form on both sides; and having brought it to a fine point, place the inside of the nib on the nail of your thumb, and enter the knife at the extremity of the nib, and cut it through a little sloping; then, with an almost downright cut of the knife, cut off the nib. The breadth of the nib must be proportioned to the breadth of the body, or downright back strokes of the letters, in whatever hand you write, whether small or text.
>
> In sitting to write, place yourself directly against a fore-right light, or else to have it on your left hand, but by no means to have the light on the right hand, because the shadow of your writing-hand will obstruct your sight.

Illustration 6. « Comment faire une plume »

Il fallait apprendre à fabriquer et réparer des plumes. Nombre d'ouvrages et de manuels conseillaient les rédacteurs, mais la plupart laissaient entendre que l'entraînement était la clé du succès. Les plumes d'oie n'étaient pas toutes de la même qualité et certains guides suggéraient aux épistoliers de s'habituer « à bien écrire, ou tout au moins à écrire lisiblement, avec une plume de qualité ordinaire, voire médiocre ». Edward C. Biddle, *The Classical Letter Writer* (Philadelphie, Desilver Thomas & Co., 1836), p. 24. George Fisher, *The Instructor, or Young Man's Best Companion*, 31e édition (Londres, F. C. and J. Rivington, 1814). Il s'agit d'une édition ultérieure du manuel d'instruction reproduit à l'illustration 1. (Gracieuseté de la Scadding Textbook Collection, Thomas Fisher Rare Book Library, Université de Toronto.)

pouvait acheter de l'encre toute faite, mais c'était souvent le correspondant lui-même qui la préparait, suivant l'une des nombreuses recettes existantes. On confectionnait l'encre noire en mélangeant de la suie, du noir de fumée ou du charbon de bois à de la gomme arabique et un solvant tel que l'eau, le vin ou le vinaigre. On pouvait aussi faire de l'encre en mélangeant de la galle moulue — la galle est une excroissance produite par des insectes sur l'écorce de chênes et contenant des acides tanniques et galliques — du sulfate de fer et un solvant, mélange qu'on laissait reposer pendant quelques semaines. Cette dernière recette produisait, semble-t-il, une encre plus noire et plus durable, et beaucoup la préféraient. Souvent, les correspondants pouvaient acheter de la poudre d'encre, à laquelle il ne restait qu'à ajouter de l'eau. Certains correspondants confectionnaient et utilisaient en outre de l'encre rouge à des fins particulières, par exemple pour souligner ou écrire en travers du texte [19].

L'encre préparée pouvait moisir ou être recouverte de poussière, mais, dans les pays froids, le gel de l'encre était l'un des plus grands désagréments pour les correspondants. Les manuels donnaient des recettes pour empêcher que l'encre ne gèle [Ill. 18], mais cela se produisait manifestement assez souvent pour qu'on fasse couramment allusion à l'encre gelée lorsqu'on parlait du temps. Par exemple, Jonathan Sewell père, de Fredericton, écrivit à son fils à Québec : « Je n'ai rien de nouveau à t'annoncer, à moins que le gel et la neige ne soient un sujet inconnu à Québec [...] Le temps est maintenant si rigoureux que l'encre gèle dans ma plume, comme tu peux le voir, et que mes doigts sont aussi gourds que si j'avais touché une torpille [20]. »

Les correspondants écrivaient à la plume avec plus ou moins de facilité. Les enfants écrivaient parfois en gros caractères entre les lignes tracées sur la page [Ill. 7], et les parents faisaient à l'occasion de même dans leurs réponses, sans doute pour que leur lettre soit plus facile à lire. C'est ainsi, par exemple, que William Berczy écrivit à son fils Charles en février 1803 d'une écriture grosse et arrondie qui ne lui était pas coutumière [21]. Certaines personnes d'âge mûr écrivaient d'une écriture fluide et claire, étant manifestement à l'aise et maîtrisant cet art [Ill. 8]. Certains écrivaient de façon beaucoup moins élégante, mais raisonnablement claire. Tel était le cas de John Nairne qui, sachant l'importance d'avoir une bonne écriture, exhortait sa fille Madie à prendre bien soin d'améliorer la sienne, n'en écrivait pas moins lui-même d'une écriture tout juste convenable [22] [Ill. 9]. L'écriture d'autres correspondants donne à penser qu'ils n'écrivaient pas avec aisance ou n'avaient pas reçu de formation adéquate [Ill. 10]. L'écriture d'une lettre en apprenait beaucoup au destinataire, ne révélant pas simplement si son auteur avait du talent. Stephen Sewell disait à son frère dans une lettre écrite le 27 janvier 1803 : « Le dernier courrier nous a remplis de joie à la vue de ton écriture familière, dont la sûreté témoignait mieux que quoi que ce soit d'autre du progrès rapide que tu fais vers un rétablissement complet [23]... » [Ill. 11]

Les correspondants qui faisaient des erreurs les biffaient parfois. Plus souvent, ils les effaçaient, se servant d'une lame bien aiguisée pour gratter la surface du papier à un angle très faible et enlever l'encre et un minuscule fragment de papier. John Nairne conseillait à Madie d'utiliser son canif « pour effacer les pâtés ou les fautes quand tu écris [24] ». Les correspondants pouvaient aussi utiliser un petit instrument pour effacer l'encre, formé d'une lame en forme de feuille évoquant un couteau à découper le poisson. Cela laissait la surface du papier souple et absorbante ; pour que la surface grattée soit de nouveau utilisable, on polissait le papier avec le manche du couteau ou une pierre — l'agate était très populaire [Ill. 19].

L'encre mettait du temps à sécher, particulièrement si on l'appliquait généreusement. Afin d'éviter d'étaler ce qu'ils avaient écrit, bien des correspondants ponçaient leurs lettres pour enlever l'excédent d'encre. Pour ce faire, ils utilisaient un sablier, récipient au dessus concave percé de petits trous, contenant une ou plusieurs substances très absorbantes — gomme arabique, mica noir en poudre ou seiche moulue. On secouait la poudre sur la page, où elle absorbait tout excès d'encre, et on la reversait ensuite dans le contenant pour la réutiliser [Ill. 20 et 21].

Les instruments et les matières utilisés par nos correspondants différaient considérablement de ce à quoi nous sommes habitués, mais la disposition de leurs lettres est familière. Dans l'angle supérieur droit de la première page, l'auteur indiquait habituellement le lieu où il se

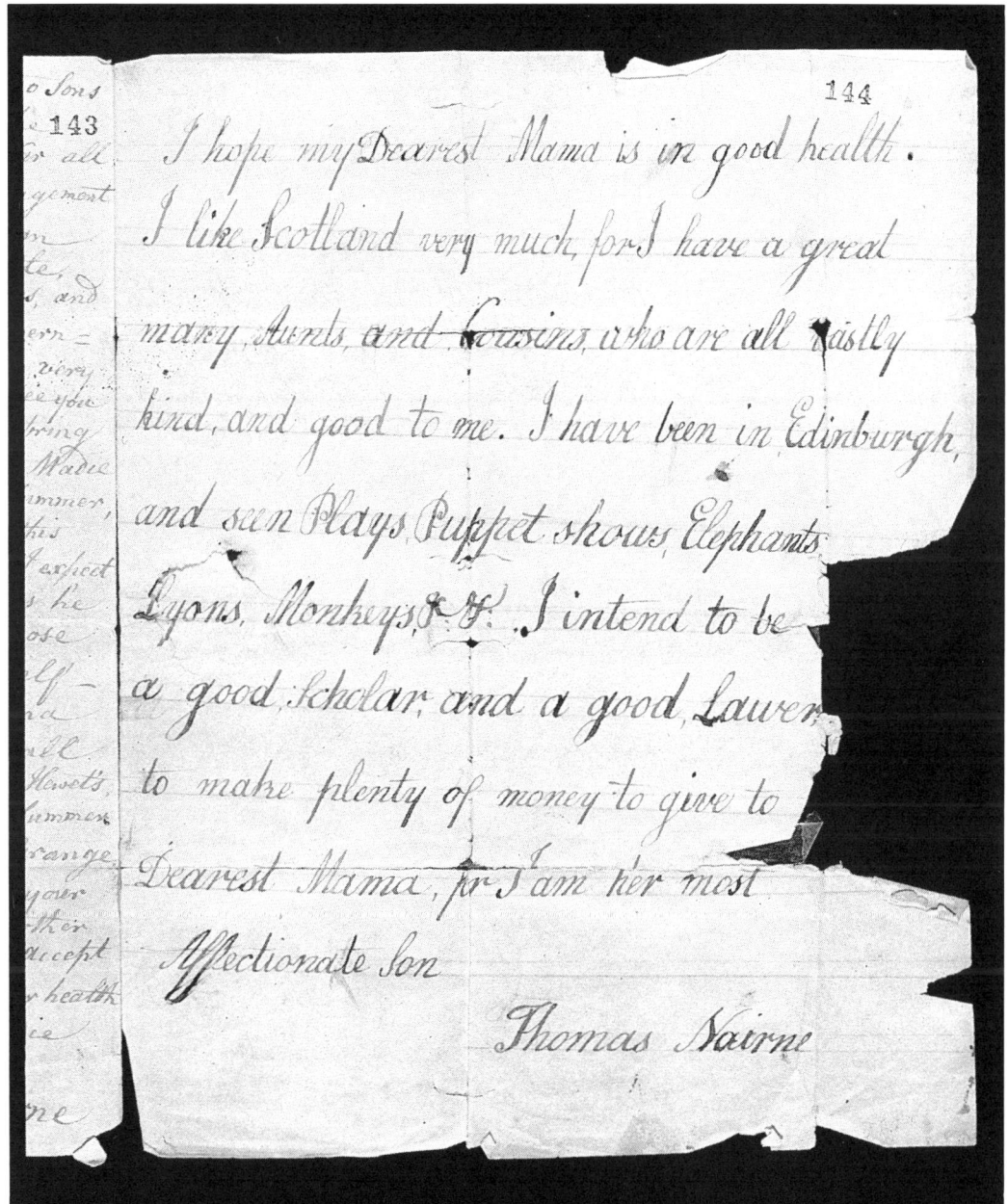

Illustration 7. Écriture enfantine

Cette lettre a été écrite par Thomas, le fils de John Nairne, alors qu'il avait sept ou huit ans. Comme tous les enfants de Nairne, Thomas fut envoyé en Écosse pour y étudier. Ceci est une des quelques lettres conservées qu'il écrivit à sa mère, Christiana Emery, au cours de ces années. On voit à travers un fragment d'une autre lettre. ANC, Documents Nairne, vol. 1, 5 avril 1795, Thomas Nairne à sa mère, p. 144.

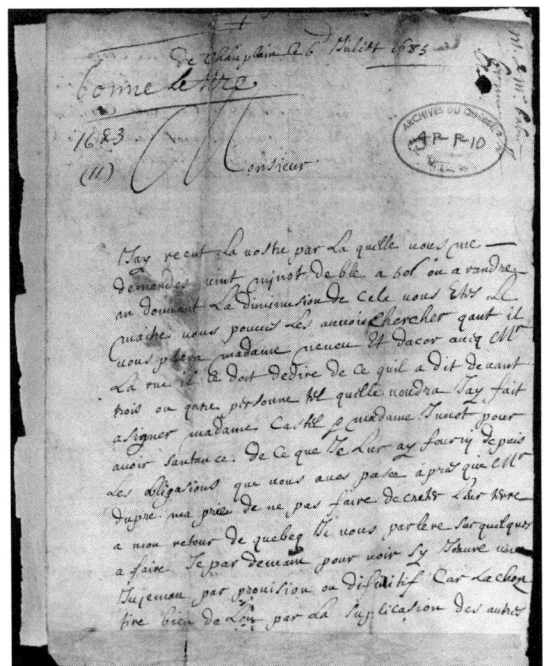 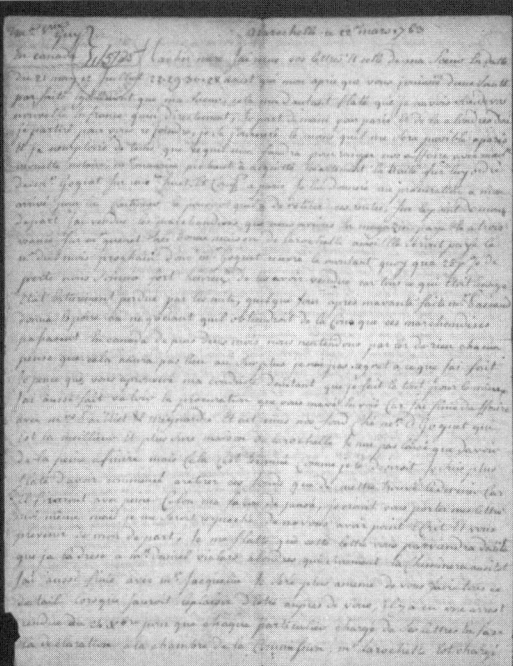 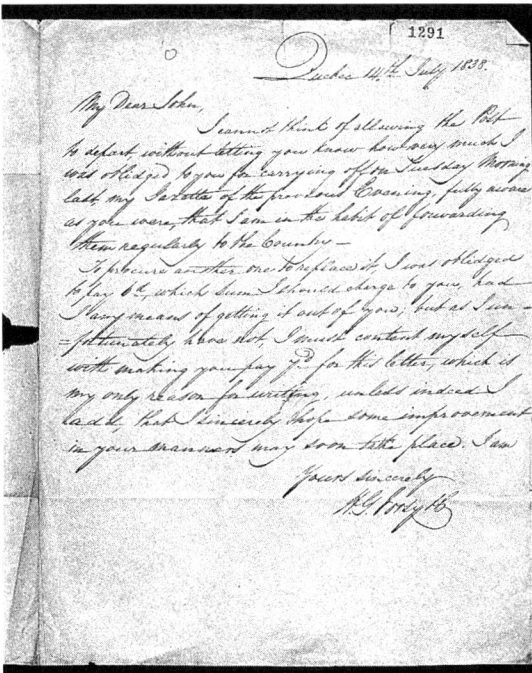

Illustration 8. Belle écriture

Chacun de ces correspondants écrit d'une écriture claire et aisée. Leurs écritures sont cependant distinctes. La première est typique de l'écriture française du XVIIe siècle : les lettres sont larges et verticales. La deuxième est une écriture française du XVIIIe siècle, tandis que les lettres plus inclinées de la troisième sont assez typiques des écritures anglaises du début du XIXe siècle. ANQ, Antoine ADHÉMAR, P1000-01-10, Champlain, 6 juillet 1683, Jacques Babie [le grand-père de François et Dupéron Baby] à Antoine Adhémar ; Archives de l'Université de Montréal, Collection Baby, U5125, La Rochelle, 20 mars 1763, Pierre Guy à sa mère, Montréal ; ANC, Documents Nairne, MG 23 GIII 23, vol. 2, Québec, 14 juillet 1838, H. G. Forsyth à John Nairne, Murray Bay (La Malbaie), p. 1291-1292.

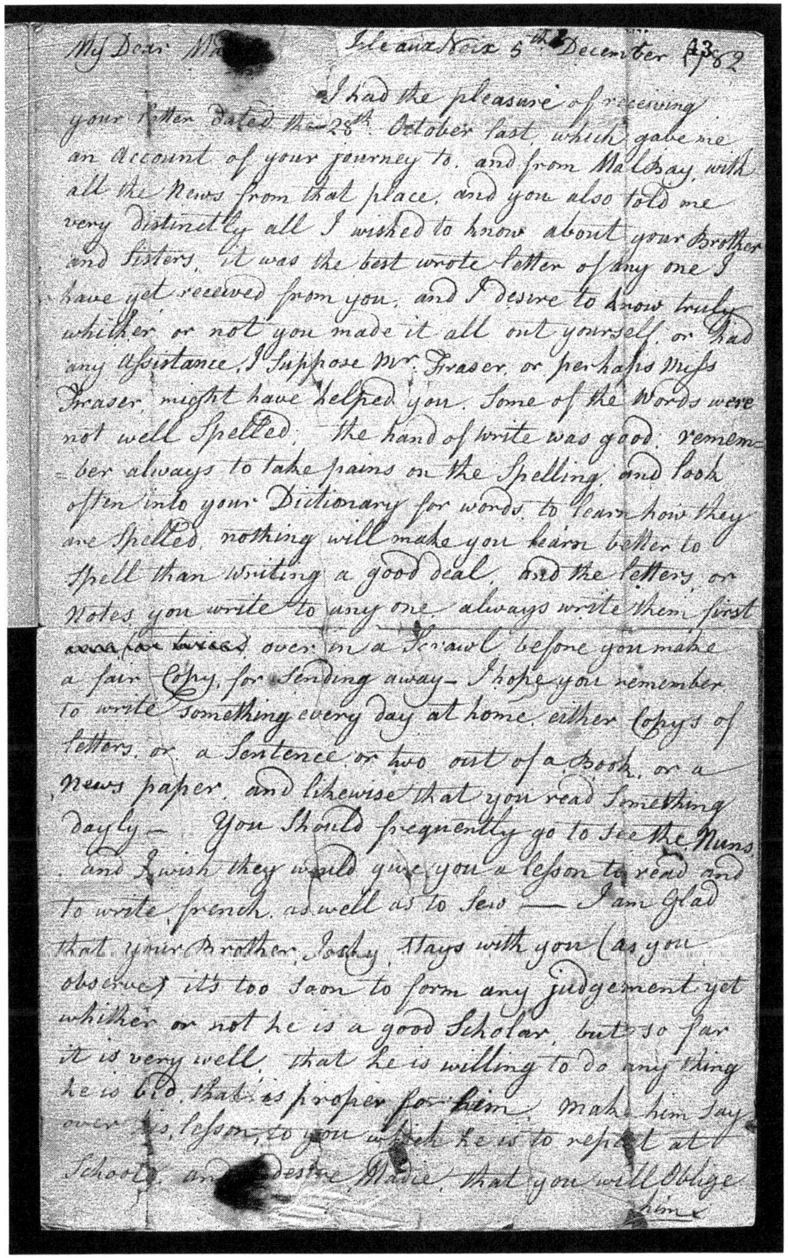

Illustration 9. Une écriture convenable

En 1781, John Nairne se plaignit à sa fille de 14 ans, Madie, que celle-ci semblait déterminée «à me décevoir, étant incapable à ton âge d'écrire de temps à autre à ton père ne serait-ce qu'une lettre de quelques mots». Dans cette lettre, écrite un an plus tard, il se réjouissait d'avoir reçu tout récemment une lettre, «la lettre la mieux écrite de toutes celles que j'ai reçues de toi…» Il faisait observer qu'il y avait bien quelques fautes d'orthographe, mais que «l'écriture était bonne». La sienne est très facile à lire, mais elle n'est ni régulière ni élégante. ANC, Documents Nairne, MG 23 GIII 23, vol. 1, Île aux Noix, 5 décembre 1782, John Nairne à Madie, p. 43.

 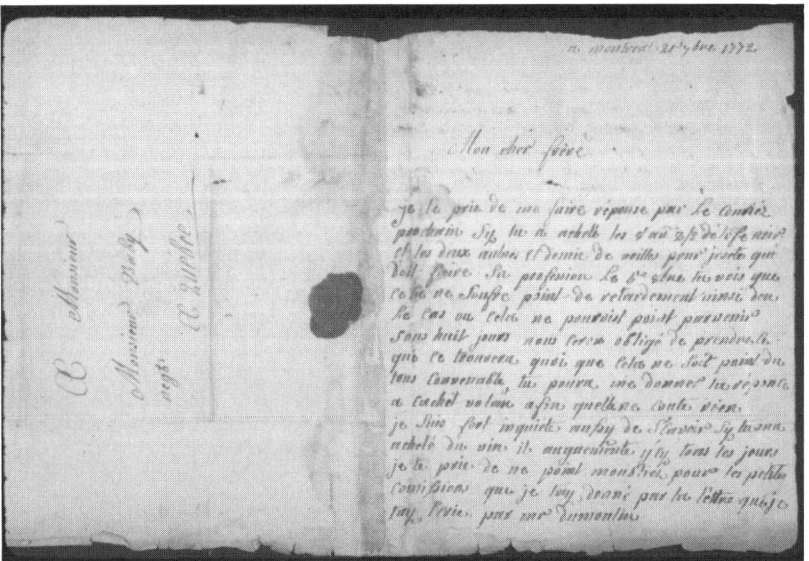

Illustration 10. Une écriture médiocre

Aucun de ces deux correspondants n'écrivait d'une écriture régulière ou aisée. Archives de l'Université de Montréal, Collection Baby, U1993, Boucherville, 22 août 1762, Manon Boucherville à son frère, M. Perrault, Québec, et U1322, Montréal, 21 septembre 1772, veuve Benoît à F. Baby, Québec.

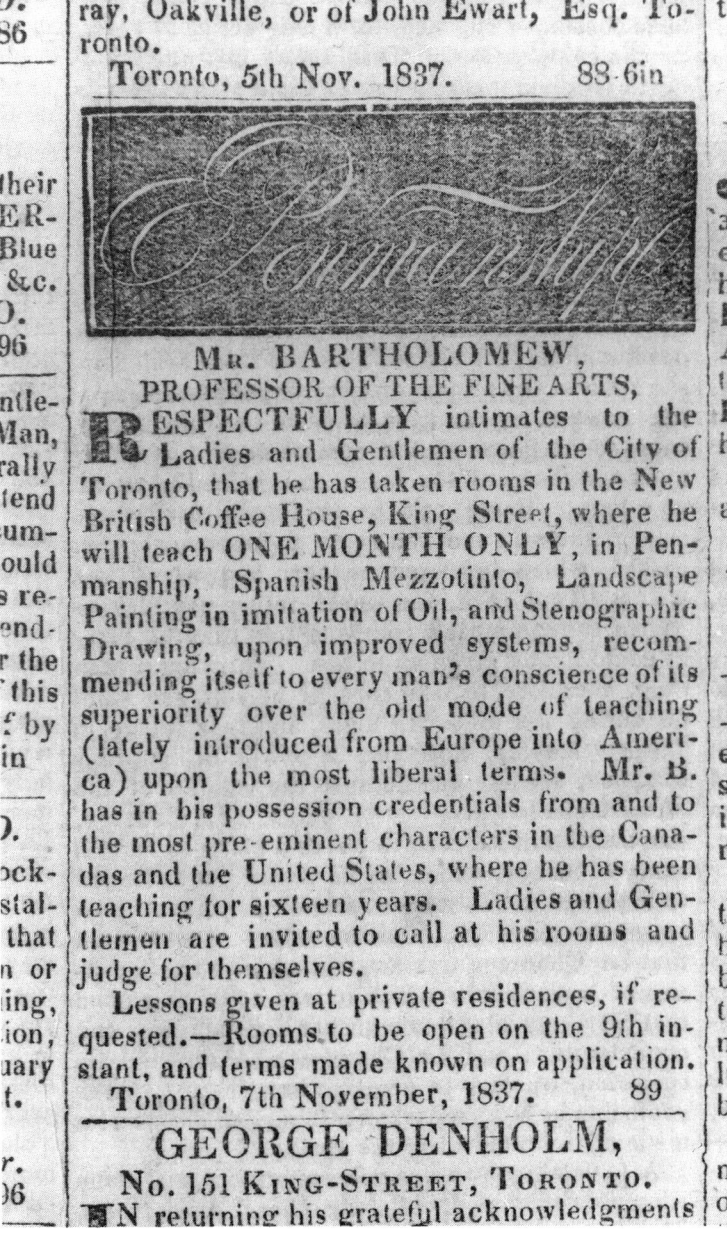

Illustration 11. L'art de manier la plume

Les correspondants qui souhaitaient améliorer leur calligraphie pouvaient consulter un des manuels décrits plus haut, ou encore demander l'aide d'un des instructeurs itinérants qui faisaient si souvent paraître des annonces telles que celle-ci dans des journaux canadiens. Ces instructeurs allaient de localité en localité et enseignaient le dessin, la danse, la calligraphie et des arts très divers. *The Patriot* (Toronto), 1er décembre 1837. (Gracieuseté de la Baldwin Room, Metropolitan Toronto Reference Library. Merci à Lydia Foy, ANC, qui a fourni cette référence.)

trouvait, et mettait invariablement la date. Les correspondants francophones dataient souvent leurs lettres à l'aide d'abréviations numériques basées sur les noms latins des mois. Les mois de janvier à août étaient ainsi écrits au long, mais « septembre » devenait « 7bre » ; « octobre », « 8bre » ; « novembre », « 9bre » ; et « décembre », « 10bre »[25] [Ill. 12]. Dans le texte de la lettre, les correspondants utilisaient souvent un raccourci pour indiquer le mois. « Courant », ou, en anglais « instant », servaient à désigner le mois où la lettre avait été écrite. Ainsi, le 15 mai 1800, John Askin, un négociant de Détroit, écrivant à ses amis et correspondants d'affaires, James et Andrew McGill, de Montréal, notait : « Je vous ai écrit le 8 courant », voulant dire par là le 8 mai[26]. En anglais, « ultimo » et « proximo » désignaient respectivement le mois passé et le mois prochain.

La plupart des correspondants commençaient par une salutation conventionnelle : « My dearest brother[27] », « Ma bonne Amie[28] », « My Dear Friend[29] », « Monsieur », « Gentlemen », « Sir »[30]. Certains omettaient la salutation initiale et se lançaient immédiatement dans le vif du sujet. Ainsi faisait couramment Anne Powell, qui commence par ces mots une lettre écrite en 1807 : « Si j'avais su, mon cher frère, à quel point était intéressante ta lettre du 22 juillet retenue une semaine à Niagara, je crois que je serais allée la lire là-bas[31]. » [Ill. 22]

Les correspondants terminaient souvent leurs lettres comme nous le ferions : « Yours very faithfully » ou « Sencerely Yours »[32]. Beaucoup, cependant, faisaient usage de formules ou d'expressions conventionnelles auxquelles nous sommes moins habitués aujourd'hui : « Je suis, Monsieur, votre très humble et très obéissant serviteur[33] », « Votre époux dévoué et très affectionné[34] », « Votre fils respectueux et affectionné[35] », « Votre tout devoué et ataché Pere[36] ». D'autres lettres concluaient par de longues expressions d'affection ou de respect : « Que la santé et le bonheur puissent vous accompagner longtemps est le souhait constant et ardent de ton père et ami affectionné…[37] », « Mme Askin vous présente ses respects et croyez que je ne demande qu'à vous servir…[38] », « Crois moy avec un Sincere attachement ton <…> amy…[39] ».

Le style de beaucoup de lettres nous est également coutumier. Par exemple, on trouve des lettres au ton familier échangées par des amis.

Tel était le cas d'une lettre écrite en 1803 par William Berczy, où ce dernier déclarait ne pas se corriger parce qu'il soutenait qu'écrire à son ami devait être un plaisir et une détente après des activités plus sérieuses. Il disait : « Je ne veu pas y mettre plus de consequence qu'à une conversation verbale entre amis[40]. » Pour sa part, l'abbé Berthaume, de l'île aux Coudres, demandait à son ami « Perrault fils », de Québec, de lui écrire souvent « et d'user du même patoie que moi, c'est à dire en amis[41]. » [Ill. 13]

Le style d'autres lettres était tendre et intime. Jonathan Sewell écrivit à sa femme Harriet des lettres exprimant la profondeur de son affection pour elle. « Il est difficile », lui écrivit-il en août 1802,

> d'être séparé de vous ne fût-ce que quelques jours. Je le ressens davantage que je ne puis le dire ou que votre cœur aimant peut le concevoir. Je me flatte cependant de croire que vous regrettez mon absence autant que je regrette la vôtre, et ainsi <convaincu> [incertain] qu'après six ans de mariage je vous aime de plus en plus. Le mariage est un état <…> [manque] dont un célibataire ne peut avoir la moindre idée, la moindre notion. Comme tout autre état dans la vie, il comporte ses peines, mais ses plai<sirs> <…> [manque] l'emportent[42].

En une autre occasion, Sewell lui expliqua sa répugnance à faire halte un soir au cours d'un voyage. La soirée était douce, la lune brillait : « Cela ne me tentait pas de me coucher dans un lit solitaire où vous auriez été absente, et j'avais hâte d'arriver au terme de mon voyage […] (car je pourrais alors songer à rentrer à la maison). » Il fit cependant halte parce qu'il lui avait promis de ne pas voyager plus que ce que recommandait « la prudence[43] » [Ill. 23].

Les lettres de Marie de l'Incarnation sont profondément réfléchies et témoignent d'une dévotion religieuse intense. Elle terminait ainsi une lettre écrite en août 1644 à son fils : « Pour vous, je ne vous quitte point auprès de Dieu. Demeurons donc en ce vaste océan, et y vivons çà-bas en attendant l'éternité que nous nous verrons réellement. Adieu[44]. » Un thème récurrent dans ses lettres est celui de la gloire du martyre. « O qu'il est doux de mourir pour Jésus-Christ », déclarait-elle dans une lettre où elle racontait l'histoire de la mort du père Jogues aux mains des Iroquois[45]. Marie et son fils, Dom Claude, exprimaient

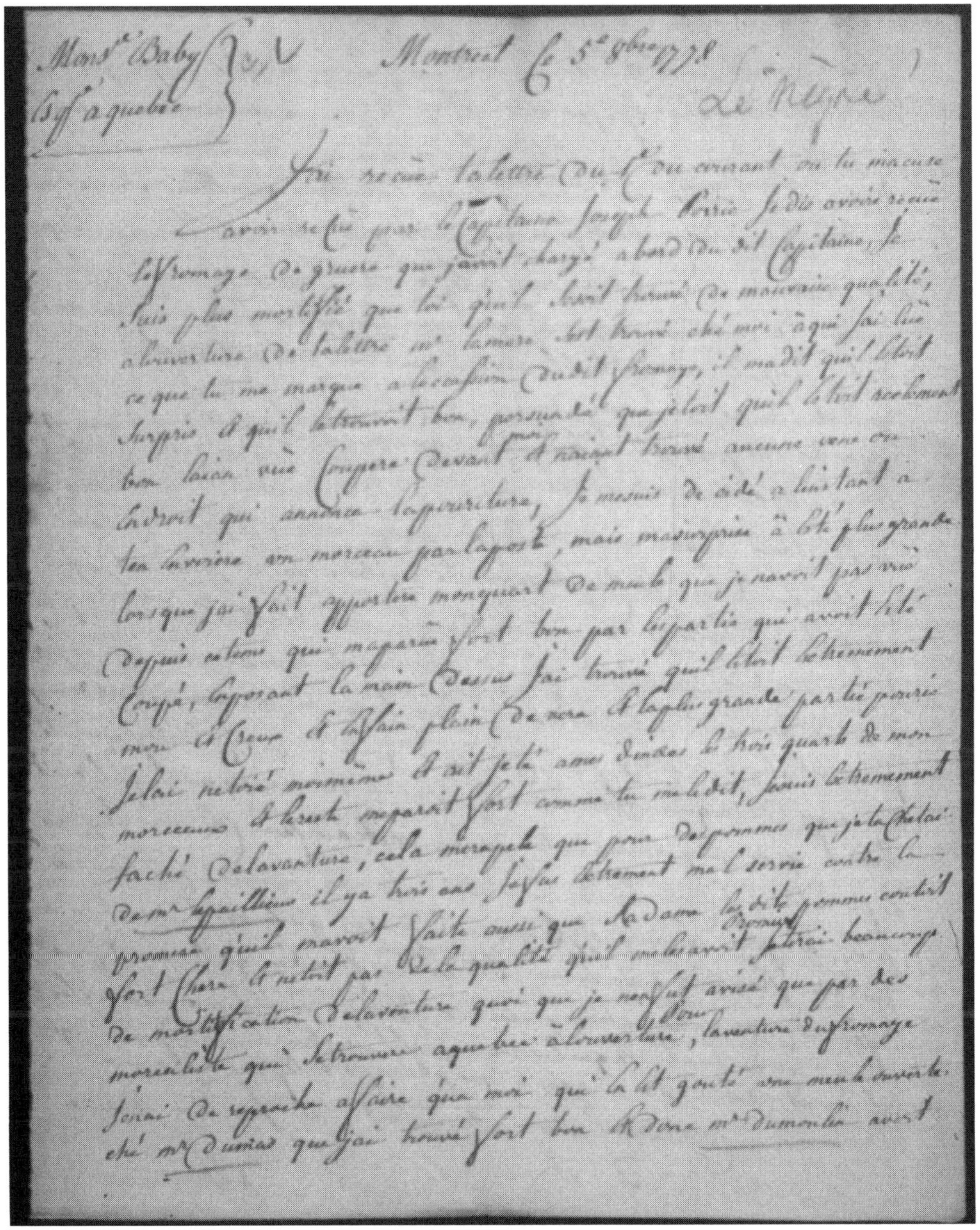
Montreal le 5e 8bre 1778

Illustration 12. Dater une lettre

Dans cette lettre à son ami et associé François Baby, de Québec, le négociant montréalais Pierre Guy a employé l'abréviation numérique courante pour le mois d'octobre. Collection Baby, U5180, 5 octobre 1778. (Gracieuseté des Archives de l'Université de Montréal.)

Illustration 13. François Malépart de Beaucourt, *Margaret Robertson Sutherland*, **1792**

François Malepart de Beaucourt, *Margaret Robertson Sutherland*, huile sur toile, 1792. Margaret Robertson Sutherland était la fille de Daniel Robertson, commandant du poste militaire et de traite des fourrures britannique de Michillimakinac de 1782 à 1787. Lorsque ce portrait fut peint, elle était déjà mariée à Daniel Sutherland, un négociant participant activement à la traite des fourrures. En 1807, il fut nommé maître de poste à Montréal et fut *deputy postmaster general of the Canadas* de 1816 à 1827. On la voit ici une plume à la main. Une lettre, un encrier et un cachet sont visibles à l'arrière-plan. *DCB*, à «Sutherland, Daniel», vol. 6. (Gracieuseté de la Collection Sigmund Samuel [988.96.1], Musée royal de l'Ontario, Toronto, Canada, acheté avec l'aide de Jeanne T. Costello Trust et de William J. C. White, C. R.)

chacun l'espoir que l'autre serait digne d'un tel sort. Marie écrivit en 1641 :

> Je suis en une consolation très sansible du bon souhait que vous fait pour moy (c'et le martire). Hélas, mon très cher fils, mes péchez me priveront de ce bien ; je n'ay rin fait jusque icy qui soit capable d'avoir gaingné le cœur de Dieu car, pansé-vous il faut avoir travaillé pour estre trouvée digne de respandre son sang pour Jésus-Christ ; je n'ose porter mes prétansions si haut : je laisse faire à sa bonté immance qui m'a tousjours prévenue de tant de faveurs, qui si sans mérites, elle me veut (encore) faire celle où je n'ose prétandre, je la suplie qu'elle le fase ; je me donne à elle, je vous y donne aussy et la suplie, pour une bénédiction que vous me demandez, qu'elle vous comble de celles qu'elle a départie à tant de valeureux soldats qui luy ont gardé une fidélité inviolable[46].

D'autres lettres étaient écrites dans un style simple et prosaïque. John Askin gérait un comptoir de traite et cultivait la terre au poste britannique de Michillimakinac, à la tête des lacs Huron et Michigan, dans les années 1770, et plus tard, à Détroit, il fut marchand de fourrures, négociant et spéculateur foncier. Son abondante correspondance d'affaires est généralement simple et va à l'essentiel. Il ne perd pas son temps à enjoliver ses pensées et son langage. Il commence par une salutation, mentionne souvent les lettres qu'il a envoyées et reçues, puis il passe directement à ses affaires ; bien que ses lettres soient souvent longues, elles ne comportent pas de digressions inutiles[47].

Certaines lettres étaient éloquentes. Edward Bowen, un juge du Bas-Canada ami intime de John Sewell, s'appliquait à construire des phrases élégantes. En octobre 1815, il écrivit depuis Québec à Sewell, qui se trouvait alors en Angleterre. « Le gel rigoureux et les lourdes chutes de neige que nous venons de subir nous rappellent tout naturellement la fermeture de notre navigation et la nécessité de ne pas perdre de temps pour s'adresser aux bons amis pour lesquels nous avons de l'affection de l'autre côté des Grands Lacs[48]. » Certains auteurs plaisantaient volontiers dans leurs lettres. H. G. Forsyth semble n'avoir guère écrit de lettres tout à fait sérieuses à son bon ami John McNicol,

petit-fils de John Nairne, seigneur de Murray Bay. En août 1832, il écrivait par exemple à McNicol :

> L'impudence des marchands de Québec n'a d'égal que celle d'une connaissance à moi bien connue sous le nom de Sir Noodle McDoodle. Ce cher M. Wyse supposait que j'avais condescendu à devenir l'agent d'un propriétaire terrien de rien du tout tel que toi. Vraiment, les choses sont allées un peu loin. Se rendant compte de son erreur, il m'a demandé de t'envoyer le compte ci-joint, ce que j'ai eu la grande bonté d'accepter de faire[49].

Forsyth semble avoir été un agent de McNicol, qu'il chapitrait sans cesse, feignant l'indignation, parce que ce dernier négligeait de lui écrire et pour d'autres offenses imaginaires. Il écrivait le 14 juillet 1832 :

> Ta lettre du 9 courant a été reçue par la poste du matin, et quoique ce ne soit nullement une excuse valable pour ta récente conduite, je n'en ai pas moins condescendu à reprendre notre correspondance, souhaitant cependant que tu comprennes qu'elle se limitera de mon côté à de strictes questions d'affaires, et ce uniquement le temps nécessaire pour que tu trouves *un meilleur Agent*, et pas plus[50].

Le style de certaines lettres est le résultat inconscient de l'incapacité de l'auteur de bien écrire. Ces correspondants vivaient aux marges du monde alphabétisé et nous rappellent que l'écriture était une technique qu'il fallait apprendre et parfaire. Parmi ces correspondants, certains étaient tout simplement incertains de l'orthographe des mots qu'ils voulaient écrire. John Anderson, un commerçant de Fort Miami, écrivit ainsi à John Askin, à Détroit, en 1798 :

> I hear is an Ideay Struck Me Since Thease few Days which I am very Sorey did Not before You wrote for the Engages to Mountrell, that is that we did Not think of gating them to Com up in a boate with the Spirits... If You think it is in any ways likley Word Couled gat Doun before they are Sant off I think it would be a fine thing Fort [for] I wouled want Liquer Early in the Spring[51]. [Ill. 14]

Quant à John Cornwall, qui cultivait une terre appartenant à John Askin, il écrivit à ce dernier en juin 1786 de River Huron : « I Exspect

Illustration 14. John Anderson à John Askin, 1798

John Anderson, un marchand de Fort Miami, fut à l'occasion l'associé de John Askin, négociant de Détroit. Un certain nombre de ses lettres adressées à Askin ont survécu, et toutes attestent une maîtrise médiocre de l'écriture. Fort Miami, 19 mars 1798, John Anderson à John Askin, à Détroit. (Gracieuseté de la Burton Historical Collection, Detroit Public Library.)

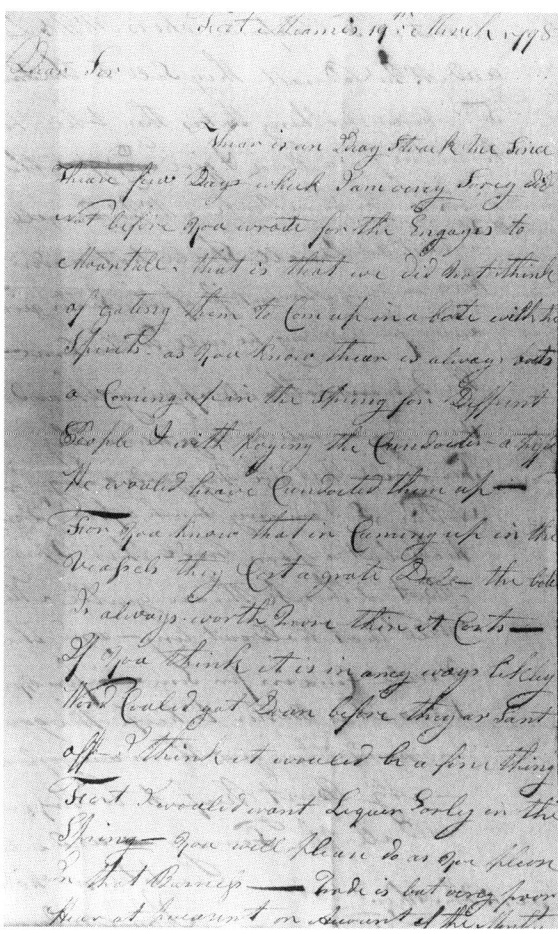

to have all the Corn & protaters howed in about twelve Days time if the wether is Good then I Shall not Want any person With me till the burds begin to Eate Corn… [52] » [Ill. 15] D'autres correspondants maîtrisaient encore moins bien la langue écrite. Louis Baby, qui fut un temps marchand de fourrures dans l'ouest et était le frère de François Baby, éminent négociant de Québec, écrivait des lettres des plus malaisées à déchiffrer. Son écriture est médiocre et il est brouillé avec la ponctuation. Mais le véritable défi qui attend le lecteur vient du fait que Baby met sur papier les sons du langage parlé. Il n'a manifestement pas vraiment appris les principes de l'orthographe et se contente d'aligner les sons comme il le ferait en parlant. Louis écrivait par exemple à François en janvier 1765 :

> Tu seura peutaistre surprie demaneglisjens ate Crire cenais pas La Bonne vollonté qi mavva enpeche parseuqe jan nais en Cor troua dé Crite depuis plus de troua moua mais neu voullan pouas Les maitre allaposte pour tan fere Couté ja vais prié chenneuville Lorsequilla parti poure quebeqe de vous louer bien passer chenous peur teu faire Rèponse au sofre qetu meu fais ausu gais des <pei danaou> [53]. [Ill. 16]

La lettre de Louis Baby, dont le style est bien sûr inhabituel, est néanmoins typique sur le plan matériel des lettres de ces siècles. Elle a été écrite sur une unique feuille de papier, pliée en deux pour donner quatre pages. Les pages étaient numérotées de sorte que, lorsque la feuille était dépliée, les pages un et quatre se trouvaient d'un côté, et les page deux et trois de l'autre. Le texte de la lettre était écrit sur les trois premières pages, et parfois aussi au haut et au bas de la quatrième. La plus grande partie de celle-ci était laissée blanche, car elle allait former l'extérieur, ou enveloppe, de la lettre.

Que les lettres aient été écrites sur une grande feuille pliée en deux pour faire quatre pages, ou sur une petite feuille ne comportant que deux pages, les correspondants essayaient souvent de faire figurer une lettre entière sur une seule feuille, soit en raison du coût ou de la rareté du papier, soit à cause du poids de la lettre ou des frais de port [54]. Pour éviter d'utiliser une feuille supplémentaire, les correspondants se donnaient parfois beaucoup de mal. Parfois, ils écrivaient au haut et au bas de la quatrième page, les lignes du texte devenant de plus en plus serrées lorsque l'espace venait à manquer [Ill. 25]. Ou encore ils écrivaient en travers de leur lettre. L'auteur écrivait la première partie du message comme d'habitude, puis, tout le papier libre se trouvant occupé, il tournait la feuille à quatre-vingt-dix degrés et continuait à écrire en travers de ce qui était déjà écrit [Ill. 26]. Si l'écriture du correspondant était régulière et fine, le texte était étonnamment facile à lire. Parfois, l'auteur employait une encre de couleur contrastante pour ce qu'il ajoutait perpendiculairement au reste [Ill. 27]. En général, toutefois, le lecteur d'aujourd'hui ne peut qu'être légèrement paniqué lorsqu'il a à déchiffrer une lettre ainsi écrite.

Il n'existait pas d'enveloppes préparées collantes. On pliait la lettre pour qu'elle forme sa propre enveloppe. Il y avait différents moyens de plier une lettre terminée, mais le plus courant était le suivant : la première page (celle qui portait les lignes d'introduction de la lettre) en haut, on pliait la lettre en trois dans le sens de la longueur. Puis, sans changer l'orientation de la lettre, on la pliait en trois dans le sens de la largeur. On glissait le tiers de gauche sous la couche supérieure du côté opposé. Lorsque la feuille ou les feuilles de papier étaient couvertes de texte, on utilisait une feuille vierge en guise d'enveloppe. Ainsi pliée, la lettre était plutôt petite, mesurant souvent aussi peu que 10 cm sur 7 cm [Ill. 28]. On la fermait généralement à l'aide d'un cachet de cire [Ill. 29]. La cire, faite de résine et de gomme-laque, se présentait sous la forme d'un bâton dont on faisait fondre l'extrémité au-dessus de la flamme d'une bougie et qu'on appliquait sur les bords qui se chevauchaient, au dos de la lettre. On pressait ensuite la cire chaude avec un cachet [Ill. 30] ou un cachet-breloque, qui laissait souvent une empreinte distinctive [55] [Ill. 24 et 31]. Le cachet était généralement rouge, mais on utilisait parfois de la cire noire pour annoncer un décès. En novembre 1845, George Gladman, un ancien marchand de la Compagnie de la Baie d'Hudson, écrivit une lettre à un autre ancien marchand, Edward Ermatinger, petit-fils du négociant montréalais dont on peut voir le recueil de correspondance dans l'illustration 5. La lettre qui annonçait la mort de sa fille de la rougeole, était scellée à la cire noire [56] [Ill. 32]. Elizabeth Kiernan disait à son amie Elizabeth Russell en 1810 que le cachet noir de la lettre de cette dernière l'avait prévenue de la nouvelle qui s'y trouvait du décès du frère d'Elizabeth Russell, Peter,

Illustration 15. John Cornwall à John Askin, 1786

L'écriture de John Cornwall est tout à fait lisible, mais il a une orthographe bien personnelle. Il s'agit d'une lettre d'une série qu'il envoya à John Askin à l'été 1786 pour rendre compte de ses activités. Les deux hommes avaient conclu au printemps une entente selon laquelle Cornwall avait l'usage de terres appartenant à Askin à River Huron. Askin offrait à Cornwall l'usage d'une maison et d'un jardin, et acceptait de lui fournir un cheval, une vache et des fers de charrue. Cornwall devait trouver deux hommes pour l'aider, et cultiver le maïs. À l'automne, Askin devait recevoir les deux tiers du maïs, Cornwall conservant le reste. ANC, Documents Askin, MG 19 A3, vol. 14, River Huron, 24 juin 1786, John Cornwall à J. Askin, Détroit, p. 4932-4933. Voir aussi Milo Quaiffe, *John Askin Papers*, vol. 1, 11 avril 1786, p. 234-235 ; 27 avril 1786, p. 240-241.

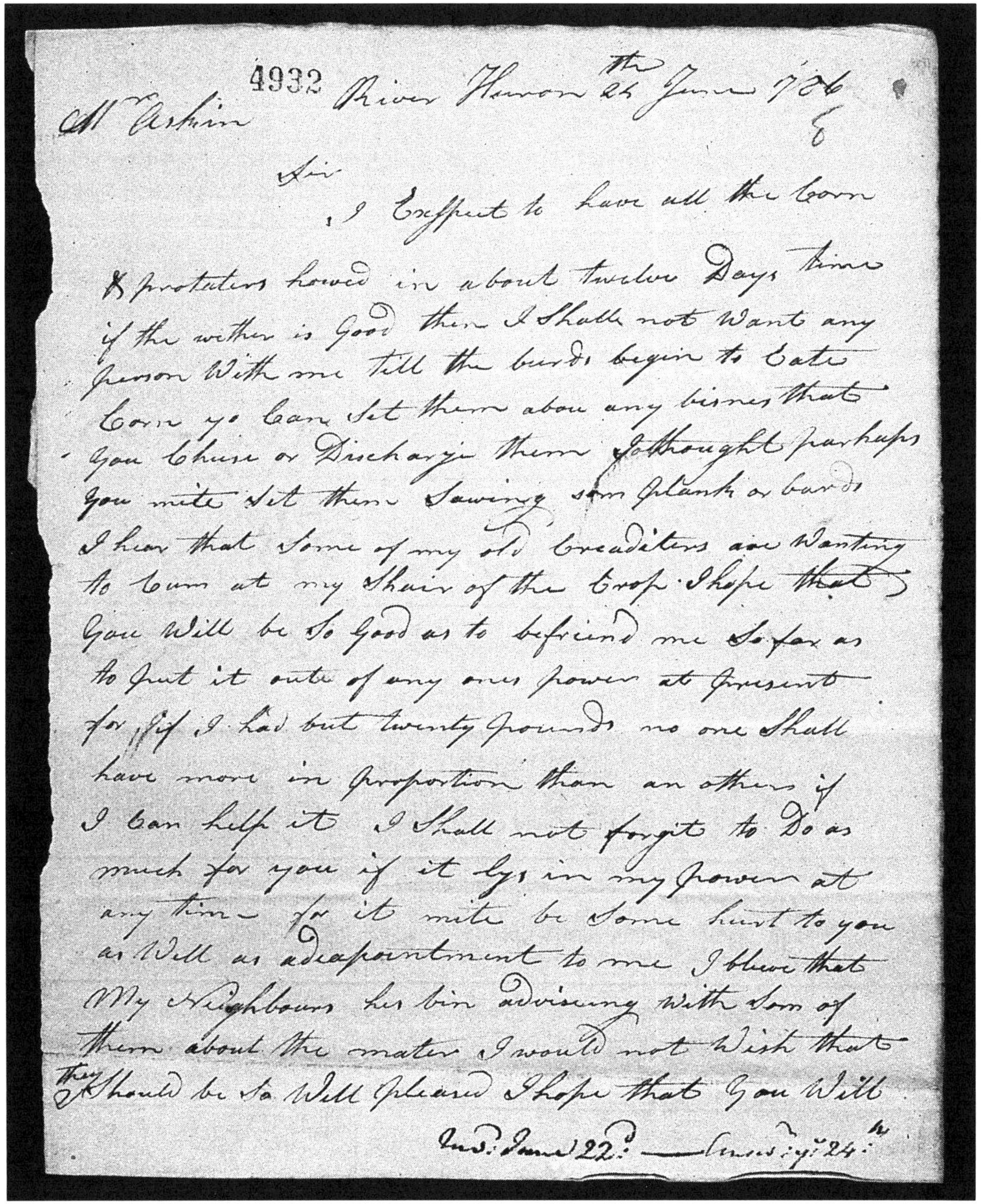

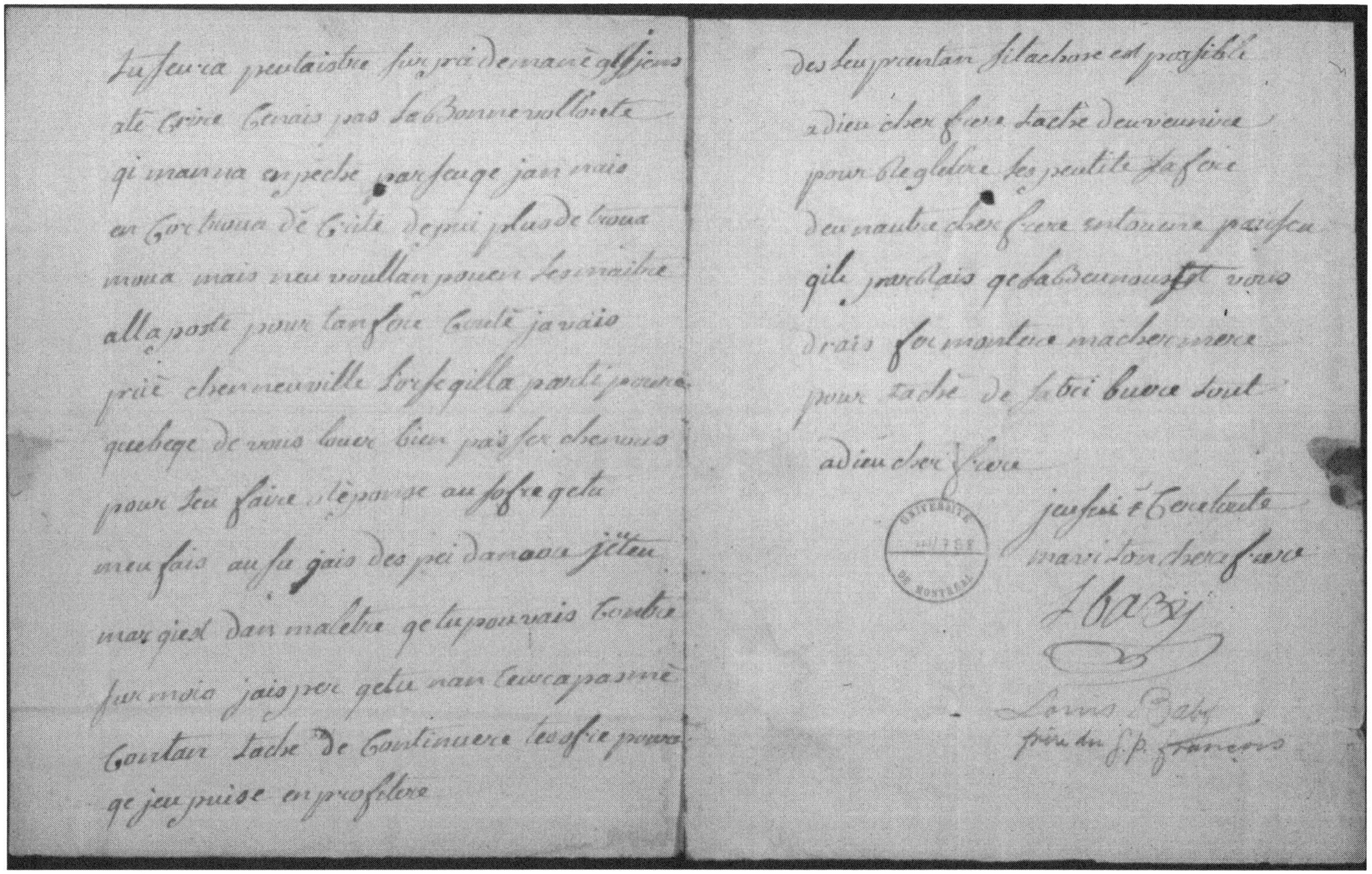

Louis Baby
frère du S.P. François

Illustration 16. Louis Baby à François Baby, 1765

La correspondance de Louis Baby n'est jamais facile à lire. Il faut du temps pour déchiffrer les diverses lettres, et même là le sens peut demeurer incertain. Il est souvent plus facile de le saisir en lisant le texte à voix haute. Louis Baby était le frère des négociants et marchands de fourrure bien en vue Dupéron et François Baby. Lui et un autre frère, Antoine, dont cette lettre annonce le décès, se sont souvent associés avec leurs frères. François vivait à Québec et administrait la partie européenne de leurs affaires. Dupéron habitait Détroit, un important entrepôt de la traite des fourrures. Quant à Louis et Antoine, on les retrouvait soit à Montréal, soit dans le pays d'en haut. Il est intéressant de noter que, contrairement à Louis, François et Dupéron Baby écrivaient bien, et clairement. Cette illustration reproduit le passage cité dans le texte. Archives de l'Université de Montréal, Collection Baby, U758, Montréal, 11 janvier 1765, Louis Baby à François Baby, Québec. Voir également DCB, à « Baby, François », vol. 4.

La lettre

l'ancien receveur général de la province du Haut-Canada[57]. Les lettres étaient parfois scellées avec un petit disque rougeâtre fait de farine, d'eau et d'un liant de gomme. Humecté, ce disque était placé sous la couche supérieure du pli et pressé avec un cachet. Ni aussi joli ni aussi sûr que le cachet de cire, c'était néanmoins une solution de rechange rapide et simple.

Quiconque voulait lire le contenu d'une lettre était obligé de briser le cachet. La cire était fragile et se brisait relativement facilement, mais on risquait, en ouvrant la lettre, de l'endommager. Un fragment de texte sur le bord extérieur de la troisième page des lettres d'Anne Powell à son frère, à New York, manque invariablement là où le cachet a été enlevé[58] [Ill. 33]. Beaucoup d'autres lettres ont été déchirées au même endroit lorsqu'on les a ouvertes. À l'occasion, les correspondants laissaient vide le côté droit, particulièrement vulnérable, du milieu de la troisième page afin d'éviter qu'une partie du texte ne se perde ou soit effacée en apposant le cachet[59] [Ill. 34 (a)]. Une fois la lettre écrite, copiée, pliée et scellée, il restait à y mettre l'adresse. Le nom et l'adresse du destinataire étaient inscrits sur la partie vierge exposée du quatrième côté de la feuille ou sur la partie exposée de la feuille servant d'enveloppe. L'information requise était brève et limitée à l'essentiel. « A Monsieur, Monsieur Duperon Baby Negt., à Montréal En Canada » suffisait en 1763 pour qu'une lettre de François Baby, alors dans le port français de La Rochelle, parvienne chez son frère, à Montréal[60]. Écrivant en mai 1782 de Saint-Louis, le négociant illinois Jean-Gabriel Cerré envoya une lettre à sa fille avec cette simple adresse : « A Madame, Madame Panet, A montreal[61] » Au XIXe siècle, les auteurs d'une lettre ajoutaient à l'occasion un nom de rue[62], mais cette information ne semble pas avoir été cruciale. On envoyait souvent les lettres aux bons soins d'une autre personne, qui faisait suivre. C'est ainsi que le père Aulneau, un prêtre jésuite se préparant à partir pour l'Ouest, demanda en avril 1735 que tout ce qui lui serait adressé soit envoyé au « Frère Boispineau L'ayné à Quebek, pour faire tenir au Père Aulneau, missionnaire au fort St. Charles, sur le lac des Bois en Canada[63] ». Souvent le nom de la personne qui transportait la lettre était écrit sur le côté inférieur gauche du pli [Ill. 34 (b)].

Aujourd'hui, ces lettres sont souvent molles et parfois déchirées par l'usure. Elles sont parfois tachées, résultat du trajet qu'elles ont effectué ou des conditions dans lesquelles elles ont été conservées. D'autres sont propres et craquantes, dans un état presque parfait, comme si elles avaient été écrites hier. Toutes ouvrent une fenêtre sur la vie de leurs auteurs et de leurs destinataires. Dans le reste de cet ouvrage, nous suivrons le périple de ces lettres, à partir des mains des personnes qui les ont écrites, jusqu'à leur destination finale, portant des messages où il est question de prix, d'amour, d'espoirs, de marché, de foi, de politique et du temps.

Notes

1 Cela est évident à l'observation, et confirmé par Phil Dunning (Recherches sur la culture matérielle, Direction des services archéologiques, Parcs Canada, Ottawa). Phil Dunning a abondamment étudié les lettres et tout ce qui entoure leur rédaction. J'aimerais le remercier de m'avoir expliqué nombre de processus relatifs à l'écriture des lettres et de m'avoir donné accès à sa substantielle collection d'artefacts. Il a gentiment lu et commenté une version préliminaire de ce chapitre, me permettant d'y apporter de nombreuses améliorations. Je suis responsable de toute erreur résiduelle.

2 Documents Sewell, vol. 3, 21 mars 1790, p. 613-620.

3 Documents Nairne, vol. 1, 21 janvier 1783, p. 48-51. Madie habitait chez des amis de la famille à Québec. Nairne était lui-même absent de Murray Bay. Nairne, venu à l'origine au Canada comme membre de l'armée britannique, offrit de nouveau ses services lorsque les Américains menacèrent d'envahir la colonie en 1715, et servit jusqu'en 1783 dans divers postes. En 1783, Nairne était commandant du poste militaire anglais de l'île aux Noix, au nord du lac Champlain.

4 Voici un exemple tardif : *Cassell's Household Guide : Being a Complete Encyclopedia of Domestic and Social Economy* (Londres, Paris et New York, Cassell Petter & Galpin, 1869 ?).

5 « Préface » de *The Self-Instructor, or, Young Man's Best Companion ; Being an Introduction to All the Various Branches of Useful Knowledge* (Liverpool, Nuttall, Fisher, and Dixon, 181 ?).

6 Au sujet des secrétaires, voir Roger Chartier, « Des <secrétaires> pour le peuple ? Les modèles épistolaires de l'Ancien Régime entre littérature de cour et livre de colportage », dans *La correspondance — Les usages de la lettre au XIXe siècle*, R. Chartier et al. (sous la dir. de) (Fayard, 1991), et Katherine gee Hornbeak, *The Complete Letter Writer in English 1568-1800* (Northampton, Massachusetts, Smith College Studies in Modern Languages, 1934).

7 Documents Nairne, vol. 1, 22 janvier 1783, p. 48-51. Madie est née le 8 juillet 1767, et elle avait donc une quinzaine d'années lorsque son père lui donna ce conseil. Pendant au moins une partie de cette période, elle fut aussi absente de Murray Bay, habitant chez des amis de la famille à Québec.

Illustration 17. Plume et canif pliant

Un grand canif tel que le spécimen à lame unique présenté ici servait souvent à préparer ou à tailler les plumes d'oie. Outre qu'il coupait le bec, l'épistolier taillait généralement une partie, ou parfois la totalité des barbes de l'extrémité de la plume pour alléger celle-ci et la rendre plus facile à tenir. Cette photo montre une plume taillée et une autre non taillée. On pouvait acheter un instrument spécialisé pour tailler les plumes mécaniquement, mais la plupart des plumes étaient taillées à la main. (Objets d'une collection privée. Photo de Claire Dufour.)

Illustration 18. Instructions pour faire de l'encre

La plupart des guides pratiques et des manuels d'art épistolaire contenaient diverses recettes pour la fabrication d'encre noire ou rouge. Cet ouvrage suggère aussi une façon d'éviter le problème fréquent du gel de l'encre : ajouter un verre de vin ou de brandy au mélange. J. Hough, *The Young Man's Best Companion ; or, the New Book of Knowledge* (Manchester, J. Gleave, 1823), p. 52. (Provient d'une collection privée. Photo de Claire Dufour.)

Illustration 19. Outil pour effacer et agate

S'il voulait éviter de biffer ses erreurs dans un texte, le correspondant pouvait les faire disparaître en grattant la surface du papier à l'aide d'un couteau ou de l'instrument que l'on voit ici, une gomme à encre. On pouvait alors polir la surface du papier avec une agate pour la rendre moins absorbante. (Objets provenant d'une collection privée. Photo de Claire Dufour.)

Illustration 20. Sablier

L'encre fraîche s'étale facilement. Pour éviter ce problème, beaucoup de correspondants saupoudraient à l'aide d'un sablier la surface de leurs lettres d'une fine couche d'une substance très absorbante telle que de la seiche moulue. La poudre absorbait l'excès d'encre, et on la reversait ensuite dans le sablier pour la réutiliser. Ici, la surface d'une lettre a été saupoudrée de mica noir avec un sablier datant du milieu ou de la fin du XVIIIe siècle. Le mica pouvait laisser un léger brillant sur la page, là où il adhérait à l'encre humide. Le buvard ne se répandit qu'au milieu du XIXe siècle. (Objets d'une collection privée. Photo de Claire Dufour.)

Illustration 21. Écritoire complète

Cette image montre un bureau préparé pour écrire une lettre, comme on pouvait en voir à la fin du XVIIIe siècle. Sur le bureau, on voit à l'arrière, de gauche à droite : un bougeoir de laiton, un encrier, un sablier et un cachet ; à l'avant : une règle ronde et de la cire à cacheter (on se servait d'une règle ronde pour marquer des lignes avec une plume d'oie, et d'une règle plate lorsqu'on le faisait avec un crayon) ; devant la règle : une gomme à encre, une agate et un chamois (pour essuyer les plumes) ; au premier plan, à droite : un plioir (pour faire des plis et découper le papier ou les pages des livres) et une boîte à canif de bureau. Le canif de bureau et une plume d'oie partiellement taillée reposent sur trois morceaux de papier vergé. Le papier du bas est beige et de bonne qualité ; le suivant est bleu, et celui du dessus est un papier grossier couleur café, souvent utilisé comme papier d'emballage. Dans le tiroir, on peut voir, de gauche à droite : du ruban rouge pour attacher des liasses de lettres, des plumes d'oie, un cachet de bureau, de la cire et une boîte de cachets de papier rouge parfois utilisés pour remplacer les cachets de cire. (Objets d'une collection privée. Photo de Claire Dufour.)

Illustration 22. Horace Bundy, *Avocat du Vermont*, 1841

Horace Bundy, *Avocat du Vermont*, huile, 1841. Ce portrait remonte à 1841, mais les objets que l'on voit sur le bureau étaient utilisés depuis quelques dizaines d'années. Sur la table se trouvent divers objets utilisés pour écrire des lettres, de gauche à droite : un sablier, un cachet de cire de bureau, un encrier et une plume d'oie, un pot de cachets de papier et un canif de bureau. (Gracieuseté de la National Gallery of Art, Washington, Collection d'Edgar William et Bernice Chrysler Garbisch.)

Illustration 23. L'écritoire de voyage complète

Cette réplique d'une écritoire de voyage est installée comme elle aurait pu l'être au début du XIXᵉ siècle. Dans un compartiment, à l'arrière gauche, il y a un petit sablier d'ivoire ou d'os. Un encrier de verre ouvert occupe l'espace à droite. Les plumes étaient placées en équilibre sur un rebord, entre le sablier et l'encrier. La surface d'écriture est recouverte d'un tapis vert d'un tissu absorbant semblable au feutre ; la moitié du devant de cette surface se soulève pour révéler un compartiment à papier. Dans le tiroir on peut voir, de l'avant vers l'arrière, des ciseaux, un grand canif, une règle ronde, une agate, un cachet de bureau, un plioir et de la cire. Il y a également dans le tiroir un chamois et un autre morceau de tissu vert pour essuyer les plumes ainsi qu'une collection de breloques. (Objets d'une collection privée. Photo de Claire Dufour.)

Illustration 24. Cachets de gousset

Ces trois cachets-breloques que l'on voit sur un ruban, remontent à la fin du XVIIIe siècle. Ils portent des initiales, des noms, des motifs, de courtes expressions, et même des dessins simples. La lettre porte un cachet de cire rouge avec les initiales « T. B. », « J. B. » ou « I. B. », l'impression faite par un des cachets. Les correspondants avaient généralement à portée de la main en tout temps de la cire rouge et de la cire noire. La cire noire n'était normalement utilisée que lorsque le correspondant était en deuil. (Objets d'une collection privée. Photo de Claire Dufour.)

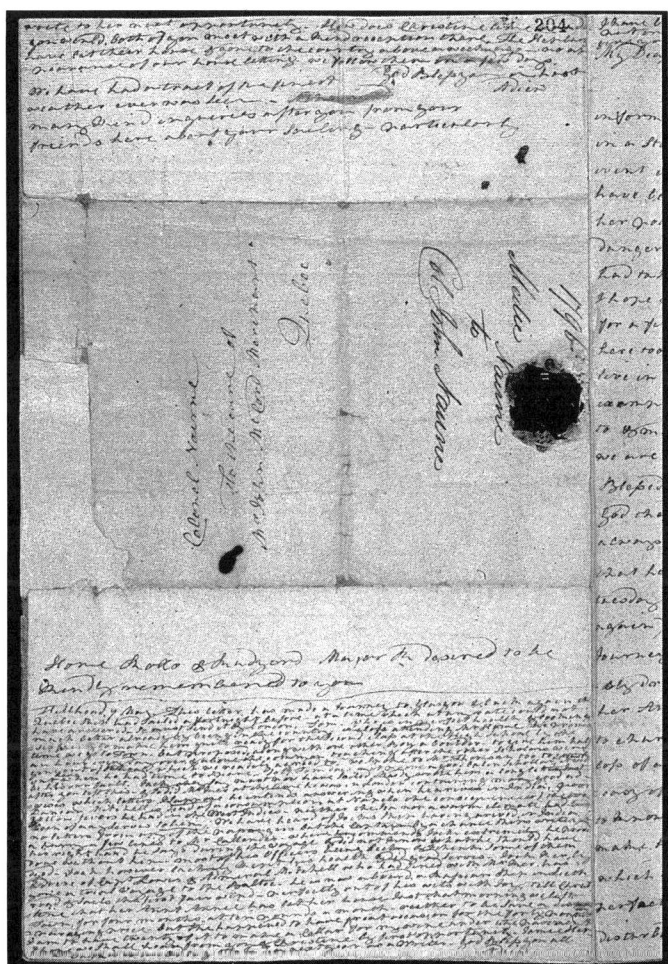

Illustration 25. Faire de la place pour le texte

Cette lettre a été commencée le 26 avril 1796. Elle avait pour objet d'annoncer le décès en Écosse de la fille de John Nairne, Annie, morte à 12 ans de la tuberculose. Le côté droit de l'illustration montre la première page de la lettre. Celle-ci fut envoyée à Glasgow, mais rata les bateaux se rendant à Québec et fut renvoyée à Édimbourg. L'auteur, la sœur de Nairne, Madie, d'après laquelle sa fille avait été nommée, ajouta ensuite le post-scriptum en pattes de mouche visible sur la quatrième page de la lettre, que l'on voit dans la partie gauche de l'illustration, et expédia la lettre à Londres, où elle fut mise à bord d'un navire faisant voile pour l'Amérique du Nord. La lettre était envoyée à Nairne aux bons soins du négociant John McCord, à Québec. ANC, Documents Nairne, vol. 1, Édimbourg, 26 avril 1796, Madie Nairne à John Nairne, Québec, p. 201-204.

Illustration 26. Écrire en travers d'une lettre

Edward Bowen, de Québec, envoya cette lettre à son ami et collègue Jonathan Sewell en 1815, lorsque ce dernier se trouvait en Angleterre. Les quatre pages de la lettre sont écrites transversalement, et une enveloppe séparée devait porter l'adresse. L'habitude d'écrire transversalement sur une lettre déjà écrite horizontalement était extrêmement courante; cette lettre est relativement facile à lire parce que l'écriture est régulière et fine. La plupart des lettres écrites de cette manière sont beaucoup plus difficiles à déchiffrer. ANC, Documents Sewell, vol. 5, Québec, 15 janvier 1815, Edward Bowen à J. Sewell, Angleterre, p. 2453.

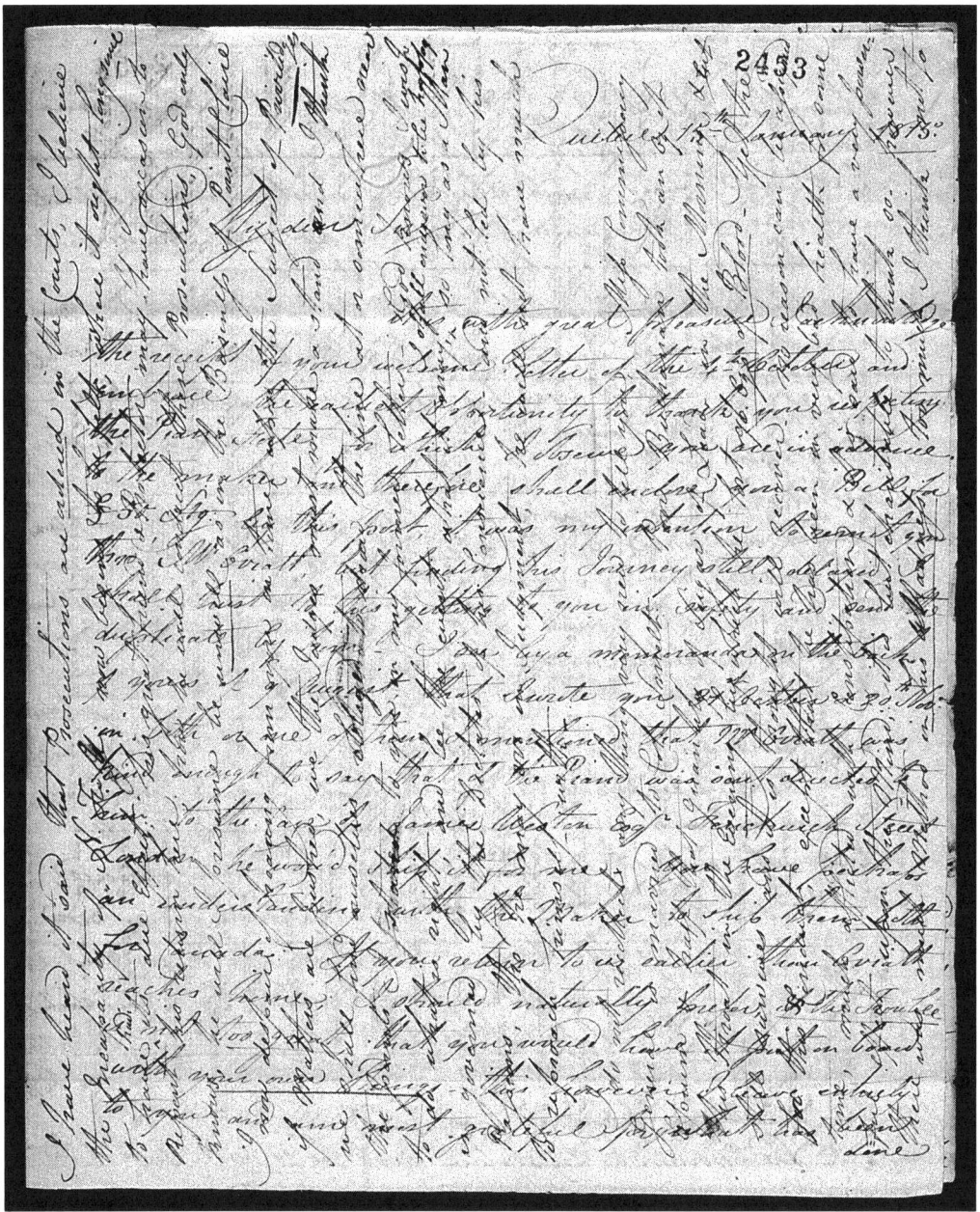

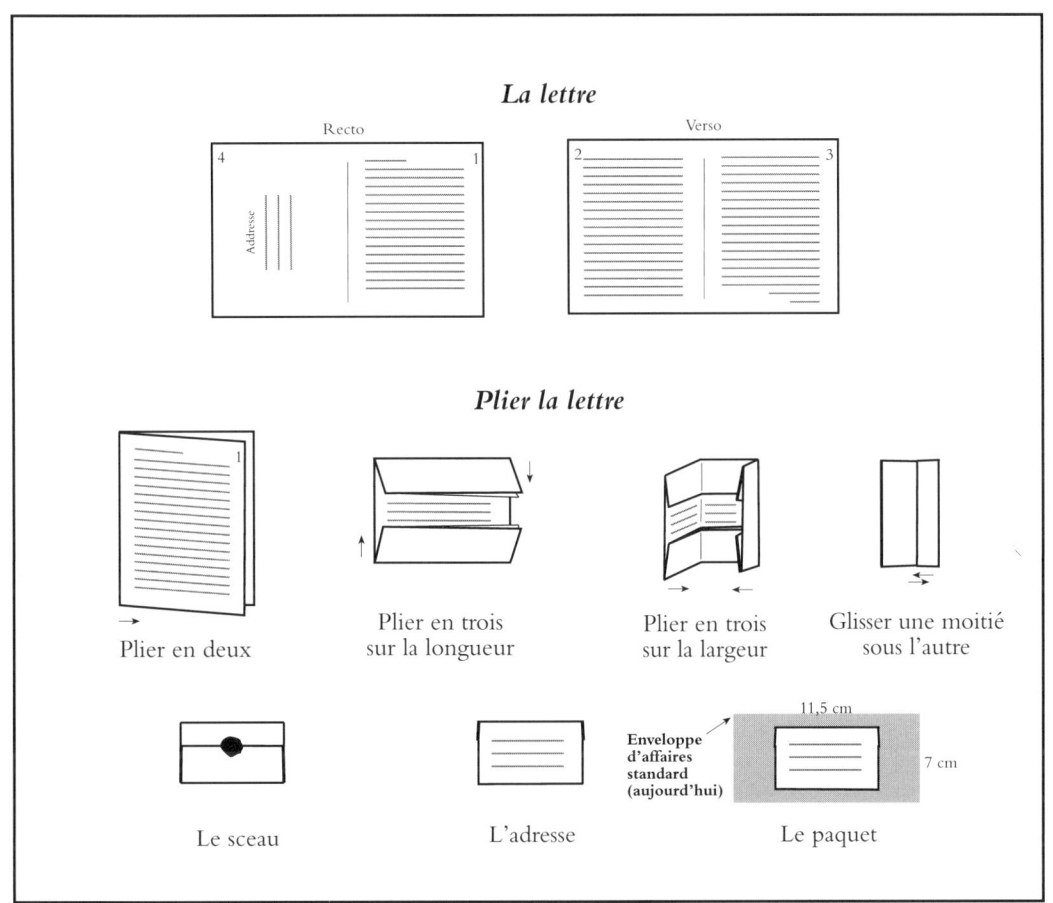

Illustration 27. Plier la lettre

Ce n'est qu'au cours du XIXe siècle que les correspondants commencèrent à se servir d'enveloppes collantes. Aucune des lettres mentionnées dans ce texte ne fut acheminée dans une enveloppe. La lettre était plutôt pliée, comme dans le diagramme ci-dessus, pour former une sorte de paquet. Celui-ci était ensuite scellé à l'aide d'un cachet de cire ou de papier. Le paquet était souvent très petit, mesurant aussi peu que 10 cm sur 7 cm. (Diagramme par Andrée Héroux.)

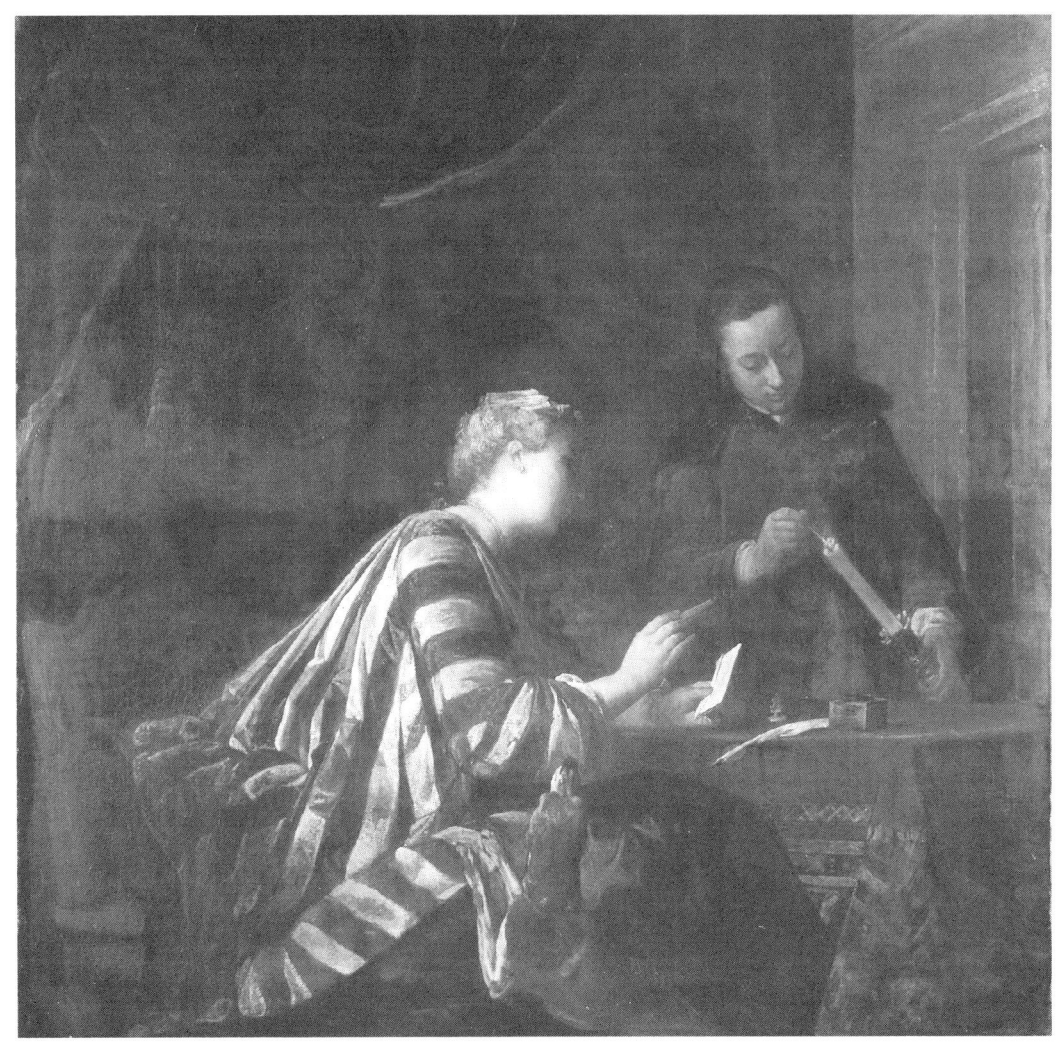

Illustration 28. J. S. Chardin, *Une femme occupée à cacheter une lettre*

J. S. Chardin, *Une femme occupée à cacheter une lettre*, 173[3?]. La femme de cette peinture tient une lettre pliée et un bâton de cire à cacheter, pendant que l'homme, debout derrière le bureau, allume une bougie. Pour cacheter la lettre, elle fera fondre le bout du bâton de cire à la flamme de la bougie et l'appliquera sur la partie du pli qui recouvre la feuille. Un cachet est posé sur la table, devant elle, avec un encrier et une plume d'oie. (Gracieuseté de Berlin Staatliche Schlösser und Garten, Verwaltung Schloss Charlottenburg.)

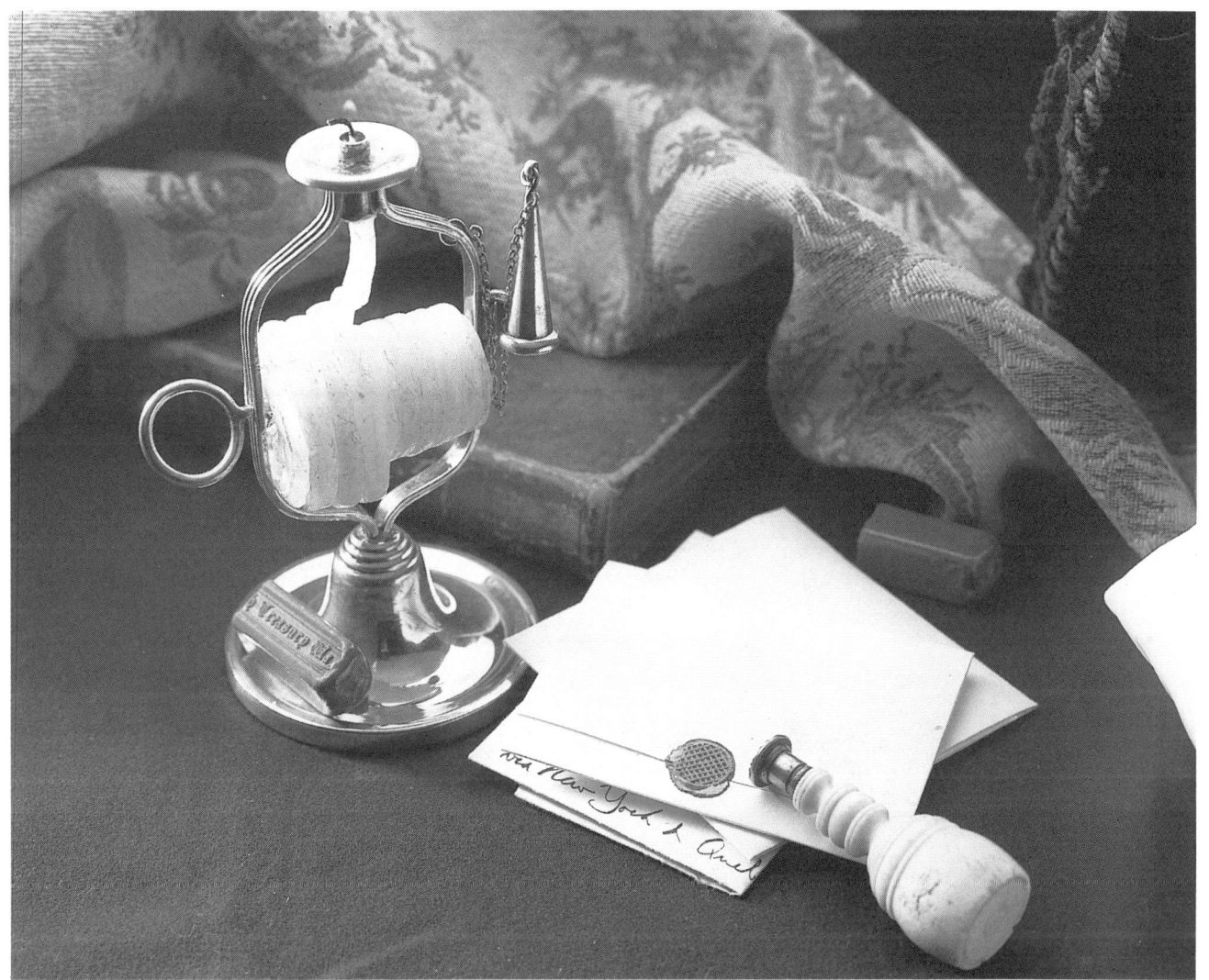

Illustration 29. Cachets de bureau

Cette illustration montre un cachet de bureau à manche d'os ou d'ivoire et son impression. Le motif hachuré que le cachet a laissé dans la cire était très courant. À gauche, on voit un support à cire ou à bougie, en argent servant à faire fondre la cire à cacheter. La cire de la bougie est très molle pour qu'elle puisse s'enrouler facilement. On voit un bâton de cire à cacheter rouge à la base du support à cire. Lorsqu'elle est froide, la cire est rigide et fragile. (Objets d'une collection privée. Photo de Claire Dufour.)

Illustration 30. John Collet, *La lune de miel*, 1755-1765

John Collet, *The Honeymoon*, huile sur toile, Angleterre, 1755-1765. L'homme assis à droite porte une collection de cachets-breloques sur un ruban. On pouvait se servir d'un tel cachet à la place d'un cachet de bureau pour faire une impression dans la cire qui cachetait la lettre. Les cachets-breloques étaient aussi portés comme ornements. Dewitt Galleries Collections (1969-48,3) (C69-314). (Gracieuseté de la Colonial Williamsburg Foundation.)

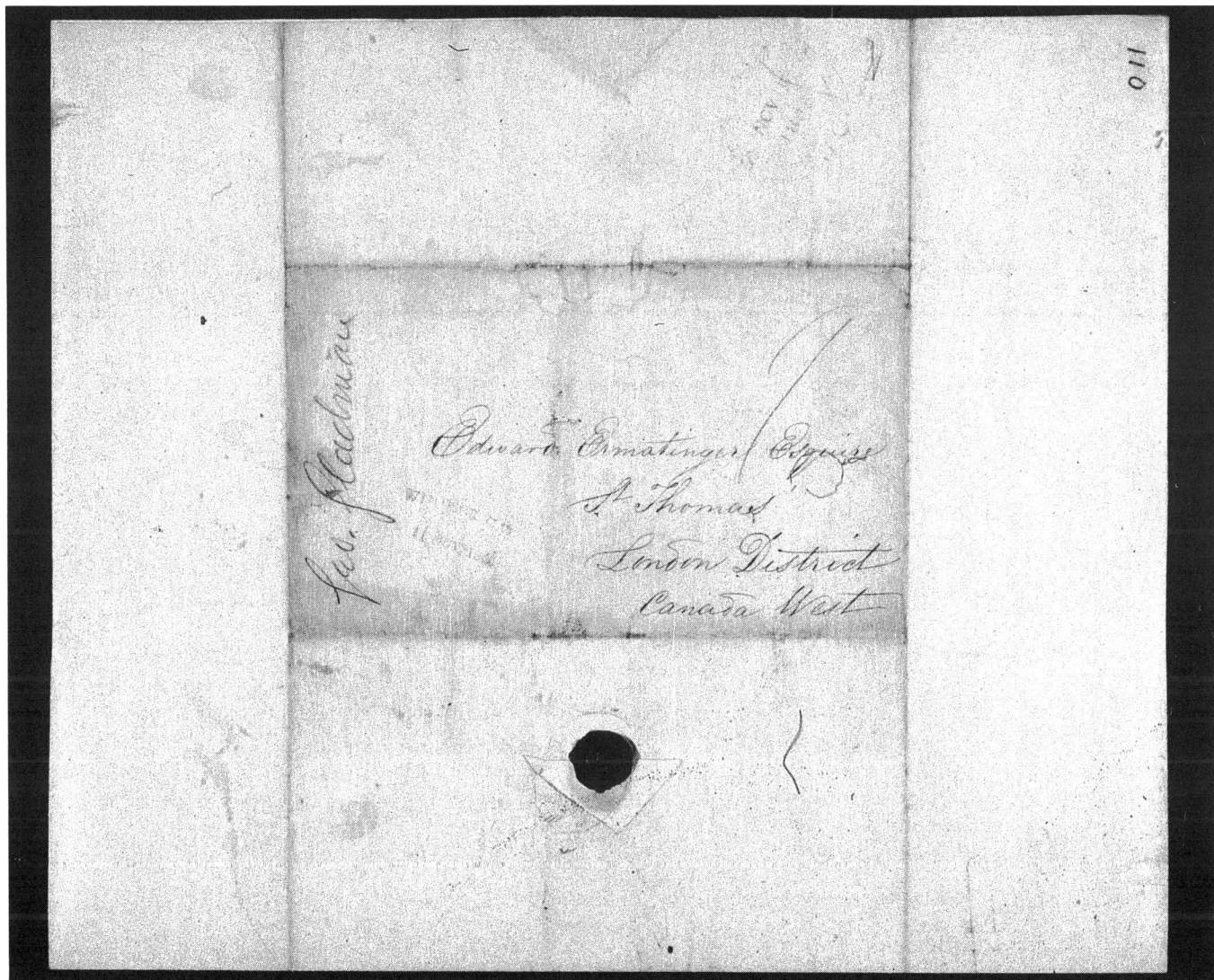

Illustration 31. Un cachet de deuil

Cette lettre a été cachetée avec de la cire noire en signe de deuil. Comme l'explique le texte, la fille de l'auteur est morte de la rougeole quelques jours auparavant. Les autres membres de la famille avaient aussi été malades, mais étaient en voie de guérison. ANC, Documents Ermatinger, MG 19 A 2, série 2, vol. 1, dossier 2, 1er novembre 1845, George Gladman à Edward Ermatinger, p. 108-110.

Illustration 32. Ouverture d'une lettre

Une partie du texte d'une lettre était souvent endommagé lorsqu'on brisait le cachet. Pour pouvoir ouvrir la lettre, on pouvait aussi découper le cachet. George Murray découpait toujours le cachet lorsqu'il ouvrait les lettres de sa sœur, Anne Powell, et il en résultait invariablement la perte d'une partie du texte, du côté droit de la troisième page de la lettre, comme dans cette illustration. Documents W. D. Powell, L16, Correspondance d'Anne Powell, A93, 7 août 1807, Anne Powell à G. Murray, New York, p. 121-124. (Gracieuseté de la Baldwin Room, Metro Toronto Reference Library.)

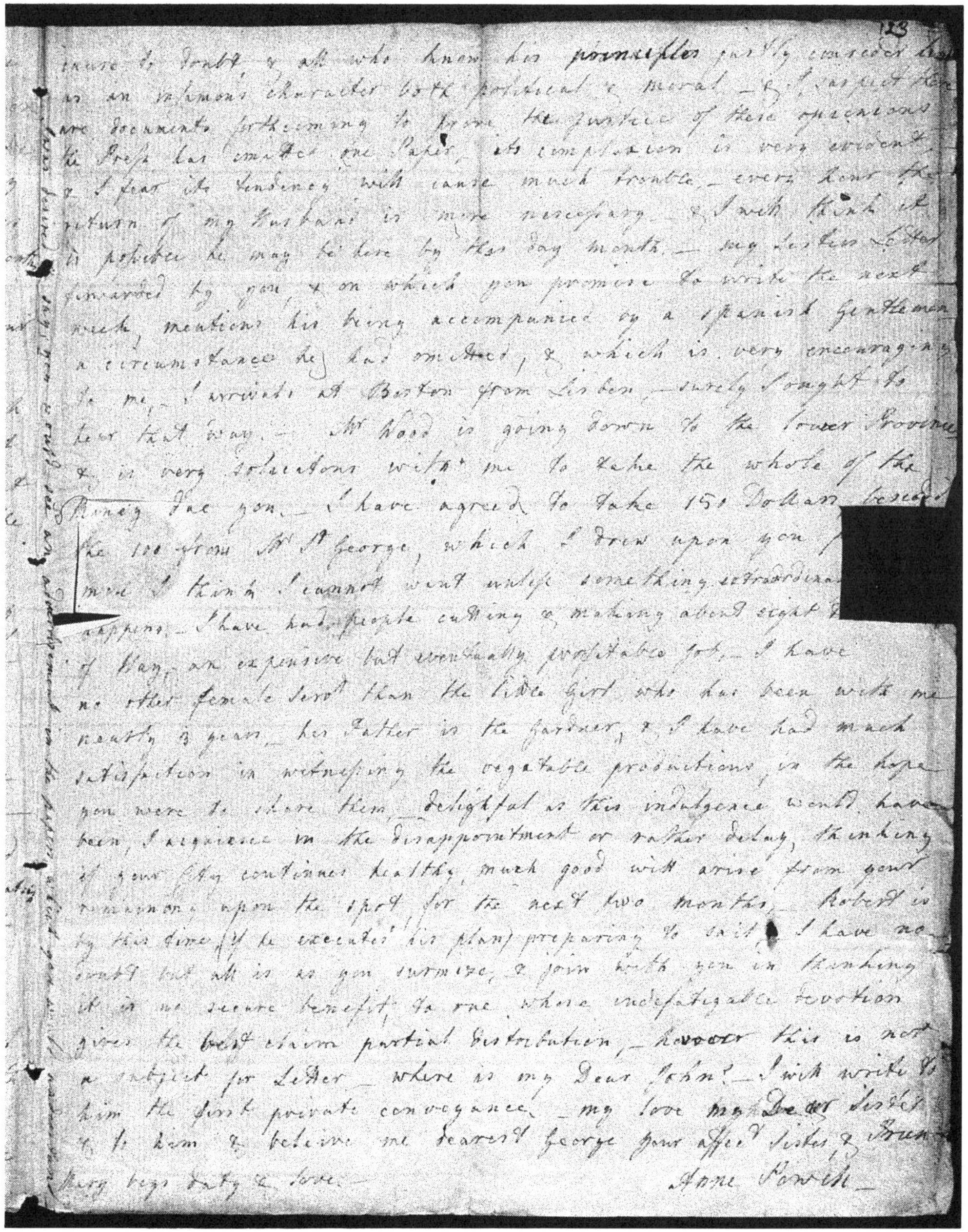

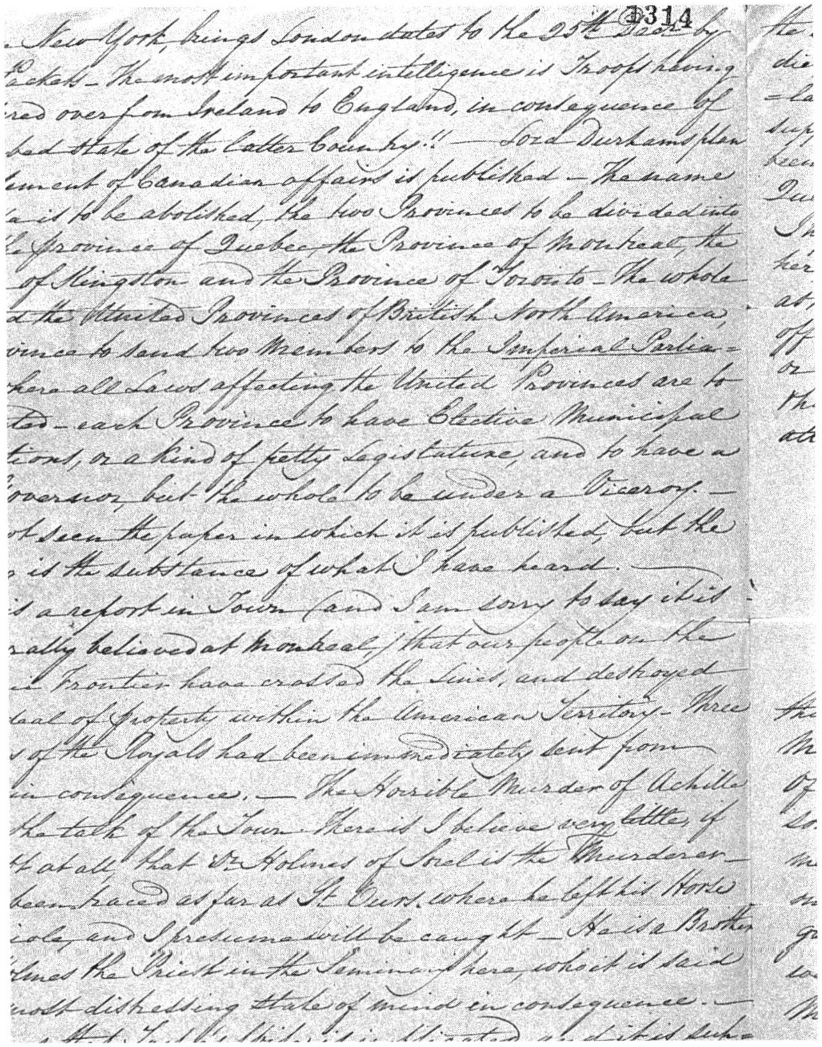

1314

New York brings London dates to the 25th Decr by
Packets – The most important intelligence is Troops having
red over from Ireland to England, in consequence of
bad state of the latter Country!! — Lord Durham's plan
ment of Canadian affairs is published – The name
a is to be abolished, the two Provinces to be divided into
e Province of Quebec the Province of Montreal, the
of Kingston and the Province of Toronto – The whole
d the United Provinces of British North America,
vince to send two Members to the Imperial Parlia-
here all Laws affecting the United Provinces are to
ted – each Province to have Elective Municipal
tions, or a kind of petty Legislature, and to have a
overnor, but the whole to be under a Viceroy. —
ot seen the paper in which it is published, but the
is the substance of what I have heard.
is a report in Town (and I am sorry to say it is
rally believed at Montreal) that our people on the
Frontier have crossed the Lines, and destroyed
deal of property within the American Territory – Three
s of the Royals had been immediately sent from
in consequence. — The Horrible Murder of Achille
the talk of the Town – There is I believe very little
t at all that Dr Holmes of Sorel is the Murderer –
been traced as far as St Ours, where he left his Horse
iole, and I presume will be caught – He is a Brother
lmes the Priest in the Seminary here, which is said
most distressing state of mind in consequence. —

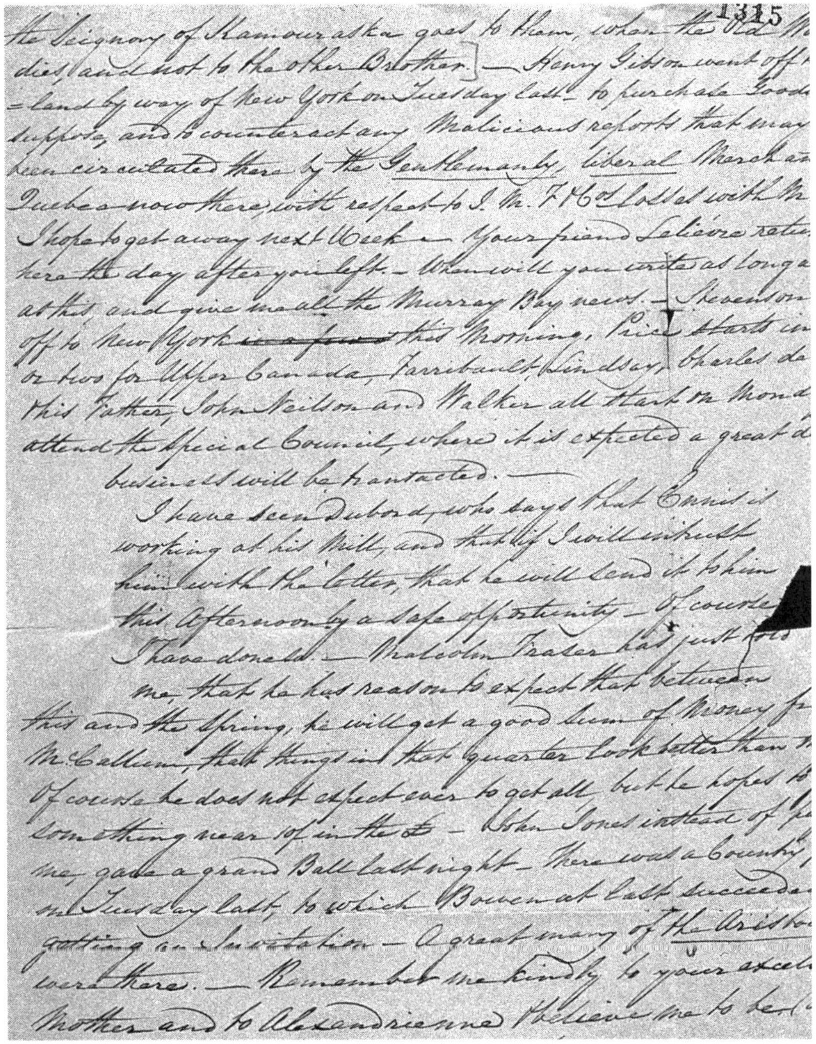

1315

the Seignory of Kamouraska goes to them, when the Old M
dies (and not to the other Brother) — Henry Gibson went off
– land by way of New York on Tuesday last – to purchase Good
supports, and to counteract any Malicious reports that may
been circulated there by the Gentlemanly, liberal Merch
Quebec now there with respect to J. McN. F. H Co. losses with Mc
I hope to get away next Week — Your friend Lelievre retu
here the day after you left. – When will you write as long a
as this, and give me all the Murray Bay news. — Stevenson
off to New York ~~in a few~~ this Morning, Price starts in
or two for Upper Canada, Faribault, Lindsay, Charles de
& his Father, John Neilson and Walker all start on Mond
attend the Special Council, where it is expected a great d
business will be transacted. —
I have seen Dubord, who says that Ennis is
working at his Mill, and that if I will entrust
him with the letter, that he will send it to him
this Afternoon by a safe opportunity — Of course
I have done so. — Malcolm Fraser has just tol
me, that he has reason to expect that between
this and the Spring, he will get a good sum of Money f
McCallum, that things in that Quarter look better than
Of course he does not expect ever to get all, but he hopes to
something near 10 in the £ – John Jones instead of
me, gave a grand Ball last night – There was a Country
on Tuesday last, to which Bowen at last succeeded
getting an Invitation — A great many of the Aristo
were there. — Remember me kindly to your excel
Mother and to Alexandrienne & believe me to be

Illustration 33. Espacement du texte

H. G. Forsyth a laissé un espace vierge de part et d'autre du milieu de la troisième page de cette lettre du 9 février 1839 à John McNicol. C'est cette partie du texte d'une lettre qui était particulièrement vulnérable lorsqu'on brisait le cachet. Forsyth a disposé son texte de façon à ce qu'il ne soit pas dissimulé par le cachet ou endommagé en ouvrant la lettre. ANC, Documents Nairne, vol. 2, Québec, 9 février 1839, H. G. Forsyth à John Nairne, p. 1312-1316.

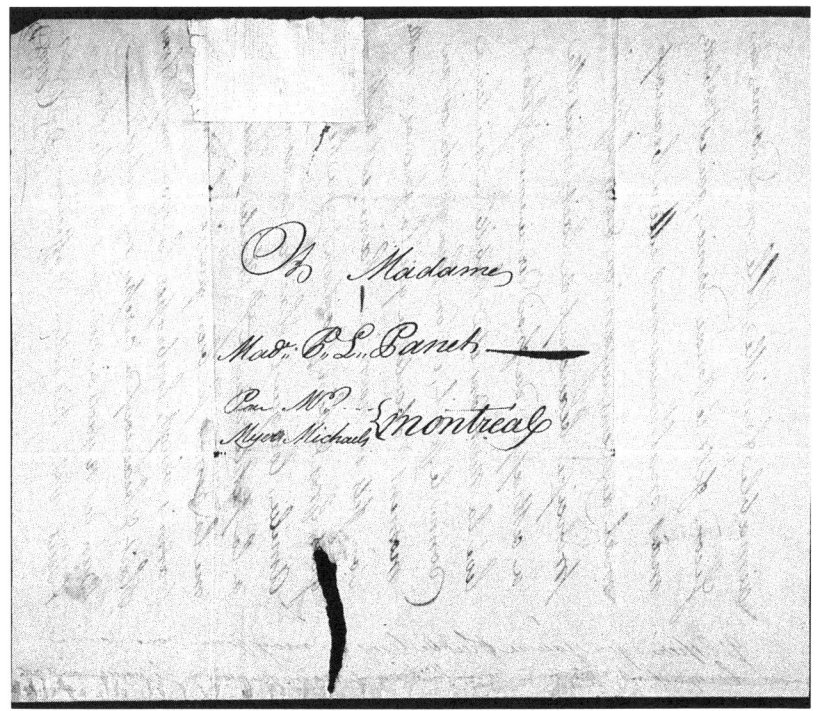
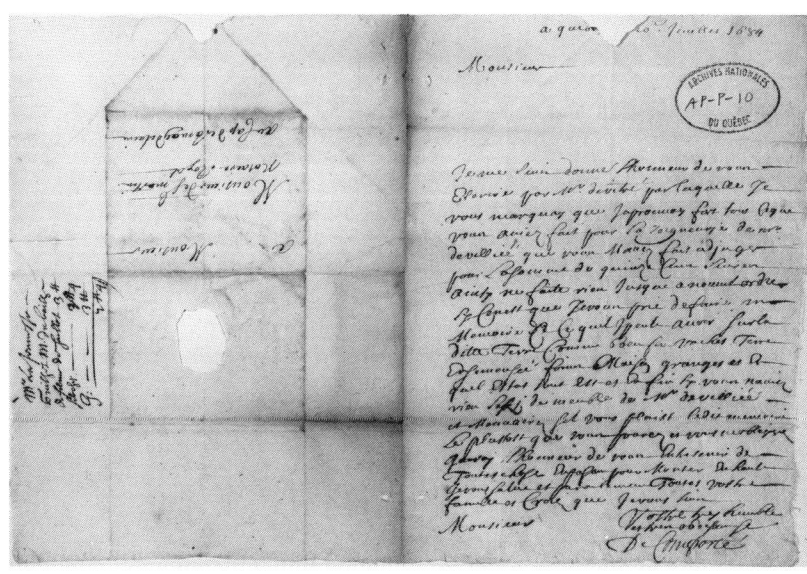

Illustration 34 (a). Plis

Les lettres étaient adressées conformément à des règles établies. La lettre envoyée à Mme P. S. Panet par son frère, P. S. Cerré, fut transportée « par faveur » de Portage des Sioux à Montréal. Il le nota, comme c'était l'habitude, dans le coin inférieur gauche. La lettre de John Nairne à sa femme en avril 1795 fut envoyée aux bons soins d'un négociant bien en vue de Québec, tel qu'indiqué sur le pli. Les négociants étaient généralement identifiés comme tels sur le pli, comme dans le cas de la lettre envoyée au printemps 1763 à « Monsieur Dupéron Baby, Negociant à Montreal » par son frère François. Autrement, les correspondants ne notaient généralement que le nom du destinataire de la lettre et l'endroit où il habitait. La lettre adressée à « Monsieur de St Martin, au Cap de la Magdelaine » était exceptionnellement petite, ne mesurant que 8 cm sur 6 cm. Celle qui avait été envoyée à Dupéron Baby était d'un format plus typique, 8 cm sur 10 cm. Archives de l'Université de Montréal, Collection Baby, U2557, 20 juin 1802 ; Collection Baby, U493, La Rochelle, 7 mai 1763, F. Baby à D. Baby ; ANC, Documents Nairne, MG 23 G III 23, vol. 1, 5 avril 1795, p. 145 ; ANQ, P1000/1-10, Adhémar, Antoine, 20 juillet 1684.

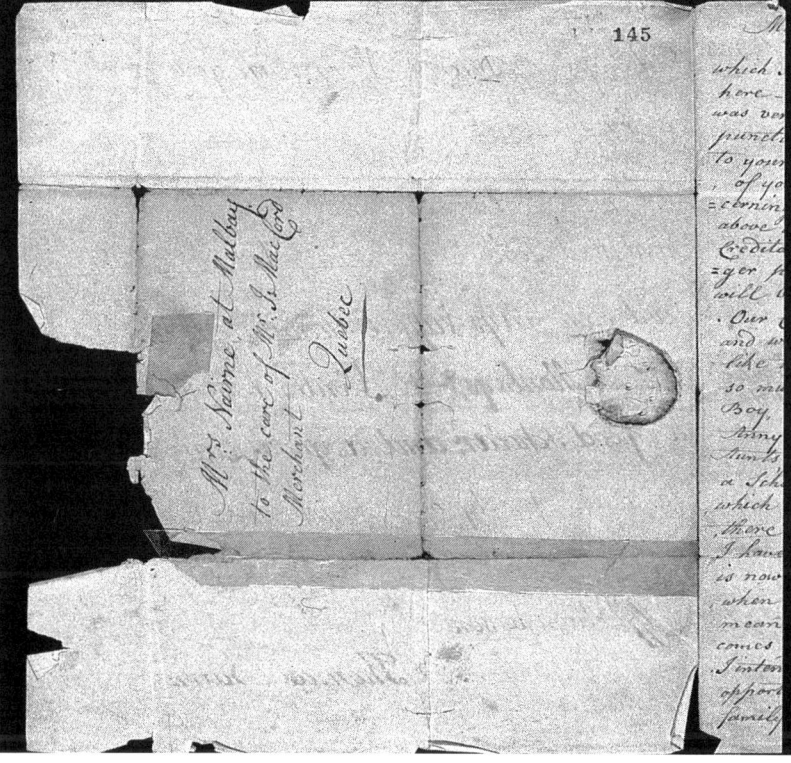

Illustration 34 (b). Plis

Adieu pour cette année

8 *Ibid.*, vol. 1, 16 juillet 1783, p. 62-65.

9 *Ibid.*, vol. 1, 25 mars 1782, p. 25-27.

10 *Ibid.*, vol. 1, 18 septembre 1780, p. 19-20. Voir également vol. 1, 9 décembre 1781, p. 21-24, et 22 janvier 1783, p. 48-51. Il faisait les mêmes critiques et donnait les mêmes conseils à ses autres enfants ; voir, par exemple, 20 mars 1788, p. 93.

11 « Draft Letters », documents E. Russell, York, 1813.

12 Voir, par exemple, une lettre du négociant montréalais Pierre Guy, « Copie de la lettre Ecrite par triplicata a Mr. Jean Veyssière de Larochelle le 12 Octobre 1745 », Collection Baby, U5107, 12 octobre 1745. Voir également U5112, 18 novembre 1746.

13 Philip Gaskell, *New Introduction to Bibliography* (Oxford, Clarendon Press, 1972), p. 214. « En 1800, tout le papier était encore fabriqué à la main à partir de peilles. » Ce n'est que dans les années 1820, en Grande-Bretagne, que la production de papier fait à la machine commença à dépasser celle du papier fait à la main. Le papier de chiffon continua à être la norme jusqu'au milieu du XIXe siècle. Par la suite, les producteurs de papier essayèrent de combiner chiffon, paille et bois : ce n'est que vers la fin du siècle que le papier fait à partir de bois devint courant.

14 À propos du papier et de sa fabrication, voir Gaskell, *New Introduction to Bibliography*, p. 57-59, 65-67, 214-222 ; Dard Hunter, *Papermaking : The History and Technique of an Ancient Craft* (Alfred A. Knopf, 1943), p. 167-168, 244-257, 301-303 ; Dard Hunter, *Papermaking Through Eighteen Centuries* (New York, William Edwin Rudge, 1930), p. 229 ; William J. Barrow, *Manuscripts and Documents : Their Deterioration and Restoration* (Charlottesville, University Press of Virginia, 1972), chap. 3 : « Paper ». Le chlore a été découvert en 1774 et n'a commencé à être d'un usage généralisé que dans les années 1820.

15 Documents Rév. C. C. Cotton et famille, ANC, MG [24 J 47], 31 mars 1807, p. 122-124.

16 Le bon état du papier des XVIIe et XVIIIe siècles le distingue d'une bonne partie du papier ultérieur, qui est fragile, du fait de l'emploi de décolorant et d'autres produits chimiques dans sa fabrication.

17 Edmund Berkeley, *Autographs and Manuscripts : A Collector's Manual* (New York, Scribner's, 1978), p. 29-31, et *Cassell's Household Guide*, 1869, p. 284, 304.

18 Documents Nairne, vol. 1, 5 décembre 1782, p. 43-45.

19 Barrow, *Manuscripts and Documents*, chap. 2 : « Inks ».

20 Documents Sewell, vol. 3, 15 janvier 1770, p. 594-596. L'*Oxford English Dictionary*, 2e éd. (Clarendon Press, 1989), donne une définition du mot torpille convenant au XVIIIe siècle. La torpille y est décrite comme un poisson pouvant émettre des décharges électriques, et aussi, au sens figuré, comme une « personne ou chose ayant une influence engourdissante ». Par exemple, 1603, sir C. Heydon, *Jud Astrol*, xxiii 547, « Neither doth the Torpedo benumme other things, though it benummeth the fishers hand », et 1772, Goldsm. *Nash* 34, « He used to call a pen his torpedo whenever he grasped it, it numbed all his faculties. »

21 Collection Baby, U1452, 9 février 1803.

22 Documents Nairne, vol. 1, 18 septembre 1780, p. 19-20, et 9 décembre 1781, p. 21-24.

23 Documents Sewell, vol. 4, 27 janvier 1803, p. 1613-1614.

24 Documents Nairne, vol. 1, 5 décembre 1782, p. 43-45.

25 Voir, par exemple, Collection Baby, U5180, 5 octobre 1778. Voir également « Mère de Sainte-Hélène », vol. III, 17 octobre 1735, p. 177, et 10 novembre 1746, p. 298.

26 Milo Quaiffe (sous la dir. de), *The John Askin Papers*, 2 vol. (Détroit, Detroit Library Commission, 1928-1931) [ci-après *Askin Papers*], vol. 2, 15 mai 1800, p. 292-293.

27 MRL, Documents W. D. Powell, L16, Correspondance Anne Powell, A93 [ci-après Correspondance A. Powell], 2 mai 1808, p. 169.

28 Collection Baby, U1424, 17-19 avril 1798.

29 *Askin Papers*, vol. 2, 29 mars 1809, p. 619.

30 Collection Baby, U79, U921, U924.

31 Correspondance A. Powell, 14 août 1807, p. 125.

32 *Askin Papers*, vol. 2, 1er février 1804, p. 402, et 14 mai 1801, p. 338.

33 *Askin Papers*, vol. 2, 14 mai 1801, p, 339.

34 Documents Sewell, vol. 3, 25 février 1798, p. 1130.

35 *Askin Papers*, vol. 2, 2 juin 1813, p. 756.

36 Collection Baby, U2529, 2 avril 1797.

37 Documents Sewell, vol. 2, 17 novembre 1789, p. 574-577.

38 *Askin Papers*, vol. 1, 28 avril 1778, p. 70.

39 Collection Baby, U526, 20 mars 1774.

40 *Ibid.*, U1467, 28 août 1808.

41 *Ibid.*, U1619, 15 octobre 1772.

42 Document Sewell, vol. 4, 29 août 1802, p. 1594.

43 *Ibid.*, vol. 3, 25 février 1798, p. 1129.

44 *Marie de l'Incarnation*, 26 août 1644, p. 224.

45 *Ibid.*, été 1647, p. 324.

46 *Ibid.*, 4 septembre 1641, p. 133.

47 *Askin Papers*, vol. 1, 14 juin 1778, p. 125-128. La correspondance choisie de John Askin remplit deux gros volumes imprimés.

48 Documents Sewell, vol. 5, 30 octobre 1815, p. 2545-2548. Par « Grands Lacs », Bowen semble avoir voulu parler de l'océan Atlantique.

49 Documents Nairne, vol. 2, 21 août 1832, p. 1105. On ne sait trop qui était ce Forsyth. John McNicol adopta le nom de Nairne en 1834 ; voir la note 110 du chapitre 3.

50 *Ibid.*, vol. 2, 14 juillet 1832, p. 1094.

51 *Askin Papers*, vol. 2, 19 mars 1798, p. 134-135.

52 *Ibid.*, vol. 1, juin 1786, p. 259. River Huron se trouvait près de l'établissement morave de Mount Clemens, sur la rive occidentale du lac Saint-Clair, au nord de Détroit.

53 Collection Baby, U758, 11 janvier 1765. Ce passage peut être réécrit comme suit : « *Tu seras peut-être surpris de ma négligence à t'écrire. Ce n'est pas la bonne volonté qui*

m'avait empêché parce que j'en ai encore trois d'écrites depuis plus de trois mois mais ne voulant pas les mettre à la poste pour t'en faire coûter j'avais prié Chenneville lorsqu'il est parti pour Québec de vouloir passer chez vous pour t'en faire réponse aux offres que tu me fais au sujet des pays d'en haut. »

54 Le British North American Post Office fixait le port des lettres en partie en fonction du nombre de pages, et en partie en fonction de la distance à parcourir. L'actuel système de taux uniforme sans égard à la distance a été introduit en 1840.

55 Phil Dunning, « Writing in the Mid-19th Century », manuscrit inédit. La gomme-laque était faite à partir de la sève d'un arbre tropical.

56 Documents Ermatinger, série 2, vol. 1, dossier 2, 1er novembre 1845, p. 108-110.

57 Documents E. Russell, dossier 6, 6 mars 1810.

58 Correspondance A. Powell, 7 août 1807.

59 Documents Nairne, vol. 2, 9 février 1839, p. 1313-1316.

60 Collection Baby, U493, 7 mai 1763. Dupéron Baby passa la plus grande partie de sa vie à Détroit, mais vécut quelques années à Montréal à l'époque de la Conquête, au moment où ses frères se demandaient s'ils allaient transférer leurs affaires en France.

61 *Ibid.*, U2522, 28 mai 1789.

62 Documents Sewell, vol. 4, 29 août 1802, p. 1588-1595.

63 « Lettres de Père Aulneau », *Rapport des Archives de la Province de Québec* (1926-1927), 29 avril 1735, p. 276.

Chapitre 2

Les communications et la Nouvelle-France

Les premières années — Le monde de Marie de l'Incarnation

À l'été 1639, la colonie des rives du Saint-Laurent, dans une grande mesure d'inspiration missionnaire, que les contemporains appelaient Québec ou Canada, en était encore à ses débuts[1]. Champlain, qui avait fondé un premier établissement à Québec en 1608, était mort depuis moins de quatre ans. La population européenne de la colonie était d'au plus 500 âmes[2]. Les colons vivaient dispersés, en petits noyaux de peuplement, souvent séparés par des distances considérables. La ville de Québec n'était, somme toute, qu'un avant-poste : les contemporains la désignaient par le nom « habitation », qui avait le sens de « petite colonie, établissement dans un lieu désert et inhabité[3] ». C'était cependant le centre de la plus importante concentration de colons au Canada — en 1643, les deux tiers, peut-être, de la population de la colonie vivaient sur le Cap-aux-Diamants, le plateau qui surplombe Québec[4]. D'autres colons s'étaient établis en aval, à Beauport, sur la côte de Beaupré, et à Sillery. Trois-Rivières, fondé en 1634, était le centre d'une autre communauté et, quelques années après, soit en 1642, des colons allaient s'établir à Ville-Marie (plus tard Montréal)[5].

C'est le premier jour du mois d'août que Marie de l'Incarnation, une ursuline, arriva dans le port de Québec après un voyage transocéanique de trois mois. Elle avait alors quarante ans. Née à Tours, en France, elle s'était mariée à dix-sept ans et était devenue veuve

Adieu pour cette année

à peine deux ans plus tard, mère d'un fils de six mois, Claude. Après le décès de son mari, elle retourna vivre brièvement chez son père, mais Claude et elle allèrent s'installer ensuite chez sa sœur et son beau-frère, où elle participa à l'administration de leur importante entreprise de transport sur la Loire. La spiritualité prit une place de plus en plus grande dans sa vie personnelle. Sa ferveur mystique l'amena finalement à décider d'entrer au couvent des ursulines de Tours en 1631, laissant Claude, qui avait alors onze ans, à la charge de sa sœur. Elle prononça ses vœux en 1633, et en 1639, en partie à cause d'une vision, elle s'embarqua pour le Canada avec trois autres femmes pour établir l'ordre des ursulines en Nouvelle-France. Elles s'étaient assigné pour tâche d'instruire les jeunes filles autochtones et les filles des colons français[6] [Ill. 1].

Avec l'arrivée des ursulines, la minuscule colonie allait bénéficier de la présence d'une femme aux capacités extraordinaires. Douée d'une foi profonde et fervente, Marie de l'Incarnation était aussi une administratrice dévouée et déterminée. Elle était forte et digne. Enseignante, linguiste, conseillère de nombre des membres les plus éminents de la colonie, elle était aussi une fine observatrice du monde qui l'entourait.

La colonie allait être sa demeure durant la trentaine d'années suivantes. La population de la colonie augmenta lentement et, en 1663, environ 2 500 personnes d'origine européenne vivaient dans la vallée du Saint-Laurent, dont 500 à Québec[7] [Ill. 2]. Les rives du fleuve près de Québec, Trois-Rivières et Montréal se peuplaient, et tout particulièrement la région entourant Québec. Au cours de cette période formatrice de l'histoire de la colonie, entre 1632 et 1663, la traite des fourrures et la conversion de la population autochtone demeurèrent au premier plan des activités de la colonie. La population européenne du Canada demeurait surtout masculine, vulnérable aux attaques des Iroquois et tributaire de la France pour une partie de son alimentation, la colonie ne pouvant tout cultiver. Toute cette entreprise était si fragile et marginale qu'à certains moments son existence même se trouva menacée. Marie de l'Incarnation laissa entendre en 1652 que si un ordre religieux devait quitter la colonie, « cela seroit capable de décourager la plus grande partie des François qui n'ont soutenu qu'en considération des Maisons Religieuses et par leur moien[8] ». Mais dans la dizaine d'années qui précéda sa mort en 1672, une certaine transformation s'était amorcée. En 1663, la Couronne établit son autorité sur la minuscule colonie — dont l'administration avait jusque-là été confiée à une compagnie privée —, s'intéressant pour la première fois à ses affaires. En un très court laps de temps, on réalisa beaucoup de choses : une réforme administrative, une paix au moins temporaire avec les Iroquois, et le début d'un certain développement économique[9].

Ce que nous savons de Marie de l'Incarnation et des débuts de la colonie française, nous le devons en grande partie à ses lettres. Seule une partie d'entre elles ont survécu, mais au cours de sa vie elle en a écrit environ 13 000, la plupart depuis la Nouvelle-France, pendant les trente-deux années qu'elle y passa avant sa mort en 1672[10]. Elle écrivait ces lettres pour diverses raisons. Elle voulait notamment obtenir des appuis pour l'entreprise missionnaire au Canada, et pour l'œuvre des ursulines en particulier. Elle écrivait pour régler des questions relatives aux affaires de l'ordre et pour la plus grande gloire de son Dieu. Les lettres servaient aussi à maintenir des liens avec ses amis et sa famille, en particulier avec son fils, Claude. Les lettres sont extraordinaires par l'éventail des questions abordées et leur profondeur. Beaucoup abordent des questions spirituelles, la nature de sa foi, sa conception de Dieu, ses doutes, ses craintes et ses espoirs. Elle offre des conseils d'ordre spirituel à son fils et à d'autres membres de sa famille. Elle parle du progrès des missions canadiennes, relatant avec force détails des conversions et le martyre des missionnaires chrétiens. Ses lettres accordent aussi beaucoup d'attention à des affaires plus ordinaires. Elle parle du tremblement de terre de 1663, de la difficulté d'engager des ouvriers, et de ce que cela coûte, et du volume de bois que consommait le couvent en un hiver. L'habillement et les coutumes de la population autochtone sont décrits de façon vivante et détaillée, tout comme les qualités de diverses courges indigènes. Certaines personnes de la colonie font l'objet d'une analyse minutieuse, et les qualités de la population en général sont exposées. Peu de choses échappèrent à son attention au long des années où elle écrivit à la France[11].

Pour Marie de l'Incarnation, la correspondance était un devoir, une consolation et une affirmation. C'était aussi une activité ayant une saveur, un rythme et un caractère très particuliers. Ses lettres sont parmi

Illustration 1. *Marie de l'Incarnation*, **1672**

Généralement attribué à l'abbé Hugues Pommier, *Marie de l'Incarnation*, huile, 1672. Marie de l'Incarnation, née Marie Guy en 1599, passa 33 ans au Canada. C'était une mystique. Elle fonda le premier couvent des ursulines et la première école pour filles d'Amérique du Nord. Elle est aussi l'auteur d'une volumineuse correspondance. Aucun portrait de Marie de l'Incarnation ne fut exécuté de son vivant, mais peu après sa mort, en avril 1672, son corps fut exhumé et un portrait réalisé. Cette œuvre ne nous est pas parvenue, mais on croit que le portrait présenté ici en est une copie. (Gracieuseté de la collection du monastère des ursulines, Québec.)

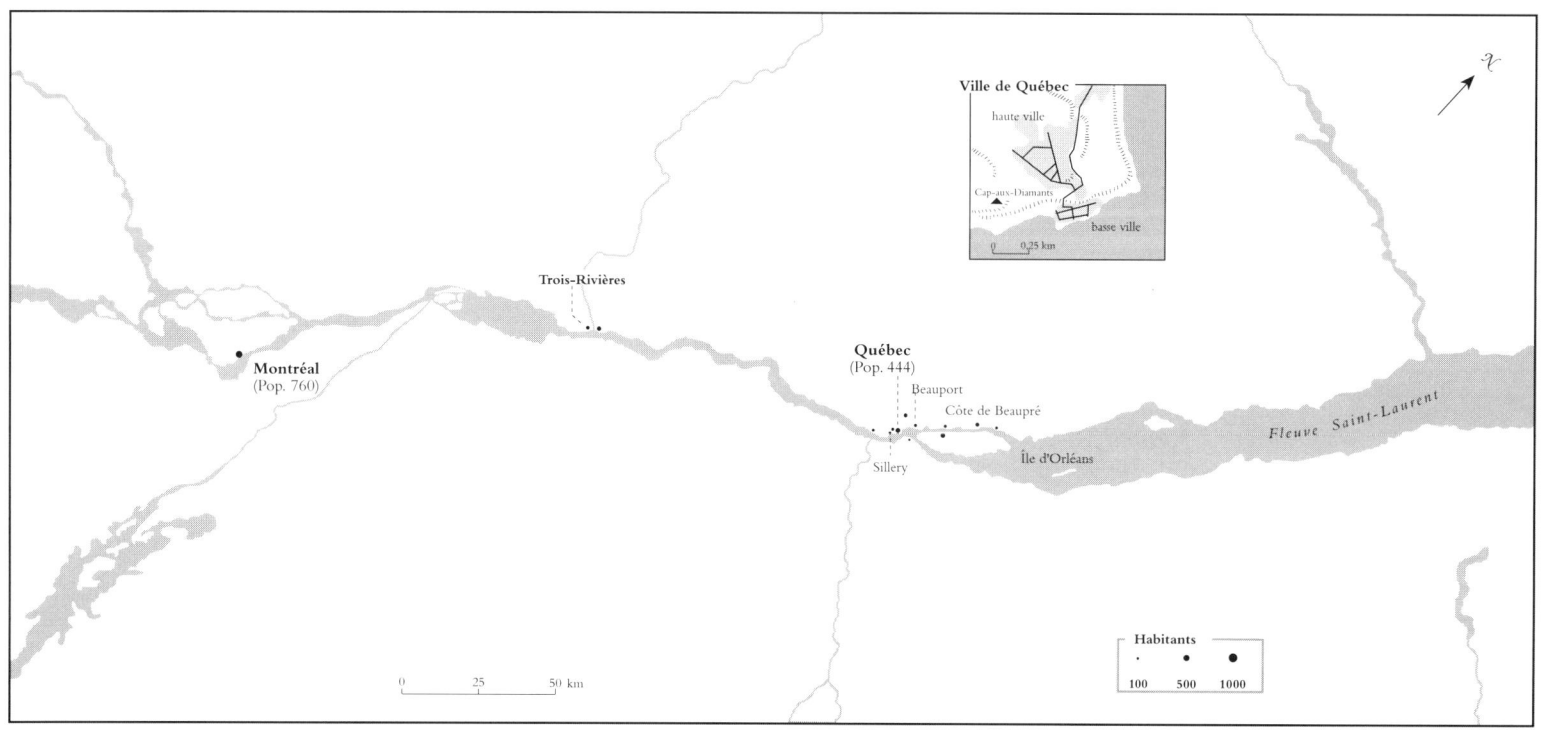

Illustration 2. Répartition de la population dans la vallée du Saint-Laurent, 1667

Lorsque Marie de l'Incarnation arriva à Québec en 1639, la population européenne de la colonie était de 200 à 500 âmes. En 1667, la population de la Nouvelle-France était de 3918 habitants. Elle était concentrée autour de Montréal, Trois-Rivières et Québec, la région de Québec étant de loin la plus peuplée. *Censuses of Canada, 1665 to 1871, Statistics of Canada*, Ottawa, 1876, vol. 4, p. 6. (Carte par Andrée Héroux.)

les premiers, et les meilleurs, témoins de ce qu'étaient les communications au XVIIe siècle.

La principale particularité de la correspondance de Marie de l'Incarnation est son caractère saisonnier. En gros, les lettres de France arrivaient par les premiers vaisseaux, les réponses étaient écrites tandis que ceux-ci demeuraient au port, et lorsque le dernier navire quittait le Saint-Laurent à la fin de l'automne, lorsque les glaces commençaient à emprisonner le fleuve, les communications entre la colonie et l'Europe cessaient. Le Canada devenait pratiquement isolé, et il n'émergeait de cet isolement que l'année suivante, lorsque des vaisseaux français arriveraient de nouveau au port. Marie de l'Incarnation exprime bien cette impression d'un monde renouant ses liens, dans une lettre écrite à son frère en 1640 : « C'est avec un extrême contentement que j'ay reçu votre lettre en ce bout du monde où l'on est sauvage toute l'année, sinon lorsque les vaisseaux sont arrivez que nous reprenons notre langue Françoise [12]. » Ce cycle saisonnier essentiel des communications se répétait sans fin. Mais, alors que le rythme demeurait le même, la structure particulière des arrivées et des départs se transformait, allongeant ou contractant les limites d'une saison donnée et lui donnant une forme spécifique.

Les premiers bateaux à destination de la colonie quittaient souvent la côte française en mars, et les autres partaient jusqu'à la fin de mai, parfois aussi plus tard. En 1640, Marie de l'Incarnation affirmait que les premiers navires pour la Nouvelle-France partaient de Dieppe, et les derniers de La Rochelle [13]. Les vaisseaux arrivaient à Québec les uns après les autres au long d'une période d'un à six mois. Les premiers, et donc aussi les premières lettres, pouvaient arriver dès la fin de mai, mais juillet était la norme, et parfois ils n'arrivaient qu'en août [14]. Ils pouvaient continuer d'arriver jusqu'en septembre, voire dans de rares cas, jusqu'en octobre. Par exemple, en 1646, les premiers navires de France arrivèrent le 8 août, mais ceux qui transportaient les lettres de Claude n'arrivèrent qu'après le 14 octobre [15].

Les vaisseaux passaient un mois ou plus au port avant de repartir pour la France. Au port, il fallait décharger la cargaison, obtenir une cargaison pour le retour, et nettoyer, réparer et réapprovisionner le bateau avant de mettre les voiles [16]. Les navires quittaient généralement Québec à la fin de l'été ou au début de l'automne, certains se rendant directement en France, tandis que d'autres passaient auparavant par Louisbourg ou les Antilles. Dans quelques rares cas, les premiers vaisseaux partaient en juin. Le 25 juin 1660, Marie de l'Incarnation écrivit une lettre à son fils, laquelle, disait-elle, serait expédiée immédiatement. Elle expliquait que le bateau espérait faire deux traversées, « qui est une chose bien extraordinaire, car quelque diligence qu'il fasse, il ne peut être ici de retour qu'en octobre, et il sera obligé de s'en retourner quasi sans s'arrêter ». La raison de cette double traversée était de porter en France « la nouvelle des accidens qui nous sont arrivez cette année de la part des Hiroquois » et de revenir avec de la farine pour lutter contre la famine en Nouvelle-France [17]. Parfois, des navires partaient en juillet, mais généralement les premiers hissaient les voiles en août. Le 2 août 1644, elle écrivait : « Ce n'est ici qu'un mot par le premier vaisseau. J'en avois fait autant l'an passé. Je réserve de vous escrire plus amplement par l'amirale [18]… » Le 14 août 1656, Marie de l'Incarnation écrivait : « Comme les vaisseaux sont arrivez ici dès le mois de Mai, aussi s'en retournent-ils promptement. Celui par lequel je vous écris, lève l'ancre, un autre est déjà parti [19]… »

Les départs comme les arrivées étaient étalés dans le temps, ce qui donnait aux correspondants la possibilité d'envoyer des lettres à plusieurs moments de la saison [20]. Ainsi, par exemple, lorsque Marie de l'Incarnation écrivit à Claude le 22 octobre 1649 par les derniers navires qui se préparaient à prendre la mer [21], elle disait que deux vaisseaux étaient peut-être déjà arrivés en France, porteurs de lettres pour lui [22]. En 1647, le premier bateau quitta le port à la mi-septembre, et les autres ne prirent pas la mer avant la fin d'octobre [23]. Quel que fût le moment où ils étaient arrivés au port, il leur fallait le quitter vers la fin d'octobre ou, au plus tard, au début de novembre. Marie de l'Incarnation faisait observer le 7 septembre 1648 que, tous les vaisseaux n'étant pas encore arrivés, ceux qui l'étaient se préparaient à partir « parce qu'ils pensèrent périr l'année dernière, étant partis trop tard [24] ». Des lettres datées du 15 octobre 1657, du 19 octobre 1667, du 2 novembre 1660 et du 6 novembre 1662 devaient toutes partir par le dernier

Adieu pour cette année

navire. À la fin d'octobre 1651, alors que les navires venaient à peine d'arriver, elle expliquait à sa nièce : « Nous n'osions plus attendre les navires lors qu'ils sont arrivez et l'on craint beaucoup leur retour à cause qu'ils partent dans une saison avancée et en danger d'être brisez parmis les glace [25]. » Pareillement, le 21 octobre 1669, elle écrivait à son fils : « Voici ma lettre d'adieu. Le vaisseau unique qui est retenue par force à notre port doit lever l'ancre Samedi prochain, ou Lundi au plus tard ; autrement il seroit contraint d'hiverner ici : La terre est déjà couverte de nège, et le froid aigu, et capable de geler les cordages [26]. » Non seulement les conditions dans le Saint-Laurent étaient une source d'inquiétude, mais à la fin de novembre la saison des tempêtes atlantiques avait commencé, ce qui rendait le voyage de retour particulièrement périlleux [27].

La saison de correspondance durait donc de deux à cinq mois, parfois six. Pour Marie de l'Incarnation, les mois d'été et d'automne étaient épuisants. En tant que supérieure des ursulines, il lui fallait entretenir une abondante correspondance officielle, souvent plus de deux cents lettres chaque saison. Elle était continuellement fatiguée [28] et se plaignait souvent qu'elle était usée par « la presse des lettres et des vaisseaux qui vont partir [29] ». À la fin d'octobre 1649, elle faisait observer :

> Je suis une pauvre créature chargée d'affaires tant pour la France que pour cette Maison. Trois mois durant ceux qui ont des expéditions à faire pour la France, n'ont point de repos, et comme je suis chargé de tout le temporel de cette famille, qu'il me faut faire venir de France toutes nos nécessitez, qu'il me faut faire payement par billets, n'ayant pas d'argent en ce païs, qu'il me faut traitter avec des Mattelots pour retirer nos denrées, et enfin qu'il me faut prendre mille soins et faire mille choses qu'il seroit inutile de vous dire, il ne se peut faire que tous les momens de mon temps ne soient remplis de quelque occupation [30]… »

Outre sa correspondance officielle, Marie de l'Incarnation écrivait tous les ans un nombre considérable de lettres personnelles à son fils et à d'autres amis, parents et associés. Elle était souvent obligée de les écrire la nuit, à la hâte, quelques lignes à la fois [31]. Le 4 octobre 1658, elle écrivit à Claude : « Je n'ay pas le temps de relire ma lettre, excusez mes fautes et l'empressement [32]. » Elle semble avoir rarement eu le loisir de lui écrire comme elle l'aurait voulu, et elle n'avait certainement guère de temps à consacrer à quoi que ce soit d'autre, sauf à ses observances religieuses obligatoires.

Lorsque les vaisseaux arrivaient plus tard que d'habitude, la saison de correspondance s'en trouvait raccourcie et les tensions associées accrues. Le 18 octobre 1669, Marie de l'Incarnation écrivait à Claude : « Le retardement de votre lettre qui ne vient que de m'être rendue, ne me permet pas de m'entretenir long-temps avec vous. » Cette année-là, l'arrivée tardive des lettres de son fils, et d'autres lettres, fit qu'elle avait envoyé de nombreuses lettres en France avant d'avoir des nouvelles de ses correspondants français [33]. Les lettres pouvaient en effet arriver si tard dans la saison qu'il ne restait guère de temps pour y répondre. Ce problème fut grave en 1640, et de nouveau en 1651. En cette dernière occasion, elle écrivit : « Dans le peu de temps qu'ils restent ici il ne m'est pas possible d'écrire à tous ceux qui je suis obligée de faire réponse, en sorte que je seray obligée d'en remettre, comme je croy ; plus de six-vingts à l'année prochaine, à mon déplaisir [34]. » Pareillement, en 1649, lorsque Marie de l'Incarnation reçut sa seule et unique lettre de Claude cette année-là, deux navires avaient déjà quitté le port et les autres s'apprêtaient à partir. Elle dit dans sa réponse rédigée à la hâte : « Si je ne vous puis répondre en tout ce que vous désirez de moy, à cause du prompt départ des vaisseaux je le feray par avance à mon loisir pour l'année prochaine [35]. »

Hiver et printemps, elle prenait le temps d'écrire les lettres qu'elle n'avait pu rédiger la saison précédente. On y sent le calme de ces mois, la possibilité qu'elle avait de réfléchir, le rythme de vie plus lent de ces saisons. À l'occasion, pour écrire une réponse qui exigeait d'être mûrement réfléchie, elle attendait l'hiver, où elle avait davantage de temps. Ainsi, lorsque Claude lui posait des question pénétrantes en matière spirituelle, elle remettait la rédaction de sa réponse après la fin des communications, ce qui signifie qu'il ne recevait la réponse à une question posée au printemps qu'à la fin de l'automne de l'année suivante [36].

Elle écrivait aussi des lettres avant le début de la saison de correspondance afin de diminuer le volume de ce qu'elle aurait à écrire une fois les bateaux arrivés. En 1671, peu avant sa mort, elle écrivit à son fils : « Je vous écris ce peu de lignes avant que d'avoir reçeu de vos nouvelles, pour vous assurer de la sainte protection de Dieu sur vous, et sur moi en particulier qui suis en assez bonne santé pour mon âge, grâces à la divine Bonté. Et pour prévenir l'embarras de la décharge des vaisseaux [37]. » L'inconvénient d'écrire si tôt, c'est qu'on ne répondait à rien, car les lettres de France n'étaient pas encore arrivées à Québec.

À travers tous les détails sur les vaisseaux qui arrivaient et partaient, un fait s'impose. La saison des communications était de courte durée. Quel que fût le nombre de lettres que Marie de l'Incarnation pouvait écrire avant celle-ci, et le nombre qu'elle recevait et écrivait pendant l'été et l'automne, venait toujours, chaque année, le moment de dire au revoir. « Voicy la dernière qui va partir après quoy nous ne verrons plus que des glaces sur nostre mer douce jusques au mois d'avril ou may [38]. » L'isolement de la colonie était ensuite total, ou presque. Pendant six ou sept mois, Marie de l'Incarnation n'aurait plus de nouvelles de Claude ni de ses autres correspondants outre-mer, et elle ne pourrait plus leur envoyer des siennes.

Il lui arrivait de trouver cet isolement difficile. Dans la dernière lettre qu'elle écrivit à l'automne 1668 à Mère Marie de la Nativité, une ursuline de Tours, elle disait : « Si nous vivons encore l'année prochaine vous me direz de vos nouvelles, et je vous dirai des meinnes…. Cependant je seray en peine de vous jusqu'a l'année prochaine, la grandeur de votre maladie m'en rendant l'issue douteuse et suspecte [39]. » Elle s'inquiétait pour ses amis et pour ses consœurs. Elle se faisait encore plus de souci pour sa famille et, tout particulièrement, pour Claude. Au début de 1662, par exemple, la Nouvelle-France avait eu vent d'une famine dans la mère patrie. Marie craignit que Claude en ait été l'une des victimes jusqu'à ce qu'elle reçoive enfin une lettre de lui plus tard cette année-là [40]. Elle semble s'être surtout inquiétée que son correspondant, ou elle, meure pendant l'hiver et que l'autre n'en sache rien avant l'année suivante. Son habitude de commencer ses lettres en annonçant qu'elle était toujours vivante souligne l'importance du rythme saisonnier des communications. Elle écrivit, par exemple, le 2 septembre 1670 : « Votre lettre que j'ai reçue avec joye m'a encore trouvée en ce monde [41]. » Il n'y a pas plus poignante expression de cette impression d'isolement que ressent la colonie lorsque les communications avaient pris fin que les mots d'adieu de Marie à son fils dans sa dernière lettre de 1669 : « Adieu pour cette année [42]. »

*L*a structure générale de la saison de communications dissimule la réalité plus particulière des divers navires partant de France chargés de marchandises, de passagers et de lettres à destination de Québec. Tout vaisseau arrivant à Québec pouvait apporter des lettres de France et les y rapporter. Marie de l'Incarnation fait souvent allusion à l'envoi de lettres par un « navire », c'est-à-dire un navire marchand. Elle envoyait aussi des lettres par les « vaisseaux » ou une « frigate », c'est-à-dire respectivement des bâtiments de ligne et de petits navires de guerre. En 1644, elle disait en effet qu'elle préférait écrire par « l'Amirale, comme estant la voye la plus seure ». Souvent, elle parle plus généralement d'un « batiment [43] » [Ill. 3].

À intervalles très espacés, Marie de l'Incarnation envoyait des lettres par bateau de pêche. En route vers le Canada en mai 1639, elle écrivit en mer à la supérieure des ursulines de Tours. Des pêcheurs accompagnèrent son navire jusqu'à la Manche et acceptèrent d'emporter toutes les lettres qu'elles souhaitaient envoyer en France, expliquait-elle [44]. Une fois au Canada, elle expédia d'autres lettres par des bateaux de pêche. Le 17 mai 1650, par exemple, elle écrivit à Claude : « La rencontre de la frégate de Québec qui va à la pêcherie de l'Isle percée, où il se trouve des vaisseaux pêcheurs, qui sont plutôt de retour en France, que ceux d'ici ne sont prêts de partir, me donne sujet de vous écrire ce petit mot [45]. » [Ill. 4] En septembre 1651, elle disait encore une fois avoir déjà envoyé deux lettres à Claude cette année-là, une par la Nouvelle-Angleterre et l'autre par les pêcheurs.

> J'estime ces deux voyes incertaines, parce qu'il faut servir de quelques particuliers, qui venant ici avec de canots détachez leurs grands navires, sont obligez de passer par des périls evidens, et avec eux les pacquets dont ils sont les porteurs. J'n'ai pas laissé de les tenter, afin de ne laisser passer aucune occasion de vous donner des témoignages de ce que je vous suis [46].

Elle recevait aussi des lettres transportées de France au Canada à bord de vaisseaux de pêche. En septembre 1661, Marie de l'Incarnation

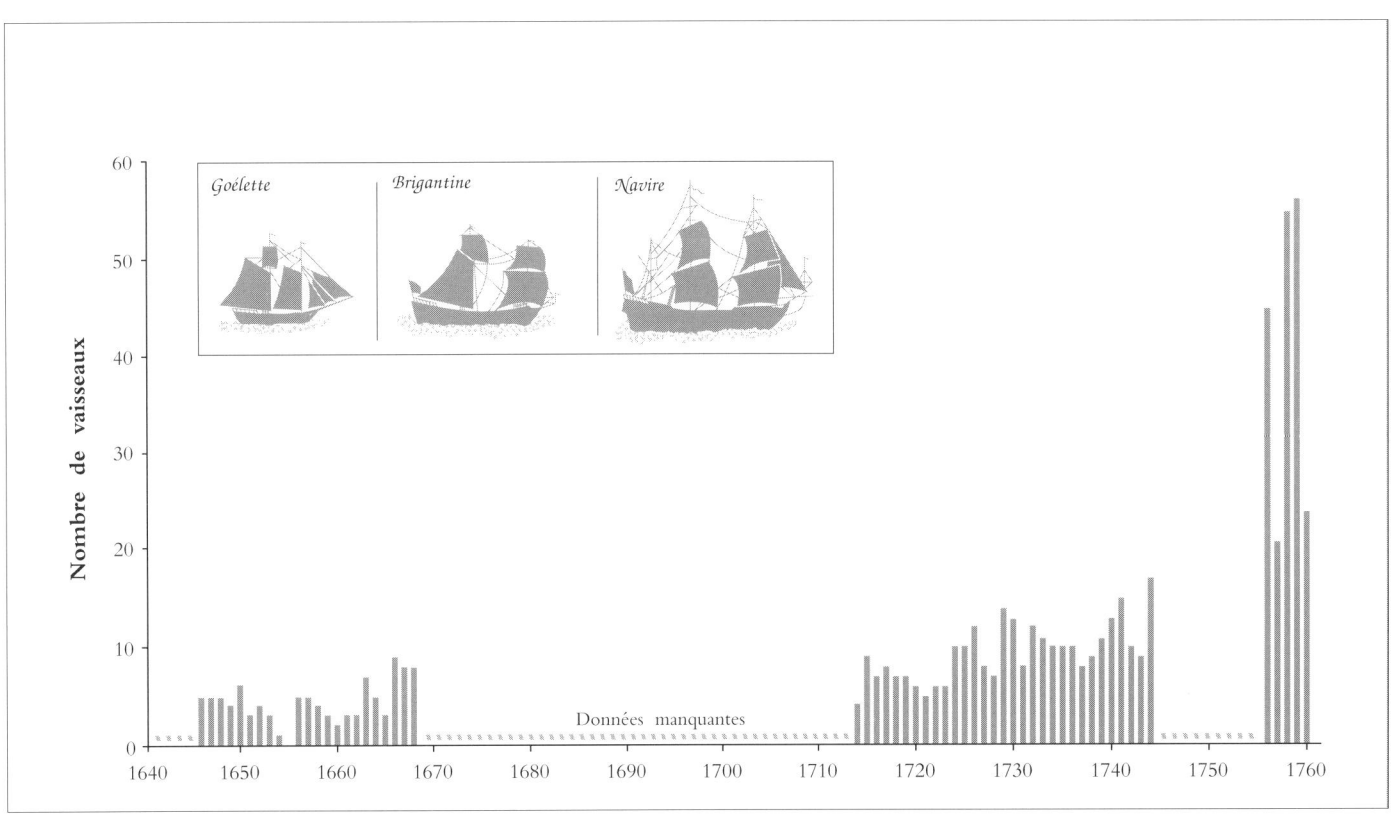

Illustration 3 : Trafic maritime entre l'Europe et Québec sous le régime français

La correspondance transatlantique ne circulait pas toute directement entre Québec et la France. Certaines lettres étaient expédiées à Plaisance, à Louisbourg, à Percée ou aux pêcheries, et de là à leur destination finale. Quoi qu'il en soit, la correspondance transatlantique dépendait en fin de compte de la navigation océanique, et la fluctuation annuelle du nombre de navires gagnant Québec avait donc une incidence directe sur les communications. Ce volume, ainsi que les occasions d'envoyer des lettres, augmenta très graduellement à long terme. Le nombre de navires fut particulièrement élevé au milieu des années 1680 et 1690, après 1740, et principalement après 1755. Le navire, ou « bâtiment », était un vaisseau à trois mâts gréé en carré jaugeant 100-150 tonneaux. C'était le navire type du commerce transatlantique français et il pouvait aussi être utilisé pour le transport des soldats. Le brigantin était un bateau à deux mâts au mât de misaine gréé en carré et au grand mât à gréement aurique. Ce navire était surtout utilisé pour le cabotage, par exemple entre Québec, Louisbourg et les Antilles. La goélette était un vaisseau plus petit, à voile latine, couramment utilisé pour le cabotage, par exemple entre Québec et Louisbourg ou Gaspé, et pour la pêche. *Atlas historique du Canada*, planche 48. Pierre Dufour, *Esquisse de l'évolution physique du port de Québec des origines à 1900*, Parcs Canada, 1981, annexe A. (Diagramme par Andrée Héroux.)

Illustration 4. *Rade de l'Isle Percée*

Anonyme, *Rade de l'Isle Percée*, envoyée par l'intendant de Meulles, 1686, coll. de manuscrits. Un certain nombre de correspondants de la fin du XVIIe et du début du XVIIIe siècle mentionnent l'envoi de lettres par l'île Percée. Des pêcheurs français et canadiens participaient à la pêche côtière de la péninsule de Gaspé, et c'est là qu'ils échangeaient peut-être la correspondance transatlantique. (Gracieuseté de la Bibliothèque nationale, Départements des cartes et plans, Paris, France, Service hydrographique, portefeuille 125-5-1.)

affirmait que les « vaisseaux », attendus depuis longtemps, venaient tout juste d'arriver, mais elle ajoutait : « J'avois déjà appris de vos nouvelles par un navire pêcheur ; sans cela j'aurois été en peine de vous [47]. » Elle écrivit de nouveau à la fin d'août 1671 à une ursuline de Mons :

> Quoy que nous n'ayons encore ny navire, ny nouvelles de France qui nous puissent informer de nos affaires et des dispositions de nos amis, néanmoins, par une providence particulière, le Rd Pére ragueneau ayant hasardé un pacquet de lestres par la voye de la pescherie, il est venu jusqu'à nous [48]. [Ill. 5]

Le nombre de navires qui jetaient l'ancre devant Québec variait d'une année à l'autre. Marie de l'Incarnation est rarement précise. Ses lettres donnent l'impression que la plupart du temps au moins trois ou quatre navires français venaient à Québec chaque année, mais qu'il pouvait dans certains cas y en avoir moins [49]. Le 24 juin 1656, elle notait que cinq navires étaient arrivés à Québec. Cela devait être digne de mention. Elle écrivait un mois plus tard :

> Comme il vient cette année un grand nombre de vaisseaux en Canada, qui doivent aussi s'en retourner en France, nous avons le moien de vous donner plus souvent et plutôt de nos nouvelles que les années dernières. Il en est déjà arrivé cinq, dont deux sont partis pour s'en retourner, et un troisième doit lever l'ancre dans deux jours [50].

Le nombre de navires dépendait, au moins en partie, de la situation en Europe, du volume du commerce colonial et de la politique de la Couronne. Par exemple, Marie de l'Incarnation nota une hausse marquée du nombre de navires peu après que la Couronne eut assumé la responsabilité de la colonie en 1663. En 1667, au moins six bateaux arrivèrent à Québec : deux en juin, deux au début de juillet et deux autres à la fin de ce mois [51]. L'intérêt de la Couronne pour les affaires coloniales et sa capacité d'y jouer un rôle actif ne tardèrent pas à diminuer, et le nombre de navires baissera en conséquence quelques années plus tard [52].

Une allusion désespérément imprécise à l'envoi de lettres par la Nouvelle-Angleterre à l'hiver 1650-1651 est le seul cas où il est question d'expédier des lettres autrement que par Québec. Marie de l'Incarnation semble avoir envoyé un certain nombre de lettres par cette voie cette année-là. Malheureusement, elle ne nous dit rien d'autre à ce sujet et ne mentionne pas non plus avoir jamais utilisé ce moyen en une autre occasion [53].

Marie de l'Incarnation était très consciente de la vulnérabilité des lettres qu'elle écrivait et recevait. Ses lettres fourmillent d'allusions à des lettres jamais arrivées. En 1643, par exemple, Claude se plaignait de n'avoir rien reçu d'elle, mais elle assurait : « Je vous avois écrit amplement. » « Ce que l'on confie à la mer est sujet au hazard », concluait-elle [54], et c'est là la conviction qui dicta son comportement de correspondante.

Des navires s'échouaient, sombraient ou étaient capturés. En 1643, Marie de l'Incarnation parlait du danger qu'un vaisseau soit perdu ou pris par des pirates [55]. En septembre 1652, elle notait que beaucoup de lettres écrites l'année précédente, dont celles qu'elle avait envoyées à son fils, avaient été perdues « par la prise et le débris de deux de nos vaisseaux [56] ». Il ne faut cependant pas exagérer le nombre de navires perdus. Même en temps de guerre, beaucoup de bateaux parvenaient à traverser l'Atlantique en toute sécurité. En septembre 1640, en pleine guerre de Trente Ans [57], elle écrivait : « Béni soit le Roy de Ciel et de la Terre, qui par sa bonté a fait arriver les vaisseaux à notre port après avoir couru les risques de l'armée navalle des ennemis, et s'être sauvez par le moyen d'une escorte de quarante vaisseaux que Monseigneur le Cardinal de Richelieu envoya [58]… » En fait, les lettres de Marie de l'Incarnation ne font état que de peu de cas réels de pertes de navires. On soupçonne que les plus grands dangers qui menaçaient les lettres n'étaient pas aussi spectaculaires, s'agissant plutôt du simple risque qu'elles soient égarées ou oubliées.

Quelle que fût la cause de la perte des lettres, c'était un problème manifestement tout à fait réel. Marie de l'Incarnation consacra beaucoup d'énergie à l'éviter, employant diverses techniques et moyens afin que ses correspondants aient des nouvelles d'elle chaque année. D'abord, Marie de l'Incarnation essayait de garantir que toutes les lettres qu'elle écrivait arrivent à destination. De toute évidence, elle ne

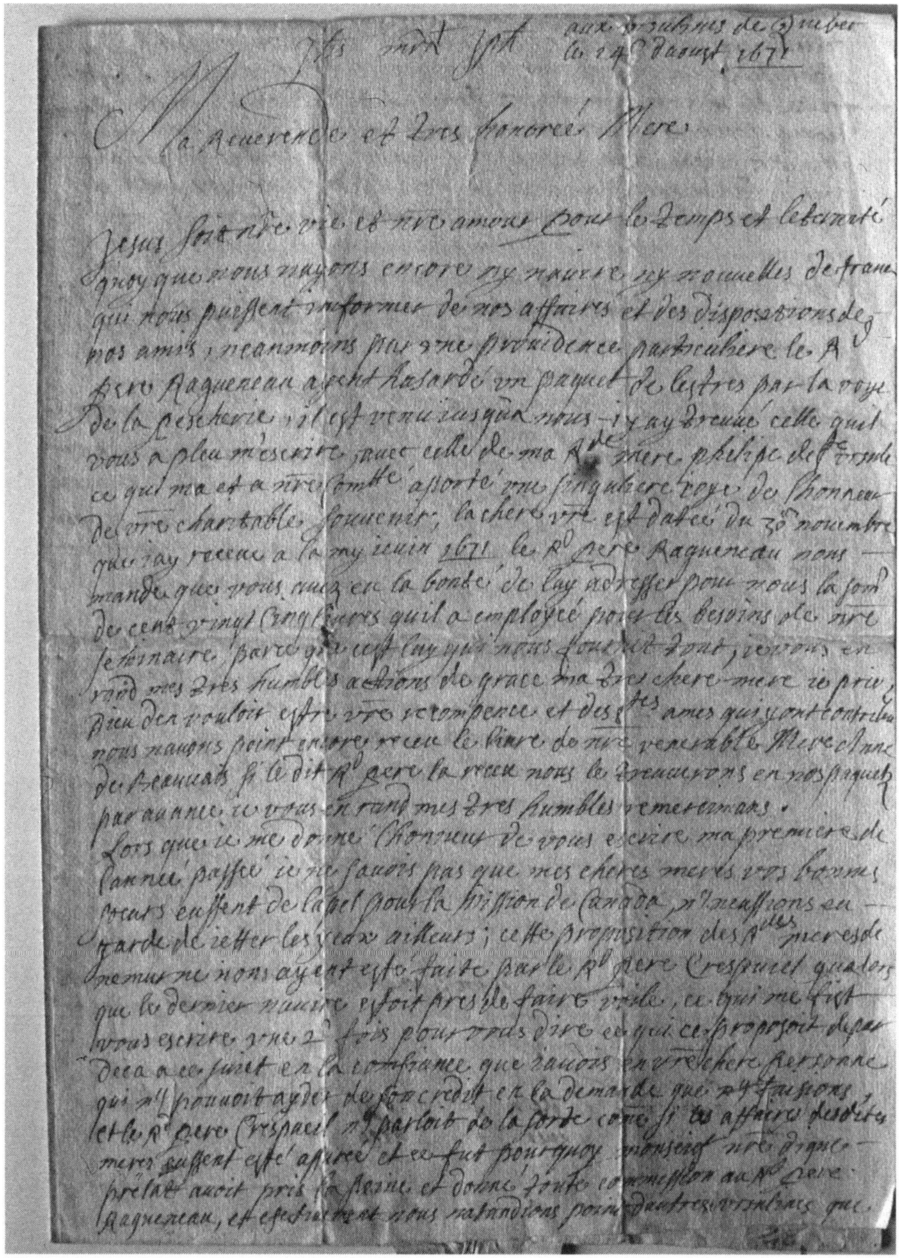

**Illustration 5. Marie de l'Incarnation
à Mère Cécile de Saint-Joseph**

Dans cette lettre, Marie de l'Incarnation parle du père Ragueneau, qui envoyait des lettres au Canada par les pêcheurs. On ne sait pas au juste dans quelle mesure les correspondants utilisaient ce moyen : il ne nous reste que peu de références à ce mode d'expédition. Québec, Marie de l'Incarnation à mère Cécile de Saint-Joseph, supérieure des ursulines de Mons, 24 août 1671. (Gracieuseté de la collection de la communauté des ursulines, Tournai, Belgique.)

Adieu pour cette année

trouvait pas exagérément fiables les capitaines ou les équipages des navires qui traversaient l'Atlantique, et elle cherchait des moyens de transit plus sûrs pour son courrier. Elle semble avoir préféré, lorsque cela était possible, envoyer ses lettres « par faveur » de voyageurs faisant la traversée entre la colonie et la France. Ces personnes étaient connues d'elle ou de son entourage. Rien n'indique qu'elle les payait. En fait, les voyageurs semblent avoir accepté qu'il était de leur devoir de transporter des lettres. Expédier des lettres « par faveur » comportait en outre l'avantage de faire rencontrer au destinataire une personne qui avait récemment vu le correspondant. En août 1642, Marie de l'Incarnation reçut ainsi deux lettres de sa belle-sœur « par les mains du R. P. le Jeune qui m'a assuré vous a voir rendu visite [59] ». En 1649, elle envoya une lettre à son fils par les soins d'« un honête jeune homme qui s'en va en france et qui est frère d'un de nos domestiques qui s'en retourne avec luy. Vous me dites que vous n'avez veu personne qui m'ait parlé depuis que je suis en ce païs. J'ay fait venir celuy-cy, et j'ay levé mon voile devant luy afin qu'il vous puisse dire qu'il m'a veue et qu'il m'a parlé [60]. »

S'il n'était pas possible d'envoyer une lettre par faveur, Marie affirmait à Claude que le moyen d'expédition le plus sûr était « [par] la voye de no Révérendes Mères de Paris [61] ». Constituant une communauté nombreuse et importante, elles avaient élaboré des moyens pour assurer la transmission de leurs lettres au port et pouvaient garantir avec une certitude raisonnable que les lettres seraient acheminées à destination à bord de navires et livrées, ce que Claude ne pouvait obtenir à coup sûr à lui seul.

Comme le sort des diverses lettres était incertain malgré ces efforts, Marie de l'Incarnation soulignait l'importance d'envoyer des lettres multiples par un certain nombre de navires différents. Après une année où son fils n'avait rien reçu d'elle, elle dit : « J'ay pris la résolution de vous écrire, tant que je vivray, par deux vaisseaux différens ; afin que si l'un se perd ou est pris par les Pirates, l'autre vous porte de mes nouvelles. Faites de même de votre part, si l'obéissance vous le permet, car vous pouvez juger que nos contentemens seront en cela réciproques [62]. » Elle affirma en une autre occasion : « Il est de la prudence de ne pas mettre tout ce que l'on a dans une même voiture, parceque si le vaisseau vient à se perdre, l'on perd tout à la fois tous ses rafraichissemens, et l'espérance de rien recevoir que l'année suivant [63]. » En lui écrivant en ne profitant que d'une seule occasion, « Vous me mettez au hazard de ne point sçavoir de vos nouvelles », signalait-elle à Claude en 1656 [64].

Une autre technique qu'elle employait pour empêcher que ne se perde le contenu d'une lettre particulière consistait à récapituler dans une lettre ce qui avait été dit dans d'autres. « Ma très-Révérence et très-honorée Mère, écrivait-elle en 1641, la présente n'est que pour vous réitérer ce que je vous ay déjà écrit par plusieurs lettres par la voie de Dieppe [65]. » En 1654, elle dit à Claude qu'elle lui avait écrit par tous les vaisseaux qui avaient pris la mer : « Celle-cy n'est qu'un petit abrégé des autres, afin que si elles sont perdues vous puissiez avoir de nos nouvelles par ce dernier navire [66]. » Les correspondants envoyaient aussi à l'occasion de multiples copies d'une lettre particulièrement importante par différents moyens. Madame de la Peltrie, protectrice du couvent des ursulines à Québec, notait dans une lettre du 4 octobre 1654 qu'elle avait écrit à son correspondant par le premier navire, lui envoyant des documents qu'il avait demandés. Elle lui indiquait dans cette seconde lettre : « En voilà encore semblable afin que si les premiers faisois naufrage vous puissiés recepvoir les segons [67]. »

Le pays d'en haut

Marie de l'Incarnation vivait à Québec, premier port de la colonie et destination principale des navires transatlantiques sur le Saint-Laurent. Personne dans la colonie n'était mieux placé qu'elle pour communiquer avec la France. Le père Charles Garnier (saint Charles Garnier), pour sa part, était un missionnaire jésuite dans le pays des Hurons. Arrivé au Canada en 1636, âgé d'une trentaine d'année, il y demeura jusqu'à sa mort aux mains des Iroquois en 1649. Il vécut longtemps près des rives du lac Huron dans ce qui était essentiellement une zone de guerre où Hurons et Iroquois luttaient pour la suprématie. Dans la colonie, peu d'Européens étaient aussi éloignés de leurs correspondants. L'histoire de ses tentatives de communiquer avec son frère en France diffère considérablement de celle de Marie de l'Incarnation. En un sens, la structure des communications dans le pays d'en haut était comme une caricature de celle des communications dans la vallée du Saint-Laurent [Ill. 6]. Comme à Québec, le rythme des communications dans le pays d'en haut était rigoureusement saisonnier. Ce caractère saisonnier était toutefois plus marqué. Les lettres envoyées par le père Garnier en France sont datées d'avril ou de mai. Il les expédiait vers l'est, à destination de Québec, dès la fonte des glaces. Elles arrivaient idéalement avant le départ des navires. Cela n'était pas toujours possible. En 1641, le père Garnier disait dans une lettre :

> Ce me fut une affliction envoyée du Ciel quand j'appris l'an passé au mois de septembre que la lettre que je vo. avois ecri pendant l'été étoit arrivée à quebec avec plusieurs autres apres le départ des vaisseaux po. retourner en france. Mais il me fut d'autant plus facil de me resigner a la volonté de Dieu que j'estois assuré que je n'avois peu faire mes lettres ny les Envoyer plus tost[68].

Il espérait que cette lettre, écrite le 22 mai, rejoindrait à Québec celles qui devaient être expédiées par les vaisseaux à l'automne.

Il pouvait être très difficile de faire parvenir les lettres au port. Celles-ci étaient généralement transportées par des groupes de Hurons, qui étaient souvent accompagnés de missionnaires et éventuellement de marchands se rendant à Québec. Ces arrangements ne fonctionnaient pas toujours. En 1643, le père Garnier écrivait : « Il a plut à Dieu que touttes les lettres quon no. ecrivont lan passé de France ayant été prises par les iroquois avec le bon p. Joques et deux autres francois[69]… » En 1648, il faisait remarquer que ni lui ni aucun de ses compagnons n'avait reçu de lettres l'année précédente :

> parceque aucun Huron ne remonta L'été Dernier de là bas icy haut a cause du danger des Ennemis qui est sur lariviere. J'espère que cet eté nous recevrons celles de L'année passée et celles de cette année, car un ban nombre de Hurons est bien résolu d'aller là bas ce eté d'en revenir, a tout hazard[70].

Il semble que les lettres s'égaraient souvent après avoir été expédiées du pays d'en haut. En juin 1641, le père Garnier affirmait à son frère qu'il n'avait pas reçu des lettres écrites deux ans auparavant. De nouveau, en 1648, soit sept ans plus tard, il disait ne pas savoir si son frère avait reçu les lettres qu'il avait écrites l'année précédente, car « ceux qui les emporteront lâ bas ne sont pas encore de retour icy[71] ».

*L*e père Charles Garnier et Marie de l'Incarnation ont connu diverses frustrations dans leurs tentatives de correspondre avec des parents, des amis et des associés vivant au loin. Les correspondants avaient cependant mis au point des techniques pour rendre les communications plus efficaces qu'elles ne l'auraient été autrement. Ils envoyaient un certain nombre de lettres chaque année au même correspondant par différents moyens. Ils se répétaient et envoyaient des copies de lettres particulièrement importantes. De cette manière, ils s'assuraient que leurs correspondants reçoivent quelque chose chaque année et qu'ils apprennent toutes les nouvelles importantes.

Les correspondants trouvaient aussi certaines contraintes moins irritantes que nous. Cela était vrai en particulier du caractère saisonnier des communications. Marie de l'Incarnation structurait sa vie et ses activités en fonction d'un système de communications qui, pour elle, était immuable. Elle ne se plaignait pas des circonstances. Rien ne donne à penser qu'elle trouvait l'échange d'informations trop lent, il fonctionnait comme elle s'y attendait. Elle était habituée à la hâte qui caractérisait la saison des affaires et avait mis au point des techniques pour l'affronter. Elle s'inquiétait peut-être l'hiver, où elle ne pouvait avoir de nouvelles de Claude, mais elle acceptait cette situation, qui faisait partie intégrante de sa vie, et elle lui disait « adieu » chaque automne, comme si de rien n'était. Si elle ne pouvait répondre à tout son courrier une année donnée, elle remettait à l'année suivante les lettres les moins urgentes.

Quelles que fussent les limites des communications, il est évident que les personnes qui savaient lire et écrire dans le Canada du milieu du XVIIe siècle avaient la possibilité de communiquer de façon efficace avec la mère patrie. La volumineuse correspondance de Marie de l'Incarnation, en particulier, en témoigne. Pendant plus de trente ans, elle avait pu maintenir une communication relativement intime, réfléchie et efficace avec un fils qu'elle ne revit jamais en personne.

Illustration 6. Le pays d'en haut au XVIIe siècle

Saint Charles Garnier, missionnaire jésuite et martyr, vécut dans le territoire des Hurons de 1639 à 1649. De 1641 à 1646, il servit à la mission de Saint-Joseph (Teanaostaiai), mais quelques-unes des lettres citées ici furent écrites depuis Sainte-Marie.

En 1735, un autre jésuite, Jean-Pierre Aulneau, se rendit à Fort Saint-Charles, sur la rive occidentale du lac des Bois. Une fois là, il se rendit compte que les occasions d'envoyer des lettres étaient rares. De plus, il ne pouvait jamais être certain que les lettres envoyées au printemps arriveraient à Québec avant le départ des navires pour la France. (Carte par Andrée Héroux.)

Une colonie plus solide

La transformation du Canada d'une entreprise commerciale et missionnaire en une colonie royale en 1663 vit l'établissement réel d'une colonie permanente sur le Saint-Laurent. Entre 1663 et 1672, la couronne française encouragea activement l'immigration et, en 1676 — quatre ans après la mort de Marie de l'Incarnation —, la population de la colonie avait atteint 10 000 personnes. Par la suite, elle augmenta, en grande partie du fait des naissances, pour atteindre 20 000 personnes en 1712, et 70 000 à la fin du régime français, en 1760. La plupart de ces gens vivaient à la campagne et s'adonnaient surtout à une agriculture de subsistance. La colonisation s'étendit le long du Saint-Laurent et de ses affluents, et, en 1739, les rives du Saint-Laurent étaient occupées sur près de 500 kilomètres — d'un peu en amont de Montréal jusqu'en aval de Québec.

Avant 1713, la France était une grande partie du temps en guerre avec les Iroquois ou les Britanniques, et la colonie avait une allure de camp fortifié. L'armée avait une importance énorme, étant à la fois le pilier économique de la colonie et une importante filière de progrès social. L'Église jouait aussi un rôle central dans la communauté. Exerçant bien sûr son ministère auprès de la population locale, elle était en outre chargée de l'éducation et de l'assistance sociale, pour ne nommer que quelques-unes de ses nombreuses fonctions.

L'économie de la colonie ne fut jamais très vigoureuse, mais elle se diversifia et crût considérablement, particulièrement au cours de la longue période de paix qui suivit la fin de la guerre de la Succession d'Espagne en 1713[72]. Le blé, le bois et les poissons constituaient les principales exportations et la base d'un commerce fluctuant, particulièrement avec Louisbourg et les Antilles[73].

Montréal et Québec se développèrent graduellement, devenant des centres commerciaux, religieux, administratifs et militaires à part entière, assurant un vaste éventail de services aux habitants de la colonie. En 1716, la population de Québec était de 2265 âmes, et elle atteindrait près de 5000 âmes en 1744, et 8000 au moment de la Conquête. La population de Montréal était d'environ 5000 habitants en 1760 [Ill. 7].

La colonie avait changé et mûri substantiellement depuis l'époque où elle n'était qu'un avant-poste missionnaire et commercial sur le Saint-Laurent. Comment ces changements influencèrent-ils les communications ? Le nombre de lettres écrites augmenta sans aucun doute considérablement : la croissance de la communauté marchande entraîna à elle seule une augmentation importante du volume des lettres. Pour savoir comment circulait ce courrier, il faut examiner les divers collections et fragments de lettres et en réunir les données. Aucune source n'est comparable pour cette période à la correspondance de Marie de l'Incarnation, tant pour son abondance que pour sa richesse. Les lettres qui ont survécu nous ouvrent toutefois une fenêtre fascinante sur certaines facettes du monde des communications. Elles donnent à penser que, en dépit des énormes changements que subissait la colonie, les rythmes, structures, formes et problèmes qui caractérisaient les communications dans les premières années de la Nouvelle-France demeurèrent en grande partie les mêmes jusqu'au milieu des années 1740.

*I*l est en particulier évident que le rythme saisonnier qui caractérisait les communications transatlantiques à l'époque de Marie de l'Incarnation ne subit aucune mutation dans les quelques dizaines d'années qui suivirent sa mort. Sa correspondance décrivait cette structure surtout du point de vue du correspondant à Québec. Une bonne partie des documents ultérieurs nous permettent de voir le caractère saisonnier des communications transatlantiques du point de vue du correspondant écrivant au Canada depuis la France.

Cela confirme que les premiers navires quittaient souvent les côtes françaises en mars[74], et que la plupart partaient avant le début de mai[75]. En effet, à la fin du XVIIe siècle, les correspondants écrivant de France à des membres du Séminaire de Québec — fondé en 1663 par Mgr de Laval pour assurer la formation théologique des prêtres et servir de communauté religieuse au clergé séculier de Nouvelle-France[76] — écrivaient la plupart de leurs lettres entre les mois de mars et mai. Des navires demeuraient parfois dans les ports français jusqu'en juin ou au début de juillet. Le 22 juin 1681, Jean Dudouyt, procureur du Séminaire de Québec et son représentant à Paris, écrivit à Mgr de

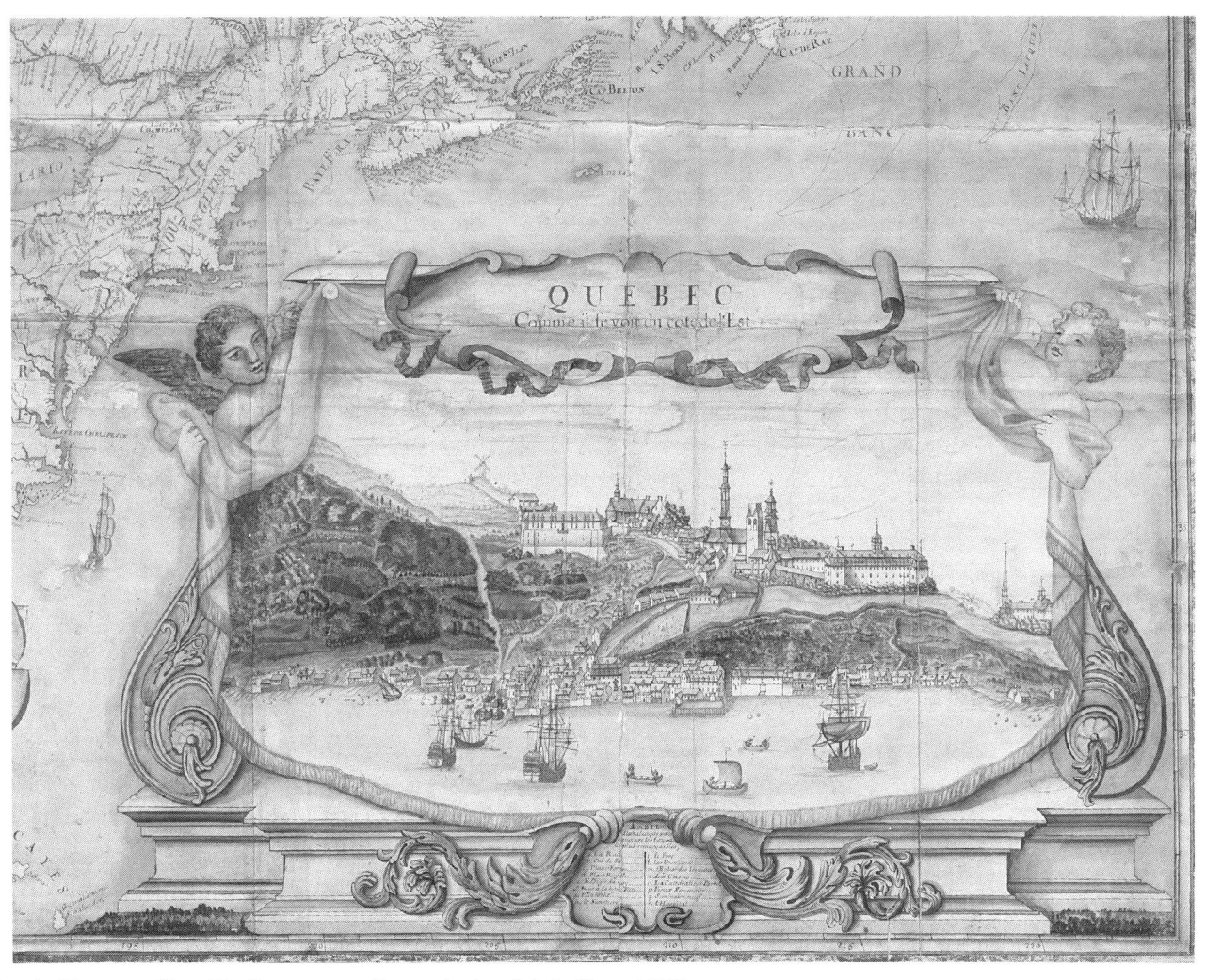

Illustration 7. Jean-Baptiste-Louis Franquelin, *Québec comme il se voit du côté de l'est,* **1688**

Jean-Baptiste-Louis Franquelin, *Québec Comme il se voit du côté de l'Est*, 1688. On considère généralement que cette vue ancienne de Québec est très exacte. On y voit la basse-ville, encombrée, où de nombreux marchands habitaient et exerçaient leur négoce. La vie administrative, militaire et religieuse de la ville était concentrée dans la haute-ville, qui était plus ouverte. C'est là que se trouvait le couvent des ursulines. Il y a dans le port un certain nombre de navires océaniques gréés en trois-mâts carré, marchands ou militaires. (Gracieuseté du Service historique de la Marine, Vincennes, France, vol. 40406, n° 6.)

Les communications et la Nouvelle-France

Laval, évêque de Québec : « Celle cy sera la derniere que je vous escriray cette année & il me reste peu de chose a vous dire vous ayant exposé sufisammen toutes choses par mes precedents [77]. » Deux ans plus tard, les 10 et 12 juin 1683, Dudouyt parla des derniers bateaux en train ou sur le point de partir pour Québec [78]. Le 16 juillet 1705, un certain M. Gaillard écrivit à Esprit de Cabart de Villermont, conseiller du roi, à Paris, pour lui expliquer qu'il quittait Paris à la hâte ce jour-là pour La Rochelle, dans l'espoir d'arriver au port avant le départ des derniers vaisseaux pour le Canada [79] [Ill. 8].

Dans des circonstances exceptionnelles, des navires pouvaient même partir pour le Canada après le mois de juillet. En août 1684, Cabart de Villermont envoya une lettre de Paris à Rochefort, demandant qu'on la fasse suivre au Canada. Un certain M. de Machault Rougemont, de Rochefort, écrivit à Villermont le 27 août pour accuser réception de la lettre. Il expliqua que les navires auraient déjà dû être partis pour le Canada, mais qu'il avait entendu dire qu'ils se trouvaient toujours au port en raison de vents contraires. Il dit à Villermont qu'il enverrait la lettre au port au cas où les navires s'y trouveraient encore, mais ajoutait :

> Si les navires sont partis, je vous renveray vostre lestre, car de long temps la saison ne sera propre pour aller audit Canada. Il faudera attandre au printemps prochein. J'ay bien de la penne à croire que aux-si puisse attraper Kebec, accause des glaces et ce sera un grand asar si il ne sont contraint de relâcher [80].

Les limites générales que la saison imposait sur le départ des navires pour le Canada étaient bien connues, mais les correspondants de France se plaignaient souvent de la difficulté de prédire quand un bateau donné prendrait la mer. Dans certains cas, les navires partaient tôt. En 1676, Mgr de Laval reçut une lettre d'un de ses frères vivant en France, lequel déplorait d'avoir dû écrire « toute cette lettre avec peu de temps et de loisir pour le départ des vaisseaux que je croyais de voir partir aussi tard que l'an passé, la precipitation m'y a peust-estre faiet faire bien des fauttes que vous excuserez [81] ». Dans ce cas, le correspondant avait réussi, malgré sa hâte, à expédier la lettre. D'autres avaient moins de chance : Jean Dudouyt informa Mgr de Laval en avril 1681 :

« J'avois pris toute la precaution qui ma esté possible pour ne pas perdre loccasion de vous escrire par le premia Nauire et cependant mes lettres sont arrivées un jour trop tard a la Rochelle [82]... » [Ill. 9]

Plus souvent, les correspondants se plaignaient du « retardement du départ des vaisseaux [83] ». Le 19 juin 1705, Henri-Jean Tremblay, successeur de Dudouyt comme procureur du Séminaire de Québec à Paris et directeur du Séminaire des Missions étrangères [84], expliqua à Mgr de Laval que c'était là la deuxième lettre qu'il avait écrite pour le Canada. Il avait écrit la première plus d'un mois auparavant pour l'expédier par le *Neptune*, qui devait prendre la mer à la mi-avril. Pour des raisons inexpliquées, ce bateau n'avait pas encore quitté le port, et H.-J. Tremblay s'attendait maintenant à ce qu'il parte avec « le vaisseau du Roi », qui transporterait sa seconde lettre [85].

Il n'était en outre pas garanti que la première lettre envoyée soit la première à arriver. En 1684, Jean Dudouyt, à Paris, expliqua à Mgr de Laval : « Je vous escris ample<ment> par le permier nauire qui partira de la Rochelle. J'adress celluy a bourdeaux en cas que ce nauire qui endire partir en droiture pour Québec arrivast plustot [86]. » Henri-Jean Tremblay, écrivant au début de mai 1698 à Louis Ango-des-Maizerets, un des prêtres fondateurs du Séminaire de Québec, parlait ainsi de ses lettres : « [C'est] la 1ere lettre que Je vous escris quoi que ce ne sera peut estre pas la 1ere que vous reecevrer Sil part de bonne heure des vaisseaux en droiture pr Québec [87]. » Certains navires faisaient escale dans d'autres ports français avant d'entreprendre la traversée de l'Atlantique. D'autres pouvaient relâcher à Plaisance, Louisbourg ou Gaspé en route vers le port de Québec.

Le temps écoulé entre le moment où une lettre était écrite et celui où elle arrivait était particulièrement long lorsque les correspondants envoyaient des lettres au Canada via d'autres établissements français. Par exemple, Henri-Jean Tremblay expédia sa lettre du 21 mai 1695 à Charles de Glandelet, du Séminaire de Québec, par « le vaisseaux de Laccadie [l'Acadie] [88] ». En mai 1697, Glandelet écrivit à Tremblay via Plaisance. À ces postes, la personne qui s'était chargée de la lettre — qu'il s'agisse du capitaine du vaisseau, d'un négociant local, etc. — la faisait suivre à la première occasion jusqu'à Québec. En mai 1723, un correspondant écrivant de Toulouse expliqua à sa mère, à

93

Illustration 8. Vue du port de La Rochelle

Claude-Joseph Vernet (1714-1789), *La Rochelle*, huile sur toile, 1762. La Rochelle était un des principaux ports français d'où partaient des navires pour le Canada. (Gracieuseté du Louvre, dépôt : Musée de la Marine, Paris, France. Photo : R. M. N.)

Illustration 9. Bureau, fin du XVIIe siècle

Bureau « Mazarin » fin du XVIIe siècle, Musée des Augustines de l'Hôtel-Dieu, Québec. C'est à un bureau tel que celui-ci que devaient s'asseoir Marie de l'Incarnation ou Mgr de Laval pour écrire leurs lettres destinées à la France. Les premiers bureaux au Canada étaient de ce type et appartenaient à des évêques, des seigneurs, des officiers de l'armée, etc., qui les trouvaient des plus commodes. Jean Palardy, *The Early Furniture of French Canada* (Toronto, Macmillan, 1963), p. 291. Ce bureau-ci est décrit dans Palardy, n° 441. (Photo de Claire Dufour.)

Adieu pour cette année

Montréal : « J'envoye celle Cy à LouisBourg pour mettre dans Le premier Batimant qui partira pour Québec[89]. » [Ill. 10] [Ill. 11]

Le nombre de navires partant chaque année pour Québec dans les soixante-dix ou quatre-vingts ans qui suivirent la mort de Marie de l'Incarnation fluctua de façon aussi marquée qu'auparavant. Les correspondants ne donnent aucun chiffre précis, mais ils donnent l'impression qu'à long terme ce nombre augmenta ; d'autres sources le confirment[90]. Ce qui est important, c'est que les correspondants pouvaient généralement écrire un certain nombre de lettres pendant quelques mois et les envoyer par des bateaux qui quittaient la France à différents moments de la saison. Sauf lors d'années exceptionnelles, ils avaient la possibilité de correspondre comme bon leur semblait. Par exemple, au printemps et au début de l'été 1681, Jean Dudouyt envoya une série de lettres à l'évêque de Québec. L'une partit « par le premia Nauire » de La Rochelle, et une autre par un petit bateau qui quitta probablement Bordeaux à la mi-mars [Ill. 12]. Trois autres furent expédiées par des navires marchands. Parmi celles-ci, une fut transportée par faveur d'un certain M. <Guyon ?> se rendant au Canada à bord d'un vaisseau appartenant à Jean Grigon, un négociant de La Rochelle qui s'était fait un nom dans le commerce avec le Canada. Une autre fut expédiée à Québec sur un bateau de Jean-François d'Hombourg, négociant et capitaine de navire né à Québec qui faisait des affaires entre La Rochelle, Bordeaux et Québec. Et la dernière fut transportée par un navire de 300 tonneaux, le *Mouton Blanc*, exploité par Antoine Héron, négociant et banquier de La Rochelle[91].

Des facteurs autres que le nombre absolu de navires traversant l'Atlantique chaque saison déterminent le nombre d'occasions réelles qu'avaient les correspondants d'expédier leurs lettres. Le calendrier des départs était très important : généralement ils étaient bien étalés tout au long de la saison ; mais, parfois, les bateaux partaient ensemble ou à peu près en même temps. Dans ce dernier cas, il n'était plus possible d'écrire une série de lettres au cours d'une certaine période. En mai 1758, par exemple, Pierre Meynardie, négociant de Québec, se plaignit à Étienne Augé, qui faisait des affaires, lui, à Montréal, de n'avoir reçu qu'une lettre jusque-là de sa maison de Bordeaux[92] malgré le nombre considérable de navires venus de ce port. Tous les navires de Bordeaux, expliquait Meynardie, avaient pris la mer à peu près en même temps, ce qui, ajoutait-il, avait sans doute empêché d'écrire par plusieurs d'entre eux[93].

Il y avait aussi des années exceptionnelles où le nombre de bateaux était très faible. Au cours de la guerre de la Succession d'Espagne, de 1702 à 1713, les correspondants se plaignaient souvent de la difficulté d'entretenir leur correspondance. En juin 1703, Henri-Jean Tremblay avisa Charles de Glandelet, du Séminaire de Québec, qu'on lui avait dit qu'il n'y aurait peut-être qu'un seul navire pour le Canada et que toutes ses lettres devraient donc partir ensemble. Il semble, toutefois, qu'un autre bateau ait traversé l'océan plus tard cette année-là[94]. En 1704, Tremblay dit à Mgr de Laval qu'il n'y aurait de nouveau qu'un seul navire pour le Canada cette année-là. En fait, au moins deux bateaux firent le voyage, mais ils le firent ensemble[95].

Les correspondants vivant dans les localités portuaires ou à proximité pouvaient savoir facilement quand un vaisseau s'apprêtait à prendre la mer et pouvaient remettre leurs lettres aux négociants envoyant celui-ci, ou directement à son capitaine. Pour ceux qui vivaient loin du port, l'affaire était plus compliquée. En 1750, Élisabeth Bégon, veuve de l'ancien gouverneur de Trois-Rivières, mais qui habitait maintenant Rochefort, en France, se plaignait à un correspondant en ces termes : « En m'éloignant des ports, je m'éloigne […] de pouvoir t'écrire autant que je le souhaiterais[96]. » En mai 1762, un négociant, Pierre Guy, écrivit de Bordeaux à sa mère, à Montréal, et lui dit à propos d'amis de la famille : « Il ne leurs Est pas facile seCrire il Sont a <…> [incertain] ou il ne Savent pas Souvant de nouvelle du depart des vaisseaux[97]. » La situation devait être la même auparavant.

Pour la plupart des correspondants, la solution consistait à recourir aux services d'un agent, souvent un négociant dans l'un des ports français faisant du commerce avec le Canada. Ainsi, par exemple, en avril 1735, le père Aulneau, missionnaire jésuite, conseilla à sa mère de faire appel à M. Dupan, un négociant de La Rochelle, pour lui expédier ce qu'elle lui destinait[98]. En 1755, André Doreil, le commis-

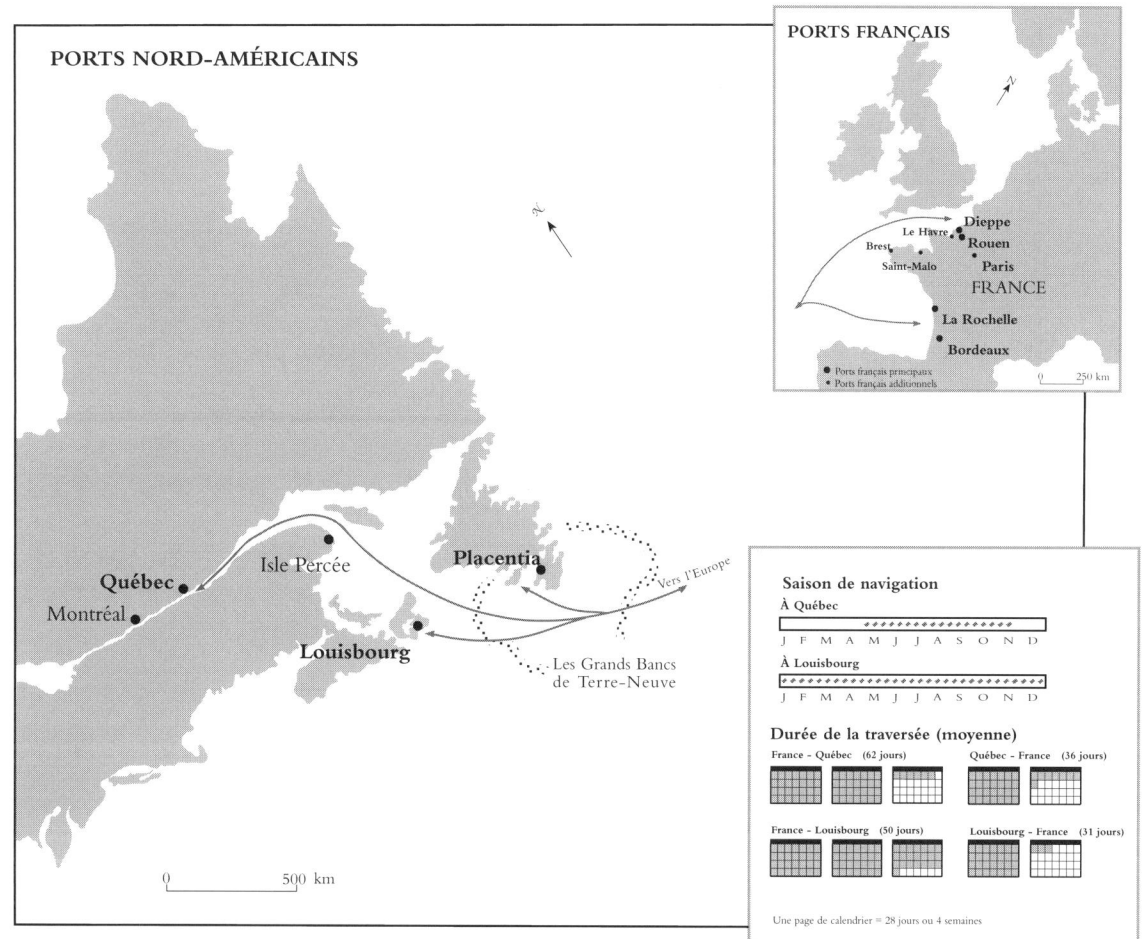

Illustration 10. Traversées de l'Atlantique sous le régime français

Les navires français prenaient généralement la mer pour gagner la côte est de l'Amérique du Nord entre mars et mai, mais certains ne quittaient le port qu'en juillet, voire en août. Les bateaux se dirigeaient directement vers les bancs de Terre-Neuve, qu'ils pouvaient mettre de 4 à 6 semaines à atteindre, car ils devaient naviguer face aux vents d'ouest dominants dans l'Atlantique nord. De là, ils gagnaient leur destination. Pour remonter le Saint-Laurent, les navires mettaient presque autant de temps que pour traverser l'océan. En effet, la traversée entière jusqu'à Québec durait en moyenne de deux mois à deux mois et demi. Le voyage de retour était beaucoup plus rapide. James Pritchard, « Ships, Men and Commerce : A Study of Maritime Activity in New France » (thèse de doctorat, Université de Toronto, 1971), p. 29-34 ; Gilles Proulx, *Between France and New France : Life Aboard the Tall Ships* (Toronto, Dundum Press, 1984), p. 54-57 ; Jacques Mathieu, *Le commerce entre la Nouvelle-France et les Antilles au XVIIIe siècle* (Montréal, Éditions Fides, 1981), p. 82-83. (Carte par Andrée Héroux.)

Illustration 11. La ville de Louisbourg vue du port, 1731

Claude-Étienne Verrier, *Vue de la ville de Louisbourg depuis l'intérieur du port*, 1731, vue : coll. de manuscrits. Louisbourg était la destination d'un grand nombre de navires français au XVIIIe siècle. La ville jouait un rôle important dans les pêches, avait une importance stratégique et constituait un important entrepôt. Les bateaux qui s'y rendaient ou en partaient transportaient des marchandises entre la France, les Antilles françaises, la Nouvelle-Angleterre et le Canada. (Gracieuseté de la Bibliothèque nationale, Paris, Département des cartes et plans, Rés. Ge. C. 5019.)

Illustration 12. Vue du port de Bordeaux

Claude-Joseph Vernet (1714-1789), *Bordeaux*, huile sur toile, 1759. Au XVIIIe siècle, Bordeaux était l'un des principaux ports d'où partaient les navires à destination du Canada. (Gracieuseté du Louvre, dépôt : Musée de la Marine, Paris, France. Photo : R. M N.)

Adieu pour cette année

saire financier des guerres en Nouvelle-France, qui était chargé du soin et de l'entretien des troupes régulières françaises au Canada, donna pour instructions à ses correspondants de France d'envoyer leurs lettres soit au négociant Joseph Bérard, de Bordeaux, soit à Pierre le Griel et Fils, négociants à La Rochelle [99]. Ces négociants se chargeaient d'expédier et recevoir des lettres au nom du correspondant. Parfois, l'agent était un négociant qui s'occupait de transporter les lettres au Canada, ou depuis le Canada, à bord de ses propres bateaux. Tel était le cas du négociant bordelais Abraham Gradis. Sa correspondance montre qu'il avait passé les mois de février et de mars 1757 à accuser réception de lettres destinées au Canada. Le 19 février 1757, il écrivit à un correspondant qui lui avait envoyé une lettre à faire suivre au Canada pour lui expliquer que celle-ci serait mise à bord d'un des deux navires qu'il nommait, « Qui sont les deux premiers que nous ferons partir [100] ». Dans une autre lettre, datée du 15 mars, il précisait qu'il avait donné la lettre de son correspondant « au capitaine de mon vaisseau, le president le Berthon, car j'ai bonne opinion de lui [101] ».

Beaucoup de correspondants envoyaient leurs lettres à ces négociants par le service postal français. Dans les années 1680, Jean Dudouyt promit souvent à Mgr de Laval : « Je vous escriray encore par la poste Jusques au dernier vaisseau pour vous donner avis de ce que la Cour aura fait touchant les affaires [102]. » Mais, et c'est important de le noter, il était fondamental de disposer d'un agent dans le port parce que le service postal français — qui transmettait pourtant les lettres dans les ports français qui faisaient du commerce avec le Canada pour le prix de l'affranchissement jusqu'à Paris, puis au port — ne transférait pas les lettres à bord des navires [103].

Certains correspondants employaient des agents qui vivaient à une certaine distance du port. Par exemple, l'apothicaire dieppois Féret expédiait souvent ses lettres pour le Canada à P.-F.-X. de Charlevoix, à Paris. Celui-ci était alors le fondé de pouvoir à Paris des Missions jésuites et des couvents des ursulines de Nouvelle-France [104]. Après avoir reçu les lettres de Féret, Charlevoix les envoyait par la poste ou avec des marchandises à un négociant de La Rochelle pour qu'elles soient mises à bord d'un navire à destination du Canada. Féret semble généralement ne pas avoir remboursé Charlevoix de ces frais. Ce dernier écrivit :

« Quand les lettres qu'on nous adresse pour les envoyer à quebec, ne font pas de gros pacquets, je ne fais aucune difficulté d'en payer le port, quoique par leur multitude elles ne laissent pas d'aller assez loin. » Il ne protestait que contre les frais énormes qui s'accumulaient souvent pour des lettres envoyées à des gens qu'il ne connaissait pas [105].

Avec les années, tout particulièrement, les correspondants pouvaient faire appel à un vaste éventail de personnes et d'organisations pouvant servir d'agents. En octobre 1737, mère de Sainte-Hélène écrivit à son amie Mme Hecquet :

> Je ne comprends pas comment vous pouvez trouver de la difficulté a me les faire tenir [les lettres], rien n'est plus aisé, aujourd'huy que le Canada a des relations dans plusieurs ville de france, comme à Rouen, a la Rochelle, a Bordeaux, A Paris ou vous avez des connoissances, on peut les envoyer au College de Louis le Grand, aux missions étrangères, au faubourg St Germain rue du bac, ou chez Me. hersant marchand Drapier rue St. Denis a la croix de fer, c'est un grand commissionnaire d'une infinite de personnes de Canada, qui même la bonté de m'envoyer fort obligeamment ce qu'on luy porte pour moy n'ayez donc plus d'embaras sur cet article ma chère amie, et que jamais cela ne me prive de la consolation de recevoir de vos nouvelles [106].

*P*our les correspondants canadiens vivant ailleurs qu'à Québec, la correspondance pouvait s'avérer problématique. En 1739, le père François Nan, un prêtre de Sault-Saint-Louis [Caughnawaga], près de Montréal, informa Mme Aulneau, la mère de son meilleur ami, le père Aulneau, qui était prêtre loin dans l'intérieur [107], qu'il n'avait reçu sa lettre de l'année précédente qu'après avoir écrit et envoyé la lettre qu'il lui destinait.

> Le Père de la Bretonnière en fut cause. Il était descendu à Québec pour faire les provisions de notre mission : il retira tout ce qui m'étoit venu de France pour me l'apporter luy même, afin que tout me fût rendu plus sûrement : mais il ne revint au Sault St. Louis qu'après le depart des vaisseaux. Il auroit dû au moins m'envoyer par avance les lettres qui m'étoient écrites, afin que j'y puisse faire rèponse [108].

La plupart des correspondants canadiens avaient besoin, tout comme ceux de France, d'agents pour faciliter leur correspondance. Là encore, il s'agissait normalement de négociants dont le rôle consistait à veiller à ce que les lettres soient chargées à bord des navires, et déchargées, en toute sécurité, et à s'occuper de leur transport dans l'intérieur. Par exemple, Pierre Meynardie, négociant de Québec, faisait souvent suivre le courrier transatlantique destiné à Étienne Augé, de Montréal, avec qui il était en relations d'affaires, ou expédié par ce dernier [109]. De la même manière, les négociants François Havy et Jean Lefevre, de Québec, servaient d'agents pour le négociant montréalais Pierre Guy [110], ne se contentant pas de faire suivre son courrier, mais dirigeant une bonne partie de ses affaires outre-mer en son nom [Ill. 13].

Les correspondants sont souvent assez imprécis sur les moyens qu'ils trouvaient pour acheminer leurs lettres à Québec. Beaucoup font simplement allusion à une « occasion ». Au début d'octobre 1735, le père Nau écrivit dans un post-scriptum à sa lettre à Mme Aulneau : « Je vous prie de m'excuser auprès de madame Aulneau, religieuse de la foy, à Fontenay. L'occasion qui doit porter mes lettres à Québec me presse trop pour pouvoir luy écrire [111]. » La plupart des lettres semblent avoir été confiées à des voyageurs. À la fin de mai 1757, Pierre Meynardie écrivit de Québec à Étienne Augé, de Montréal, « Par M. <Marin> [incertain] [112].

Beaucoup de lettres étaient sans aucun doute transportées par des bateaux locaux. La colonie se développant, le trafic local de plus en plus important sur le Saint-Laurent et ses affluents devait donner aux correspondants davantage de possibilités d'expédier des lettres. En outre, les correspondants furent peut-être en mesure d'envoyer des lettres entre Québec et Montréal par un messager officiel, tout au moins après 1705. D'après William Smith, qui a écrit en 1921 une histoire du service postal dans l'Amérique du Nord britannique, les lettres du gouverneur et de l'intendant étaient transportées à l'intérieur de la colonie par un courrier munis de pouvoirs officiels l'autorisant à transporter des lettres personnelles moyennant rétribution [113]. Un certain nombre de colons portaient le titre de messager du roi au XVIIIe siècle [114], et nos correspondants laissent entendre qu'ils faisaient appel à leurs services. En décembre 1748, Élisabeth Bégon écrivait : « Pour faire quelques compliments du 1ere de l'an, on m'a dit qu'il partait un courrier ces fêtes… », et le 2 janvier elle disait venir de recevoir « un tas de lettres […] toutes compliments, sans doute » par un courrier de Québec [115]. Plus tard cette même année, elle écrivait dans une lettre : « Voilà le dernier jour de mai et point de courrier, car M. le Marquis [le marquis de la Galissonnière, gouverneur de la Nouvelle-France] nous en a promis un à l'Arrivée du premier vaisseau [116]. » Pareillement en octobre 1746, Pierre Guy, de Montréal, écrivit au négociant français Jean Veyssière, de La Rochelle : « Je ne Compte point descendre a quebec vu qu'au jourd huy huitieme octobre nous navons enCore que vos lettres du 20 de mars. Les Deux Couriers qui sont arrivez il y a quelque jours ils ne nous ont aportés aucune lettre Nous attendons la flotte avec impatience [117]. » Dans les années 1750, les correspondants de Québec et de Montréal faisaient souvent allusion à « un courrier » entre les deux villes. En 1755, Jacques Perrault, un négociant de Montréal, reçut une lettre de son beau-frère, à Québec, l'informant que l'épouse de Perrault « doit avoir receue par le Courier une lettre de moy oy je vous fait le detaille de toutes les nouvelles de ce qui cest passe [118] ». Pierre Meynardie commençait par ces mots une lettre écrite le 14 septembre 1757 à Étienne Augé, de Montréal : « J'apprend dans le moment qu'il va parti un Courier et je n'ai que le tems de vous acusse la reception de <…> [apparemment une somme d'argent] que vous mavé envoyé [119]. » [Ill. 14]

Ce service de courrier avait-il un caractère plus officiel que celui des messagers du roi ? Au dire de William Smith, « il n'existait aucun service postal régulier sous le régime français [120] », et l'observation de Meynardie donne certainement à penser que le courrier qui s'apprêtait à partir à la mi-septembre 1757 n'assurait pas un service régulier. Des témoignages intéressants laissent cependant croire que Smith est trop catégorique. Meynardie écrivit à Augé vingt-huit lettres entre la fin de mai 1757 et décembre 1758. Parmi celles-ci, quatorze furent écrites de juin à septembre 1757, et onze de la fin d'avril à la fin d'août 1758. Il en ressort un certain nombre d'aspects intéressants. D'abord, Meynardie écrivit à Augé ou à sa femme jusqu'à six fois par mois. Ensuite, il écrivit à intervalles réguliers ; sur les vingt-huit lettres, près du tiers furent écrites un lundi, et vingt-quatre le furent entre le

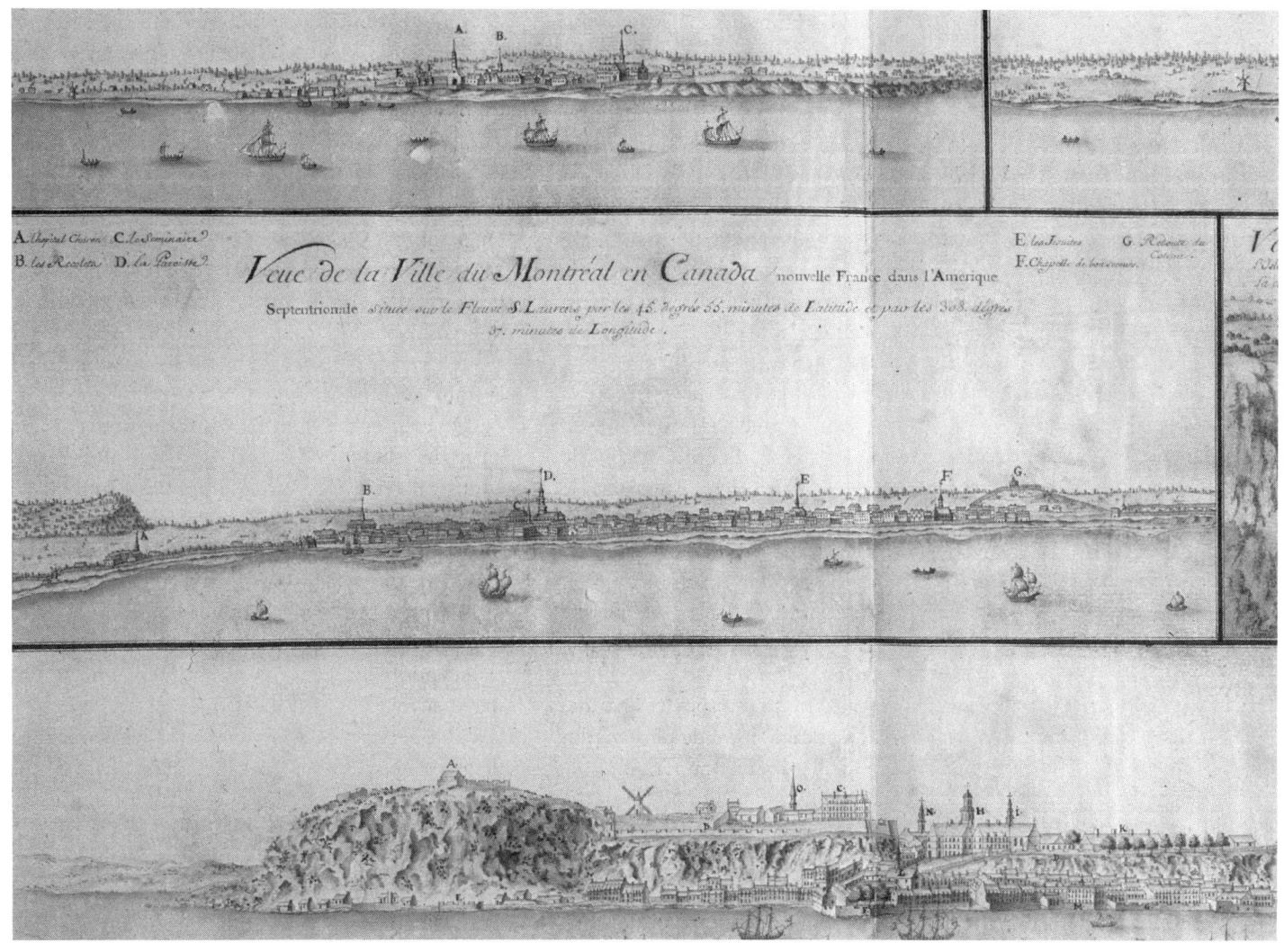

Illustration 13 (a). Vue de la ville de Montréal, 1721

[Anonyme] *Vue de la ville de Montréal*, *Vue de la ville de Trois-Rivières* et *Vue de la ville de Québec*, 1721. Voici trois rares vues exactes de Montréal, Trois-Rivières et Québec sous le régime français. Les trois villes étaient les centres commerciaux, administratifs, religieux et militaires d'une colonie dont la population était surtout rurale. (Gracieuseté de la Collection Edward E. Ayer, The Newberry Library, Chicago.)

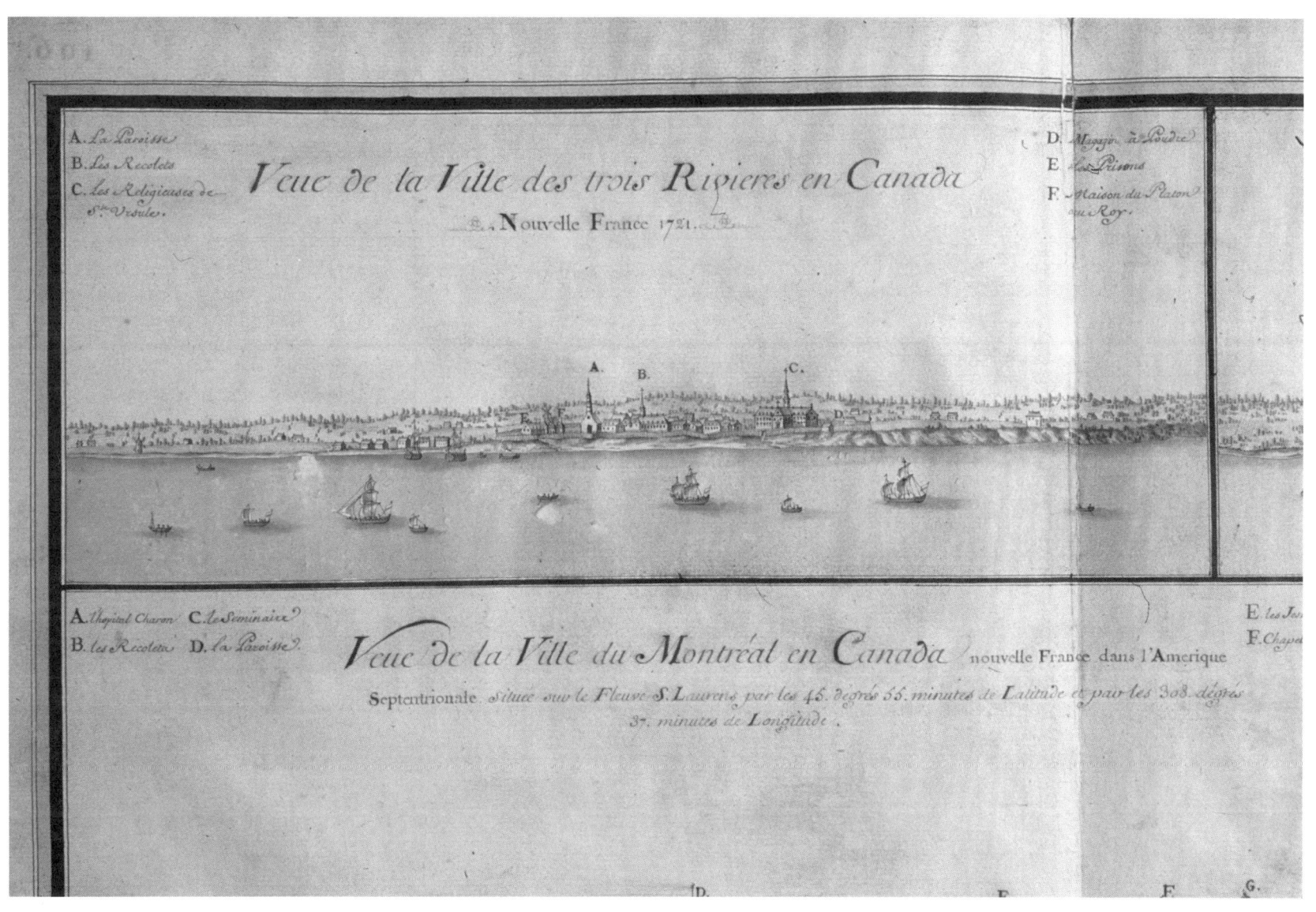

Illustration 13 (b). Vue de la ville de Trois-Rivières, 1721

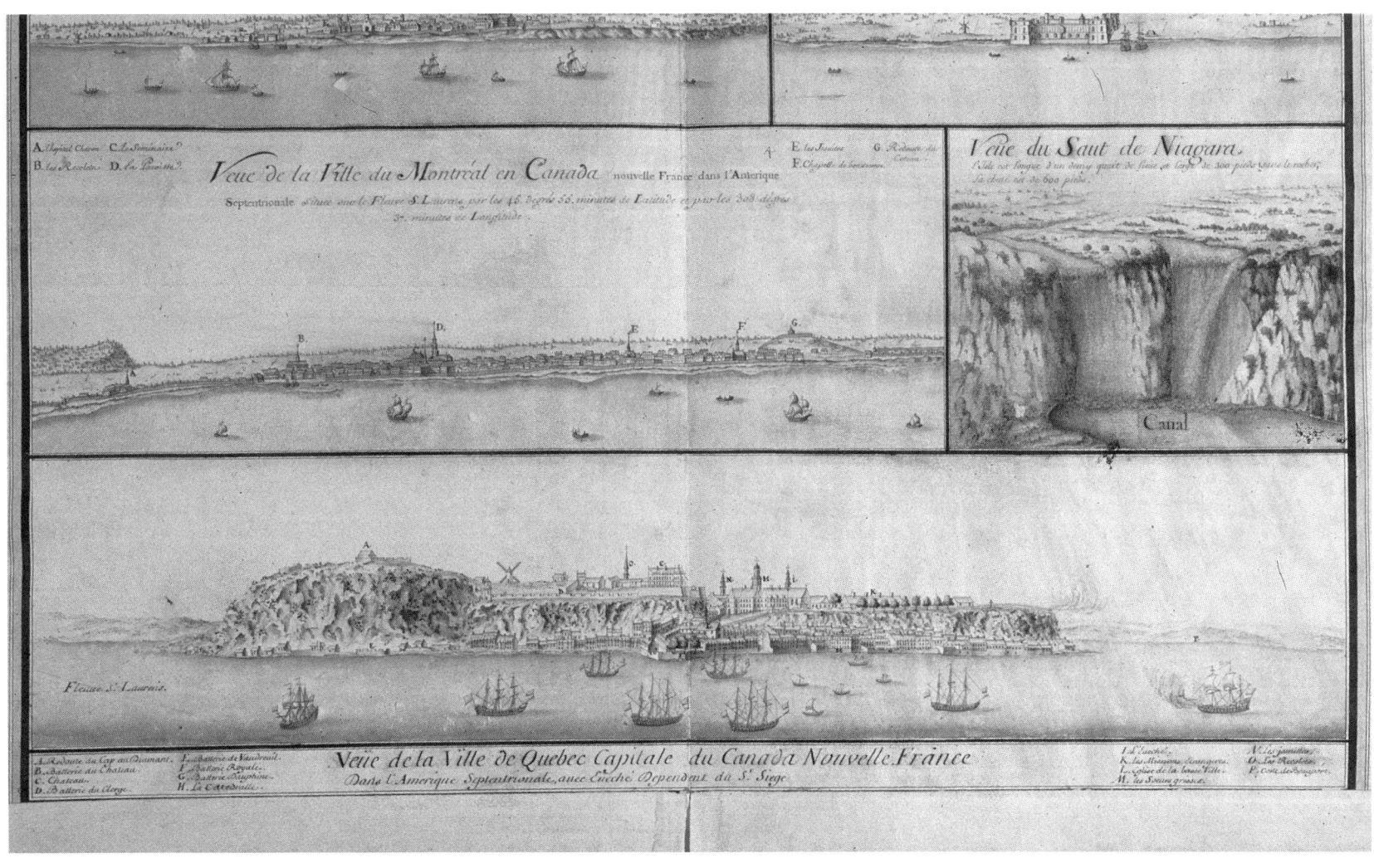

Illustration 13 (c). Vue de la ville de Québec, 1721

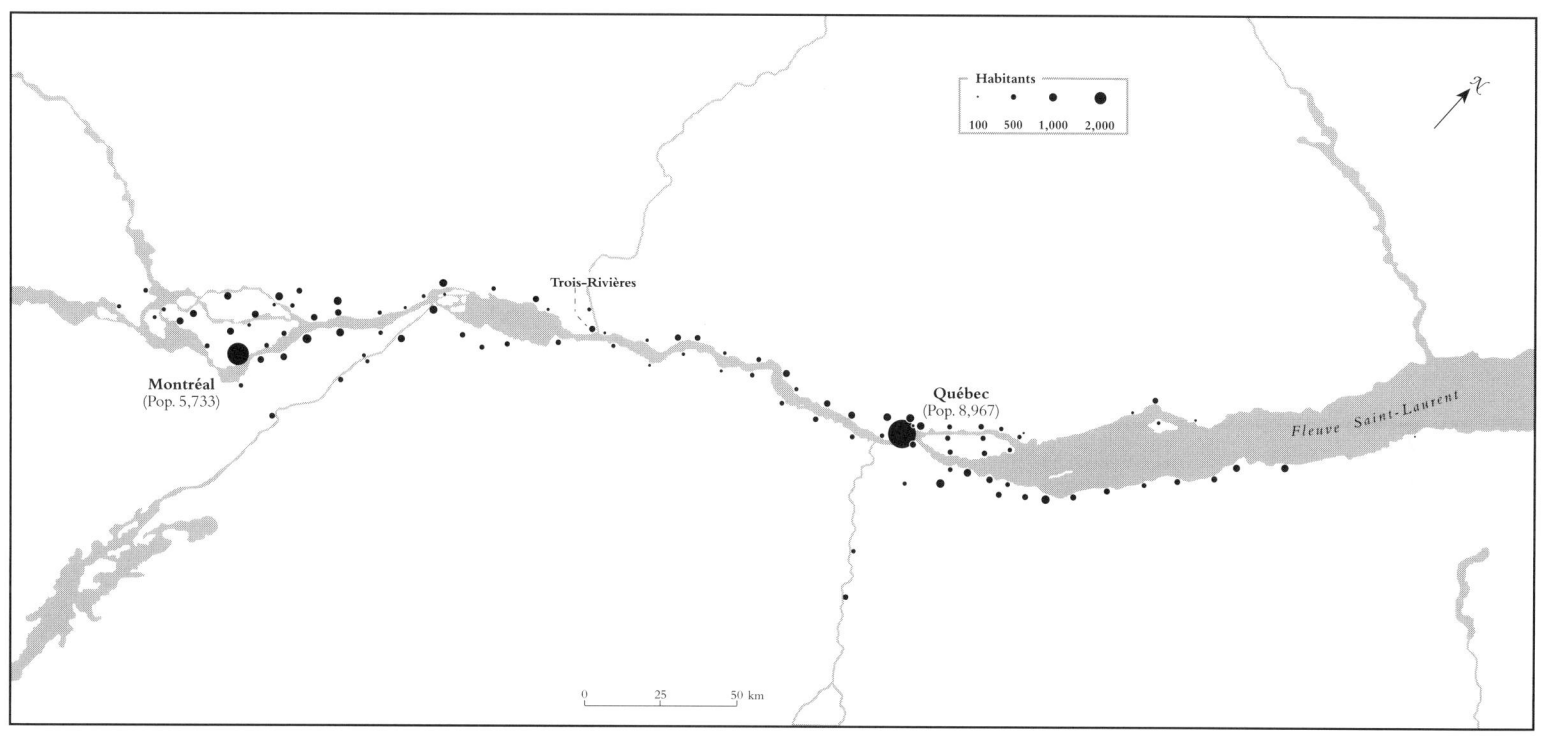

Illustration 14. Répartition de la population dans la vallée du Saint-Laurent, 1765

En 1765, la population de la vallée du Saint-Laurent était de 69 810 personnes. Le peuplement s'étendait sur les deux rives du Saint-Laurent d'un peu en amont de Montréal jusqu'à l'est de l'île aux Coudres, presque jusqu'à Rivière-du-Loup. *Censuses of Canada, 1665 to 1871, Statistics of Canada*, Ottawa, 1876, vol. 4, p. 64-65. (Carte par Andrée Héroux.)

Adieu pour cette année

vendredi et le lundi [121]. La fréquence à laquelle Meynardie écrivait depuis Québec à Augé, qui se trouvait à Montréal, et, plus important encore, la régularité de sa correspondance, donnent à penser qu'il existait peut-être une sorte de service structuré de transport du courrier. D'autant plus que nous savons que, dans les années 1730, il y avait sur la rive nord du Saint-Laurent, entre Montréal et Québec, une route de huit mètres de largeur, pourvue de ponts sur les cours d'eau les plus étroits qu'elle franchissait, et complétée de radeaux ou de bacs pour traverser les rivières les plus larges. Peu après son parachèvement, l'agent principal des ponts et chaussées déclarait que le voyage de Québec à Montréal durait « quatre jours avec le même cheval [122] ». Quelque temps après, un réseau de relais de poste fut établi le long de la route pour les voyageurs. La route fut divisée en étapes et des maîtres de poste furent nommés à chacune pour fournir aux voyageurs des chevaux ou des véhicules. En Grande-Bretagne et en France, les routes de malle-poste faisaient partie intégrante d'un réseau officiel de livraison du courrier. Les courriers empruntaient ces routes, changeant de cheval aux relais [123]. On a toujours prétendu qu'au Canada la route de malle-poste ne servait qu'aux voyageurs et ne joua pas un rôle officiel dans l'acheminement du courrier avant la Conquête. Était-ce bien le cas ? La fréquence étonnante et la régularité de l'échange du courrier le long de cette route avant 1760 donnent décidément à penser qu'il n'en était rien. Il existait peut-être une sorte de service de messagers officiel ou indépendant. Cela expliquerait pourquoi, dans les années 1760, il fut si facile d'établir un service postal officiel sur cette route.

Que ce fût par l'entremise de voyageurs, de bateaux fluviaux, ou des messagers du roi, voire d'un service postal structuré, les correspondants entre Québec et Montréal trouvaient relativement facilement le moyen d'envoyer leurs lettres. Les correspondants qui vivaient au-delà de Montréal avaient beaucoup plus de difficulté à faire parvenir les lettres transatlantiques jusqu'à Québec ou à les en faire venir. Le père Aulneau, partant en 1735 pour Fort Saint-Charles, près du lac des Bois, avertit sa mère que ses lettres risquaient de ne pas arriver à Québec l'année suivante avant le départ des navires pour la France. Quant aux lettres de sa mère, il lui donnait pour instruction de les envoyer à un négociant de La Rochelle, M. Dupan, qui les transmettrait au frère Boispineau L'aîné, lequel les lui enverrait. En 1736, il envoya une lettre écrite à la fin avril, par « nos derniers canots », peut-être à Québec [124]. C'était une des dernières lettres qu'il allait écrire, car il fut tué au début de juin par une bande de Sioux, en route de Fort Saint-Charles à Michillimakinac, à la tête des lacs Huron et Michigan.

*L*es correspondants des 80 dernières années du régime français, à l'instar de Marie de l'Incarnation dans la période antérieure, étaient des plus conscients de la vulnérabilité du processus de communication. Les causes et la nature du problème n'avaient pas changé de façon substantielle depuis cette époque, mais nombre de lettres qui nous sont parvenues de la période ultérieure nous apprennent beaucoup plus de détails. On y voit clairement que les lettres pouvaient être retardées. Des vents contraires pouvaient retenir un bateau au port longtemps après la date de départ prévue. Le mauvais temps pouvait allonger la traversée [125]. Un navire quittant la France à la fin de la saison pouvait être forcé de faire demi-tour parce que le temps se gâtait et qu'il risquait de ne pas arriver dans le Saint-Laurent avant que l'hiver ait interdit toute navigation sur le fleuve [126]. Un agent pouvait négliger d'apprendre à un correspondant le départ prévu d'un navire ou oublier de mettre des lettres à bord d'un autre bateau [127]. Des lettres pouvaient arriver au port après que le navire censé les transporter était parti, voire après la fin de la saison de correspondance [128]. La personne qui transportait une lettre pouvait être retardée et partir par un autre bateau, ou même ne pas partir cette saison-là [129]. Un navire transportant du courrier pouvait être capturé, et les lettres risquaient de ne réapparaître que beaucoup plus tard [130].

Certaines lettres étaient retardées, parfois une saison entière, mais d'autres étaient perdues à jamais. Encore une fois, la raison pour laquelle une lettre particulière s'est égarée est rarement claire. Généralement, les correspondants annonçaient qu'une lettre donnée n'était pas arrivée à destination sans en donner la raison et sans émettre d'hypothèse. Il est certain, toutefois, que certains bateaux n'achevaient pas la traversée. C'était particulièrement le cas en temps de guerre. Henri-Jean Tremblay, des Missions étrangères à Paris, fait état de la perte d'un bon nombre de vaisseaux faisant voile pour le Canada à partir de la France à la fin des années 1690 et pendant la première décennie du nouveau siècle [131]. Des navires disparaissaient aussi en temps de paix. En octobre 1729, mère de Sainte-Hélène écrivait: «Le vaisseaux du Roy qui a peri cette année a 8 ou 9 lieües de Québec m'a fait perdre plusieurs lettres qui mettoient cheres [132].»

Quelles que fussent les raisons particulières pour lesquelles des lettres n'arrivaient pas à destination, les correspondants continuaient manifestement à trouver que le danger était grand et consacraient une énergie considérable à tenter d'assurer l'arrivée à destination de leur correspondance. Comme auparavant, les précautions qu'ils prenaient mettent en relief la réalité du danger de pertes et de retards, tout en assurant l'efficacité des communications transatlantiques.

Une lettre donnée — un morceau de papier portant un certain message — pouvait ne pas atteindre en toute sécurité son destinataire. Les auteurs faisaient cependant de leur mieux pour que le message lui-même soit transmis. Ils envoyaient de multiples exemplaires d'une lettre pour que, si l'un d'eux se perdait, d'autres arrivent avec la nouvelle qu'ils voulaient transmettre [133]. La plupart des correspondants envoyaient également plus d'une lettre chaque saison à chaque correspondant. À Paris, par exemple, Henri-Jean Tremblay écrivait généralement de multiples lettres à chacun de ses correspondants. Il envoyait également des copies de certaines de ces lettres et, pour se prémunir contre toute perte, il recommandait à chacun de ses correspondants de lire les lettres que d'autres avaient reçues de lui, lesquelles confirmeraient ses dires et donneraient d'autres détails [134].

Il ne suffisait pas d'écrire un certain nombre de lettres ou d'envoyer de multiples exemplaires de celles-ci. Les correspondants savaient qu'ils devaient les envoyer par des bateaux différents. Henri-Jean Tremblay avait l'habitude d'écrire par plus d'un navire. Dans une lettre de 1695, il notait qu'il avait préparé deux paquets de lettres. Il donna les deux à des jésuites qui venaient au Canada, afin qu'ils en emportent un et placent l'autre à bord d'un autre navire se rendant aussi au Canada. La même lettre montre qu'il était dangereux de déroger à cette règle. Tremblay écrivait que l'année précédente, ceux qui s'étaient occupés de ses lettres les avaient toutes mises à bord du même navire, le *St-Joseph*, qui s'était perdu [135] avec toutes ses lettres à M. Glandelet, de Québec. Plus tard, en 1704, il expédia deux paquets de lettres par les soins d'un certain M. Bouteuille, qui se rendait au Canada, lui demandant d'emporter lui-même un paquet et d'envoyer l'autre par un autre vaisseau. En fait, cette personne garda les deux, puis tomba malade et ne prit pas la mer. Aucun paquet n'atteignit donc le Canada [136].

Beaucoup de lettres contenaient un inventaire de celles qui avaient été envoyées à un correspondant particulier. Ces inventaires comprenaient souvent le nom de ceux à qui on avait demandé d'envoyer ou d'emporter une lettre, ainsi que le nom des navires par lesquels chaque lettre avait été envoyée. L'inventaire permettait au destinataire de la lettre de déterminer quelle partie de la correspondance d'une saison avait déjà été transmise avec succès, et éventuellement de rechercher les lettres manquantes. Par exemple, le négociant Jean Veyssière, de La Rochelle, expliquait à Pierre Guy au début de mai 1747: «J'ay Eu l'honneur de vous Ecrire le 25 jan'v par les vaisseaux de <…> et le 20e et 21e avril par la C<…>, le T<…>, le St <…>, lors prest a partir, mais retenus par les Vants Contraires jusqu a Cejours quils se dispossent a mettre a La Voyle [137].»

Au printemps 1752, l'abbé de l'Isle Dieu, vicaire général de la Nouvelle-France, consacra une lettre particulière à cette fin. Quatre jours après avoir écrit la dernière de cinq lettres substantielles à Mgr de Pontbriand, évêque de Québec, il reprit la plume pour dire: «Cette lettre, s'il vous plaît, ne sert qu'à annoncer les voies par lesquelles mes divers paquets vous atteindront [138].»

Les correspondants faisaient aussi ce qu'ils pouvaient pour garantir que chaque lettre qu'ils envoyaient arrive sans encombre à destination. À l'instar de Marie de l'Incarnation, les correspondants ultérieurs semblent manifestement avoir eu le sentiment que d'envoyer une lettre par faveur lui donnait généralement plus de chances que tout autre moyen. Dudouyt, Brisacier et Tremblay, des Missions étrangères à Paris, envoyaient constamment des lettres au Canada «par nos Ecclésiastiques» — des prêtres se rendant à la colonie pour y servir [139]. En février 1697, Cabart de Villermont envoya une lettre de Paris à un certain M. Baubriand, à «L'orient», en France. Il y joignit une seconde lettre, qu'il

Adieu pour cette année

demandait à son correspondant de remettre à Pierre le Moyne d'Iberville, au Canada. Baubriand répondit en expliquant qu'il ne se rendait pas lui-même au Canada. Son frère, cependant, y allait et Baubriand promit qu'il remettrait la lettre et rapporterait l'éventuelle réponse [140].

Les correspondants ultérieurs semblent aussi avoir eu le sentiment qu'un deuxième moyen efficace de garantir que les lettres soient acheminées sans encombre consistait à les envoyer par l'intermédiaire d'une grande organisation. C'est ainsi que Jean Dudouyt, fondé de pouvoir du Séminaire de Québec à Paris, fit observer en 1687 que « La Caise des Jesüites est la voye la plus seure [141] ». En 1688, Mgr de Laval laisse entendre à M. de Brisacier, supérieur du Séminaire des Missions étrangères à Paris, qu'il serait sage d'envoyer ses lettres aux pères jésuites de Québec, lesquels, disait Mgr de Laval, les livreraient sans faute et promptement. Il expliquait ensuite : « Il ny a point de navire ny de marchands quie ne leur Ren'de fidellement vouus naurés qu a mettre simplement sur lenvelope au pere superieur de missions de la compaignie de jesus a quebec [142]. »

Années de perturbations

Pendant la plus grande partie de l'histoire de la colonie française du Saint-Laurent, les correspondants canadiens pouvaient espérer échanger une série de lettres chaque saison avec des correspondants outre-Atlantique. Ces lettres étaient acheminées par un certain nombre de navires traversant l'océan à intervalles réguliers au cours d'une saison de navigation s'étendant du début du printemps à la fin de l'automne. Les correspondants devaient aussi s'attendre à des risques réels, mais auxquels il était possible de pallier.

Ce n'est qu'à l'occasion que ces attentes étaient véritablement frustrées et que les rythmes et les mécanismes des communications étaient gravement perturbés, et les risques accrus. Le cas le plus digne de mention s'est peut-être produit pendant la guerre de la Succession d'Autriche, connue en Amérique du Nord sous le nom de « King George's War » (guerre du roi George), qui débuta en Europe en 1740, mais ne concerna pas le monde colonial avant que la Grande-Bretagne et la France se furent déclaré la guerre en 1744. Au printemps 1745, de nombreux vaisseaux ne quittèrent pas la France pour la colonie ; d'autres furent capturés en route, et en fin de compte peu de bateaux atteignirent Québec cette saison-là. Le 12 octobre de cette même année, le négociant Pierre Guy, de Montréal, écrivit pour affaires à Jean Veyssière, de La Rochelle, se plaignant que jusque-là aucun navire, et donc aucune nouvelle, n'était arrivé de La Rochelle. « Cela derrange Extraordinairement nos affaires », affirmait-t-il [143]. Un mois plus tard, mère de Sainte-Hélène faisait remarquer qu'un seul navire, en plus de celui de Saint-Malo, était arrivé cette année-là à Québec. Il en résultait une pénurie de biens et l'absence de nouvelles [144]. Le printemps suivant, quelques navires prirent la mer tôt, comme P.-F.-X. de Charlevoix l'expliquait à Féret : « Comme les vaisseaux destinés à la colonie l'an dernier ne sont jamais partis, cette année la date de leur départ a été avancée, et toutes les lettres des deux années partiront ensemble [145]. » Certains correspondants de France avaient peut-être raté ces départs hâtifs — l'apothicaire dieppois Féret réussit tout juste à envoyer ses lettres à temps. Il est certain que des lettres arrivèrent au Canada cette année-là. Le 15 octobre, Pierre Guy accusait réception d'une lettre de Jean Veyssière écrite le 20 mars. Il faisait cependant remarquer que les Canadiens attendaient toujours l'arrivée de la flotte [146], et ce n'est que dans une lettre du 18 novembre 1746, écrite aux négociants Pascaud Frères de La Rochelle, que Guy annonça l'arrivée de France du vaisseau *L'andromède* porteur de lettres d'eux datées du 30 juin 1745 et du 15 mai 1746 [147]. Cette arrivée extrêmement tardive indiquait que les conditions « normales » n'avaient pas été rétablies [Ill. 15]. En même temps, l'arrivée à bord de ce navire d'une lettre de l'année précédente confirme notre impression que les communications avaient été gravement perturbées cette année-là.

Les vaisseaux qui étaient arrivés à Québec au début de la saison de 1746 retournèrent en France cet automne-là. Toutefois, ceux qui étaient arrivés au début de novembre n'avaient plus le temps de prendre la mer pour rentrer en France et furent forcés de passer l'hiver à Québec. Beaucoup de lettres que Guy écrivit à l'automne de 1746 ne quittèrent ainsi jamais le Canada. Repensant à cette période, il dit à un correspondant d'affaires en avril 1747 : « J'ay Eû l'honneur de vous faire reponse par Les derniers navires Contant quils Partiroient mais comme Ils ne sont arrivez a quebec quau douze novembre Ils ont Eté obligez dhiverner par Rapport aux mauvais tems [148]. » Les bateaux qui avaient passé l'hiver à

Illustration 15. Vue est de Montréal

Thomas Patten, *Vue de Montréal*, aquarelle et encre noire, 1760-1762. Patten était un officier des forces britanniques qui enlevèrent Montréal aux Français. Cette œuvre fut peinte quelque temps après la capitulation des Français et est considérée comme une vue très exacte de Montréal. (Gracieuseté de la Collection Sigmund Samuel [956.198], Musée royal de l'Ontario, Toronto, Canada.)

Adieu pour cette année

Québec partirent pour la France au début du printemps de la nouvelle année. Guy écrivit un certain nombre de lettres d'affaires le 8 avril 1747[149]. N'empêche que la réponse de Guy à la lettre de Pascaud Frères écrite par eux en juin 1745, qu'il avait reçue en novembre 1746, n'arriva vraisemblablement pas à La Rochelle avant le milieu de 1747, soit de deux à deux ans et demi après l'envoi de la lettre initiale.

En ce même printemps de 1747, des correspondants de France se préparaient à écrire leurs propres lettres pour le Canada. Le négociant rochelois Jean Veyssière craignait toutefois que la navigation serait aussi perturbée cette année-là qu'au printemps 1746. Il se plaignit dans une lettre à Pierre Guy : « Le Roy fit expedier L'année dre des veisseaux pour chez vous De divers ports dont nous n'ume pas Counoissance ou Cachoit même que La dresse fut a Québec sans doute il en ferat du même cette année Ce qui Empeche De vous donner Des nouvelles sy souvant que je Le Souhaitteras[150]. »

En 1748, la correspondance transatlantique n'était pas encore revenue à la normale. Élisabeth Bégon écrivait le 26 novembre 1748 : « Voilà une nouveauté : des barques qui arrivent à présent et qui, je crois, ont couru des risques sur les glaces[151]. » Le 5 décembre, elle notait que les Canadiens attendaient toujours l'arrivée d'un navire de Bordeaux[152]. Le premier bateau ne retourna probablement pas en France cet automne-là. On ne sait pas si l'autre est arrivé [Ill. 16].

En 1749, les conditions s'étaient améliorées et les communications transatlantiques fonctionnaient relativement bien. La période de perturbations avait été brève mais frustrante pour les correspondants. Ce qui est intéressant, c'est qu'ils la considéraient comme exceptionnelle. L'expérience du temps de guerre met en relief les attentes normales des correspondants canadiens. Les problèmes auxquels ils faisaient face pour correspondre en temps de guerre et la frustration que leur inspirait leur situation leur faisaient prendre conscience de l'efficacité des communications « normales ».

Conclusion

Les caractéristiques fondamentales des communications sous le régime français étaient leur strict caractère saisonnier, leur sujétion à l'état de la navigation transatlantique et leur insécurité. Et pourtant, paradoxalement, elles fonctionnaient remarquablement bien. Les gens dont nous avons parlé entretenaient des relations d'affaires, personnelles et administratives, riches et diverses les uns avec les autres de part et d'autre de l'Atlantique. Ils acceptaient la structure des communications et s'y ajustaient[153]. C'est ainsi que, sauf pour ce qui est de ses observances religieuses, Marie de l'Incarnation suspendait la plupart de ses activités au cours de la saison de correspondance afin de pouvoir écrire ses lettres. Le temps, pour elle, se partageait entre la vie trépidante de la saison de navigation et la période plus calme, plus réfléchie, de l'hiver, où elle écrivait des textes longs et approfondis, étudiait les langues autochtones et accomplissait une multitude d'autres tâches. Le même partage du temps est évident chez nombre d'autres correspondants de l'époque. Bref, le rythme des communications influait sur le rythme de la vie à Québec. Par exemple, la plupart du temps, l'été, un arrêté suspendait les affaires de l'État jusqu'à la fin de la saison de navigation afin de donner aux correspondants le temps d'écrire leurs lettres[154].

Si les communications fonctionnaient, elles n'étaient cependant ni simples ni évidentes. Les correspondants devaient consacrer beaucoup plus d'énergie que nous à l'entretien de leur correspondance. Ils jouaient un rôle actif dans la circulation du courrier. Et, fait peut-être beaucoup plus important, ils créaient des modes de correspondance essentiels pour que le processus fonctionne. En ce sens, ils étaient des participants actifs dans le processus de communications : ils créaient, façonnaient et contrôlaient les moyens par lesquels ils pouvaient correspondre les uns avec les autres.

Notes

1 Outre la colonie du Saint-Laurent, la Nouvelle-France comprenait l'Acadie, Louisbourg et les Postes de l'Ouest dont la Louisiane.

2 Ce chiffre est cité dans Marcel Trudel, *Histoire de la Nouvelle-France*, Partie 3 : *La seigneurie des Cent-Associés*, vol 1 : *Les événements* (Montréal, Éditions Fides, 1979), p. 159. Dans un autre ouvrage, Trudel évalue à 200 la population européenne de la colonie en 1641, *The Beginnings of New France, 1524-1663* (Toronto, McClelland and Steward, 1973), p. 187. W. J. Eccles donne deux autres chiffres : 359 et 240,

Illustration 16. Vue de Québec, 1761

R. Short, *Vue générale de Québec depuis la pointe de Lévy*, eau-forte de P. Canot, imprimé par Thomas Jeffreys, 1761. Short servait dans la Marine britannique au cours du siège de Québec en 1759. Cette œuvre fait partie d'une série de vues de Québec qu'il dessina peu après la prise de la ville. (Gracieuseté des ANC, Ottawa, nég. n° C-355.)

Adieu pour cette année

Canadian Frontier, 1534-1760 (Albuquerque, University of New Mexico Press, 1983), p. 38 et 85.

3. Rémi Chénier, *Québec : A French Colonial Town in America, 1660-1690* (Canada, Service des parcs et lieux historiques nationaux, 1991), p. 20.

4. L'expression Cap-aux-Diamants sert ici à désigner Québec et sa région immédiate, comme dans Marcel Trudel, *Histoire de la Nouvelle-France*, partie 3 : *La seigneurie des Cent-Associés*, vol. 2 : *La société* (Montréal, Les Éditions Fides, 1983), p. 161.

5. Trudel, *Histoire de la Nouvelle-France*, partie 3 : *La seigneurie des Cent-Associés* vol. 2 : *La société*, chap. 5. Voir également, vol 1 : *Les événements*, chap. 3.

6. Voir *Dictionary of Canadian Biography* [ci-après *DCB*], vol. 1, à « Guyart, Marie », et également Dom Guy Oury, « Introduction », *Marie de l'Incarnation*, p. ix-xxxv. Voir aussi un ouvrage passionnant publié après l'achèvement de ce texte : Natalie Zemon Davis, Women on the Margins : Three Seventeenth Century Lives [Cambridge (Massachusetts), Harvard University Press, 1995].

7. R. Cole Harris, directeur, et Geoffrey V. Matthews, graphiste, *Historical Atlas of Canada*, vol. 1 : *From the Beginning to 1800* (Toronto, Toronto University Press, 1987), p. 113.

8. Cela fut dit dans le contexte d'une discussion sur la possibilité du retour des ursulines en France après la destruction de leur monastère par le feu en 1651. Dans ce passage, elle exagère peut-être l'importance des ordres religieux pour la survie de la colonie, mais la fragilité de celle-ci en Amérique du Nord est crédible (*Marie de l'Incarnation*, 1er septembre 1652, 476).

9. Voir, par exemple, W. J. Eccles, *Canada under Louis XIV, 1663-1701* (Toronto, McClelland and Stewart, 1978).

10. *DCB*, vol. 1, à « Guyart, Marie" ; voir aussi Dom Guy Oury, « Introduction », *Marie de l'Incarnation*, p. ix-xxxvii.

11. Voir, par exemple, *ibid.*, p. 183-184, 199, 200, 220, 235, 422, 477, 686.

12. Voir, par exemple, *ibid.*, p. 183-184, 199, 200, 220, 235, 422, 477, 686.

13. *Ibid.*, 4 septembre 1640, p. 104.

14. *Marie de l'Incarnation*, note du rédacteur, p. 393 ; cette allusion à l'arrivée des vaisseaux et du courrier, comme beaucoup d'autres, s'inspire de (C.-H.) Laverdière et (H.-R.) Casgrain, *Journal des Jésuites* (Montréal, 1892), 22 août 1644, p. 218. Également *Marie de l'Incarnation*, note du rédacteur, p. 106, d'après R.-G. Thwaites, *Relations des Jésuites de la Nouvelle-France* (Cleveland, 1891-1901), 24 juin 1656, p. 572. Voir également *Marie de l'Incarnation*, 26 août 1644, p. 218-226, et 11 octobre 1646, p. 294-297.

15. En 1646, le premier navire arriva à Québec au début d'août, mais le dernier ne fit son apparition que le 14 octobre, et certains croyaient qu'il était perdu (voir *Jesuit Relations*, vol. 28, 1645-1646, p. 235, et Marie de l'Incarnation, 11 octobre 1646, note 2, p. 296). Voir aussi des détails sur l'arrivée des vaisseaux à Québec en 1662, *Jesuit Relations*, 1661-1663, p. 283, 285. James Pritchard, « Ships, Men, and Commerce : A Study of Maritime Activity in New France » (thèse de doctorat, université de Toronto, 1971), tableau 1 : « Ship Traffic between Quebec and France, 1645-1667 », s'inspire de Laverdière et Casgrain (sous la dir. de), *Le Journal des Jésuites* (Montréal, 1892). Cela confirme la durée variable de la saison et donne à penser que la plupart des navires arrivaient en juillet ou en août.

16. Kathryn A. Young, « Commerce and Community : Merchants in the Port of Quebec from 1717 to 1745 » (thèse de doctorat, Université du Manitoba, 1991), p. 67-68, et Alana Reid, « General Trade between Quebec and New France during the French Regime », *CHR*, 1953, p. 26-28.

17. *Ibid.*, 25 juin 1660, p. 619. Les Français et les Iroquois avaient une longue histoire de conflits en Nouvelle-France. À la fin des années 1650 et au début des années 1660, des groupes iroquoiens attaquèrent et razzièrent les colons dans la vallée du Saint-Laurent, incendiant les maisons et détruisant les cultures afin de pousser les Français à quitter le continent. Dans cette lettre, Marie de l'Incarnation raconte l'histoire de l'expédition de Dollard des Ormeaux contre les Iroquois et la bataille du Long-Sault. Voir *DCB*, vol. 1, à « Dollard des Ormeaux », où cet événement est analysé de façon détaillée et pondérée. À cette époque, l'existence même de la colonie semblait menacée. Dans ce cas particulier, Marie de l'Incarnation faisait allusion au risque de famine si les Iroquois attaquaient la colonie l'automne suivant, empêchant de rentrer les récoltes.

18. *Ibid.*, 2 août 1644, p. 206.

19. *Ibid.*, 14 août 1656, p. 582.

20. Voir, par exemple, *ibid.*, 2 novembre 1666, p. 770.

21. *Ibid.*, 22 octobre 1649, p. 381. D'après le rédacteur, les deux premiers navires étaient partis vers le 19 septembre et les derniers le 31 octobre.

22. *Ibid.*, p. 379.

23. *Ibid.*, 18 septembre 1647, p. 314-315. D'après le rédacteur, le vaisseau prit la mer le 19 septembre et arriva en France le 21 octobre.

24. *Ibid.*, 7 septembre 1648, p. 343.

25. *Ibid.*, 23 octobre 1651, p. 430.

26. *Ibid.*, 7 septembre 1648, p. 343.

27. Dale Miquelon, *Dugard of Rouen : French Trade to Canada and the West Indies, 1729-1770* (Montréal, McGill-Queen's University Press, 1978), p. 69, et Pritchard, « Ships, Men and Commerce », p. 39.

28. *Marie de l'Incarnation*, 15 septembre 1644, p. 240.

29. *Ibid.*, 30 septembre 1643, p. 202.

30. *Ibid.*, 22 octobre 1649, p. 377-378.

31. *Ibid.*, 30 septembre 1643, p. 202 ; été 1647, p. 320 ; 13 août 1650, p. 392-393.

32. *Ibid.*, 4 octobre 1658, p. 606.

33. *Ibid.*, septembre-octobre 1663, p. 710.

34. *Ibid.*, 23 octobre 1651, p. 430. Voir aussi le 4 septembre 1640, p. 104.

35. *Ibid.*, 22 octobre 1649, p. 371. Elle lui écrivit cependant une lettre très chaleureuse ce jour-là et une autre le lendemain, le 23 octobre 1649, p. 384-385.

36. Voir, par exemple, *ibid.*, 2 octobre 1655, p. 557-560.

37. *Ibid.*, septembre-novembre 1671, p. 939.

Les communications et la Nouvelle-France

38 *Ibid.*, 9 novembre 1671, p. 946.
39 *Ibid.*, 9 novembre 1671, p. 946
40 *Ibid.*, 10 août 1662, p. 677.
41 *Ibid.*, 2 septembre 1670, p. 879
42 *Ibid.*, 21 octobre 1669, p. 868
43 *Ibid.*, 13 septembre 1651, p. 421-424 ; 24 septembre 1654, p. 542-547 ; 10 septembre 1640, p. 115 ; 2 août 1644, p. 206. On peut s'y perdre dans les noms des différents navires. Parmi les navires du roi figuraient les bâtiments de guerre, les frégates et les flûtes. Parmi les navires marchands, on comptait des frégates, des navires, des brigantins, des goélettes et des bateaux. Voir Proulx, *Between France and New France : Life Aboard the Tall Ships* (Toronto, Dundurn Press, 1984), p. 17-21. Le mot le plus déroutant est « frégate », qui peut désigner aussi bien un petit navire de guerre qu'un petit navire marchand rapide. Voir James Pritchard, « Ships, Men and Commerce : A Study of Maritime Activity in New France » (thèse de doctorat, Université de Toronto, 1971), p. 12. Merci à Bill Cormack, qui m'a le premier expliqué la nature des divers navires auxquels il est fait allusion dans ces sources.
44 Marie de l'Incarnation, 20 mai 1639, p. 86.
45 *Ibid.*, 17 mai 1650, p. 389.
46 *Ibid.*, 3 septembre 1651, p. 412.
47 *Ibid.*, septembre 1661, p. 665.
48 *Ibid.*, 24 août 1671, p. 922.
49 Voir, par exemple, *ibid.*, 4 septembre 1640, p. 104-107.
50 *Ibid.*, 28 juillet 1665, p. 740.
51 *Ibid.*, 29 juillet — 19 octobre 1667, p. 790.
52 *Atlas historique du Canada*, vol. 1, planche 48, « Mouvement des navires européens vers Québec, 1640-1789 ».
53 *Ibid.*, 3 septembre 1651, p. 412, et 1er septembre 1651, p. 408-419.
54 *Ibid.*, 30 septembre 1643, p. 199 ; voir également 1er septembre 1643, p. 183.
55 *Ibid.*, 30 septembre 1643, p. 199.
56 *Ibid.*, 1er septembre 1652, p. 475.
57 La guerre de Trente Ans a duré de 1618 à 1648.
58 *Ibid.*, 4 septembre 1640, p. 112-113.
59 *Marie de l'Incarnation*, 13 septembre 1640, p. 117.
60 *Ibid.*, 23 octobre 1649, p. 384 ; voir également 15 septembre 1644, p. 240.
61 *Ibid.*, été 1647, p. 316-322.
62 *Ibid.*, 30 septembre 1643, p. 199.
63 *Ibid.*, 13 septembre 1640, p. 117-122.
64 *Ibid.*, 24 juin 1656, p. 571.
65 *Ibid.*, 16 septembre 1641, p. 143-145 ; voir également 1er septembre 1643, p. 183.
66 *Ibid.*, 18 octobre 1654, p. 549-552.
67 *Ibid.*, 4 octobre 1654, p. 992.
68 « Lettres de saint Charles Garnier », *Rapport de l'archiviste de la Province de Québec* [RAPQ] (1929-1930), 22 mai 1641, p. 24-25.
69 *Ibid.*, 23 mai 1643, p. 28.
70 *Ibid.*, 25 avril 1648, p. 37.
71 *Ibid.*, 23 juin 1641, p. 22, et 25 avril 1648, p. 37.
72 La paix dura jusqu'au déclenchement d'une nouvelle guerre, en 1744. Ce fut la plus longue période de paix que connut la colonie française.
73 Cette description très sommaire de la colonie s'inspire de l'*Atlas historique du Canada*, vol. 1, p. 113-117, planches 45, 46, 48, 49, 50, 53 ; Dale Miquelon, *New France, 1701-1744 : A Supplement to Europe* (Toronto, McClelland and Stewart, 1987) ; W. J. Eccles, *Essays on New France* (Toronto, Oxford University Press, 1987) ; R. Cole Harris et John Warkentin, « The French Impact in Canada and Acadia », dans *Canada Before Confederation : A Study in Historical Geography* (New York, Oxford University Press, 1974).
74 Archives du Séminaire de Québec [ci-après ASQ], Carton Séminaire 15, n° 15, 1er avril 1676 ; Lettres Carton N, n° 52, 9 mars 1681.
75 *Ibid.*, Lettres Carton N, n° 83, 2 mai 1684.
76 Après 1692, le Séminaire de Québec devint exclusivement un établissement de formation des prêtres. Il contribua plus tard à la fondation de l'Université Laval, à Québec.
77 *Ibid.*, Lettres carton N, n° 60, 22 juin 1681.
78 *Ibid.*, Lettres carton N, n° 72, 10, 12 juin 1683.
79 ANQ, Esprit de Cabart de Villermont, Correspondance, P-272, 31 juillet 1705.
80 *Ibid.*, 27 août 1684.
81 ASQ, Carton Séminaire 15, n° 15, 1er avril 1676.
82 *Ibid.*, Lettres Carton N, n° 54, 1er avril 1681.
83 *Ibid.*, Lettres Carton N, n° 67, 3 juillet 1682.
84 Dudouyt et Tremblay passèrent tous deux un certain temps au Canada avant de retourner en France s'occuper des affaires du séminaire.
85 *Ibid.*, Lettres N, n° 123, 19 juin 1705.
86 *Ibid.*, Lettres Carton N, n° 77, 11 mars 1684.
87 *Ibid.*, Lettres O, n° 20, 5-14 mai 1698.
88 ASQ, Lettres O, n° 7, 21 mai 1695.
89 Collection Baby, U3174, 2 mai 1723.
90 *Atlas historique du Canada*, vol. 1, planche 48. Voir aussi l'ill. 4 du présent ouvrage.
91 *Ibid.*, Lettres carton N, n° 52, 9 mars 1681 ; n° 53, 7 avril 1681 ; n° 54, 11 avril 1681 ; n° 57, 10 mai 1681 ; n° 60, 20 juin 1681. J. F. Bosher, *Men and Ships in the Canada Trade, 1660-1760 : A Biographical Dictionary* (Parcs Canada, 1992), est d'un intérêt considérable pour son identification des navires et des négociants mentionnés dans les lettres.
92 Pierre Meynardie, le jeune, était né en 1727 à Bergerac, en France, dans une famille de négociants. Il était l'agent de la famille à Québec au cours de la guerre de Sept Ans. Son frère aîné, Pierre-Claude, qui avait vécu à Québec au début des années 1750, dirigea les affaires de la famille en France. Voir Bosher, *Men and Ships in the Canadian Trade, 1660-1760*.

Adieu pour cette année

93 Collection Baby, U8506, 27 mars 1758. Les bateaux étaient particulièrement susceptibles de partir ensemble en temps de guerre, comme en 1758. Voyager en convoi sous la protection d'un vaisseau du roi.

94 ASQ, Lettres O, n° 40, 15 juin 1703, et n° 41, 9 juillet 1703.

95 *Ibid.*, Lettres N, n° 121, 15 juin 1704, et n° 123, 19 juin 1705.

96 Nicole Deschamps (sous la dir. de), *Lettres au cher fils : correspondance d'Élisabeth Bégon avec son gendre (1748-1753)* (Montréal, Hurtubise, 1972) [ci-après Élisabeth Bégon], 5 juillet 1750, p. 195.

97 Collection Baby, U5124, 8 mai 1762.

98 « Lettres du père Aulneau », RAPQ, 1926-1927, 29 avril 1735, p. 275.

99 « Les lettres de Doreil », RAPQ, 1944-1945, 5 juillet 1755, p. 17.

100 « Archives Gradis », RAPQ, 1957-1958 et 1958-1959, 19 février 1757, p. 4

101 *Ibid.*, 15 mars 1757, p. 8.

102 ASQ, Lettres N, n° 72, 10 et 12 juin 1683 ; voir également n° 79, 28 mars et 11 juin 1684.

103 Cette politique changea en 1759. Voir Archives postales canadiennes, ANC, K4243 A48 F71 1759, ex. 1, Rare Declaration du Roi, Donné a Versailles le huitième jour de Juillet 1759, Portant augmentation du Tarif des ports de Lettres (Grenoble, France, Imprimerie D'André Giroud, Imprimeur, Libraire du Parlement, 1759), 35 p., section CXL.

104 Charlevoix était un prêtre jésuite. Il avait vécu dans la colonie et y avait enseigné au Collège des Jésuites de 1705 à 1709, puis il avait fait un voyage d'exploration dans l'intérieur de l'Amérique du Nord. Ses observations ont formé la base de son *Histoire et description générale de la Nouvelle-France* (1744), considérée comme la première histoire générale des colonies françaises d'Amérique du Nord (*DCB*, vol. 3, à « Charlevoix, Pierre-François-Xavier de »).

105 « Mère de Sainte-Hélène », vol. 6, 1er juillet 1745, p. 43 ; 12 avril 1746, p. 51-52, et 5 avril 1748, p. 53.

106 « Mère de Sainte-Hélène », vol 3, 17 octobre 1737, p. 228.

107 Le père Aulneau partit pour le pays d'en haut en juin 1735 avec La Vérendrye et passa l'hiver suivant à Fort Saint-Charles, sur la rive occidentale du lac des Bois.

108 « Lettres du père Aulneau », 12 août 1739, p. 306. Le père Aulneau fut tué au lac des Bois en juin 1736 par une bande de Sioux.

109 Collection Baby, U8501, 20 mai 1758 ; U8507, 23 juin 1758, et U8508, juillet 1758.

110 On ignore quand Pierre Guy est venu au Canada. Il s'est marié à Montréal en 1725 et est mort en 1748. Il était le père d'un autre négociant montréalais du même nom, dont il est plus souvent fait mention dans le présent ouvrage (*DCB*, vol. 3, à « Guy, Pierre »).

111 « Lettres du père Aulneau », 3 octobre 1735, p. 288.

112 Collection Baby, U8486, 30 mai 1757.

113 William Smith, *The History of the Post Office in British North America, 1639-1870* (Cambridge, Cambridge University Press, 1920), p, 41-42.

114 Voir, par exemple, ANC, MG8 A6, vol. 1, C-13587, p. 54-55, « Commission de Messager au nommé le Portugais » ; vol. 9, C-13589, p. 109-110, « Commission de Messager du Roy de Québec à Montréal pour Jean Moran » ; vol. 12, p. 72-73, « Commission de Messager par eau à Jean Carrier ».

115 *Élisabeth Bégon*, 25 décembre 1748, p. 56, et 2 janvier 1749, p. 60.

116 *Ibid.*, 31 mai 1749, p. 136.

117 Collection Baby, U5110, 15 octobre 1746.

118 *Ibid.*, U1978, 23 septembre 1755.

119 *Ibid.*, U8499, 14 septembre 1757.

120 Smith, *History of the Post Office in British North America*, p. 41.

121 Collection Baby, U8486 à U8515, différentes dates du 30 mai 1757 au 4 décembre 1758.

122 Lanouiller de Boisclerc, Québec, 17 octobre 1733, Archives nationales, Paris, Fonds des colonies, série C 11A, vol. 60, fol. 379-379v, dans André Vachon, *Taking Root : Canada from 1700-1760* (ANC, 1985).

123 Eugène Vaille, *Histoire générale des postes françaises*, t. 5 : *La Ferme Générale et le groupe Pajot-Rouillé (1691-1737)* (Paris, Presses universitaires de France, 1951), 2e partie, chap. 2, et Ian K. Steele, *The English Atlantic, 1675-1740 : An Exploration of Communication and Community* (New York, Oxford University Press, 1986), p. 114-119.

124 « Père Aulneau », 29 avril 1735, p. 275, et 30 avril 1736, p. 292.

125 Voir, par exemple, ANQ, Cabart de Villermont, P 272, 27 août 1684 ; *Élisabeth Bégon*, 28-29 avril 1749, p. 119-120, et 18 mai 1749, p. 130.

126 Voir, par exemple, ANQ, Cabart de Villermont, P 272, 27 août 1684.

127 Collection Baby, U5125, 20 mai 1763. « Mère de Sainte-Hélène », vol. 3, 17 octobre 1735, p. 177 ; vol. 3 [début 1740], p. 279-283 ; vol. 4, 1er juillet 1745, p. 43.

128 Collection Baby, U490, 11 mars 1762, ASQ, Lettres N, n° 54, 11 avril 1681.

129 Collection Baby, U490, 11 mars 1762, ASQ, Lettres N, n° 54, 11 avril 1681.

130 ASQ, Lettres O, n° 7, 21 mai 1695.

131 Voir, par exemple, ASQ, Lettres N, n° 101, 10 mai 1695 ; Lettres O, n° 7, 21 mai 1695 ; Lettres O, n° 31, 2 avril 1701 ; Lettres O, n° 42, 4 avril 1705. La guerre de la ligue d'Augsbourg dura de 1688 à 1697, et la guerre de la Succession d'Espagne de 1702 à 1713.

132 « Mère de Sainte-Hélène », vol. 3, 28 octobre 1729, p. 47-48.

133 ASQ, Lettres N, n° 52, 9 mars 1681 ; Lettres O, n° 23, 3 mai 1698 ; Lettres N, n° 121, 15 juin 1704. Collection Baby, U12256, 25 et 20 avril 1747, et U5120, 4 novembre 1747. ASQ, Album Verreau 3, n° 3, 18 avril 1756.

134 Dans ASQ, Lettres N, n° 121, 15 juin 1704. Tremblay décrivait sa conduite normale, se plaignant du fait que ses habitudes se trouvaient bouleversées. Un seul navire s'apprêtait à quitter Québec en 1704, ce qui perturbait sa correspondance. Voir également Lettres O, 21 mai 1695, n° 7, et toute sa correspondance dans Lettres N et O.

135 ASQ, Lettres O, n° 7, 21 mai 1695. Le *St-Joseph* fut capturé en 1694 par des corsaires de Jamaïque (voir Bosher, *Men and Ships in the Canada Trade*).

136 ASQ, Lettres N, n° 123, 19 juin 1705 ; voir également Lettres O, n° 33, 28 mai 1701.
137 Collection Baby, U12258, 2 mai 1747 ; voir aussi U12262, 30 avril 1748. Le départ d'un navire pour le Canada le 25 janvier est insolite. Il se rendait peut-être d'abord ailleurs, ou peut-être ce départ hâtif s'explique-t-il par quelque stratégie de temps de guerre.
138 30 avril 1752, p. 344.
139 Voir, par exemple. ASQ, Lettres, N, n° 83, 2 mai 1684.
140 ANQ, Cabart de Villermont, P272, 1ᵉʳ mars 1697.
141 ASQ, Lettres O, n° 1, 17 avril 1687.
142 ASQ, Lettres N, n° 90, 1688.
143 Collection Baby, U5107, 12 octobre 1745.
144 « Mère de Sainte-Hélène », vol. 6, 4 novembre 1745, p. 48-49.
145 *Ibid.*, 12 avril 1746, p. 54.
146 *Ibid.*, U5110, 15 octobre 1746.
147 Collection Baby, U5112, 18 novembre 1746. La traversée de ce navire de La Rochelle à Québec en 1745 fut annulée en raison de la guerre (Bosher, *Men and Ships in the Canada Trade*).
148 *Ibid.*, U5117, 8 avril 1747.
149 Voir, par exemple, *Ibid.*, U5115, U5116, U5117, 8 avril 1747.
150 *Ibid.*, U12256, 25 janvier 1747 et 20 avril 1747.
151 *Élisabeth Bégon*, 26 novembre 1748, p. 38.
152 *Ibid.*, 5 décembre 1748, p. 42.
153 On trouvera une étude plus complète sur la façon dont les Canadiens considéraient le caractère saisonnier des communications dans mon article à paraître intitulé « Adieu pour cette année : Seasonality and time in New France ».
154 Il y eut bien des années où fin septembre ou début octobre, le Conseil supérieur décrétait : « Vacances jusqu'au départ des derniers vaisseaux pour donner le temps aux négociants et autres habitants de cette colonie de faire leurs affaires pour l'ancienne France. » (5 octobre 1733, folio 63 v., P.-G. Roy, *Inventaire des jugements et délibérations du Conseil supérieur 1717-1760*, vol. 3, p. 17.

Chapitre 3

Le courrier après la conquête

Les dernières années de la domination française au Canada furent une période de conflit. À partir de 1744, lorsque, en pleine guerre de la Succession d'Autriche, la France déclara la guerre à l'Angleterre, les deux pays s'affrontèrent en Europe ou en Amérique du Nord pendant près de vingt ans. Le traité d'Aix-la-Chapelle, qui mit fin au conflit en 1748, ne provoqua qu'un arrêt temporaire des hostilités. Celles-ci se rallumèrent dans la vallée de l'Ohio six ans plus tard, et se fondirent dans la guerre de Sept Ans, qui débuta officiellement en 1756. Trois ans plus tard, les Français livrèrent Québec aux forces britanniques, et en 1760 l'armée française capitula à Montréal. La Grande-Bretagne établit un gouvernement militaire intérimaire dans la colonie jusqu'à ce que la paix de 1763 cède la souveraineté officielle sur le Canada au vainqueur.

Au cours de ces années de conflit, les correspondants veillèrent particulièrement à protéger leurs lettres en envoyant de multiples exemplaires — jusqu'à trois ou quatre — de la même lettre. Cependant, le nombre de navires voyageant entre la France et le Canada était en fait assez élevé à cette époque, et, sauf pendant la guerre de la Succession d'Autriche, les communications ne semblent pas avoir été exagérément perturbées. La cession par la France de la souveraineté sur le Canada à la Grande-Bretagne rendit toutefois les communications entre Québec et la France extrêmement difficiles : rares étaient les bateaux destinés à des ports français dans le port de Québec. Et pourtant les habitants sachant lire et écrire de l'ancienne colonie française avaient toujours des parents, des amis et des associés avec lesquels ils souhaitaient communiquer.

Les correspondants réglèrent leur problème en expédiant leurs lettres par l'intermédiaire d'agents en Angleterre. Par exemple, en juillet 1762, Messieurs Thomas and Thomas, de Londres, informèrent en ces termes le négociant canadien François Baby, qui se trouvait alors à La Rochelle : « Toutes vos lettres pour le Canada ont été acheminés par différents navires et nous avons pris touttes les precautions possible, pour leur faire parvenir a leur addresse [1] ». Le négociant montréalais Pierre Guy, ami et associé de Baby, qui se trouvait aussi à La Rochelle au début des années 1760, envoya une lette à sa mère en mai 1767 par l'intermédiaire de Daniel Villars, négociant et banquier de Londres [2]. En 1770, le négociant Lawrence Ermatinger, de Montréal, envoya un certain nombre de lettres à un de ses correspondants d'affaires, à Londres, qui devait les faire suivre en France [3]. D'autres lettres furent expédiées en France via les colonies américaines. En 1766, le négociant Étienne Augé, de Montréal, envoya une lettre d'affaires à Denis Gouget, de La Rochelle, via New York [4].

Les communications avec la France par ces voies se poursuivirent relativement facilement jusqu'à la Révolution française, lorsque la navigation entre la Grande-Bretagne et la France se trouva paralysée. On dut alors trouver une autre voie d'acheminement pour le courrier qui avait été convoyé jusque-là grâce à ce trafic maritime. Il semble qu'on passait par New York, du moins au milieu des années 1790 [5]. Les États américains nouvellement indépendants tentaient de maintenir la navigation vers la France malgré le blocus de la côte française imposé par la Grande-Bretagne. Ils n'aimaient guère l'Angleterre et espéraient tirer parti sur le plan économique de la situation en Europe.

Toutefois, de plus en plus, le gros du courrier transatlantique circula entre le Canada et l'Angleterre ou l'Écosse. Le centre de la vie commerciale de la colonie, et particulièrement de la traite des fourrures, était graduellement passé de la France à l'Angleterre. Une poignée de négociants francophones continuaient de commercer avec la France, mais la plupart d'entre eux ainsi que le nouveau groupe de négociants anglophones venus de Grande-Bretagne et des colonies américaines après la Conquête établirent des relations commerciales avec la Grande-Bretagne. Par exemple, le négociant et marchand de fourrures canadien François Baby fit des affaires un certain temps à partir de La Rochelle après la Conquête, maintenant des contacts avec des négociants tant français qu'anglais. Mais une fois les conditions de la paix connues, il vendit les avoirs de la famille en France et transféra la totalité de ses affaires en Angleterre [6]. Le premier afflux important d'immigrants anglophones dans la colonie ne se produisit qu'au moment de l'indépendance américaine, période que l'on qualifie parfois de « seconde conquête anglaise ». Par la suite, la plupart des immigrants au Canada vinrent des États-Unis — jusqu'à ce que la fin des guerres napoléoniennes et une situation de plus en plus difficile en Grande-Bretagne amènent des immigrants écossais et anglais dans la colonie. Cette immigration ne changea en rien le caractère de la correspondance transatlantique — la plupart des lettres continuaient de circuler entre le Canada et l'Angleterre ou l'Écosse. En même temps, toutefois, un volume de courrier de plus en plus élevé s'échangea à l'intérieur de la colonie alors en pleine croissance, ainsi qu'avec le territoire américain, au sud de la frontière.

Ce chapitre abordera des aspects de ce monde de plus en plus complexe. Il débutera par une analyse du courrier transatlantique entre le Canada et l'Angleterre et l'Écosse, et une description de l'importance toujours grande de la navigation vers Québec. On verra cependant qu'il y avait maintenant d'autres voies de communication que celle qui empruntait le Saint-Laurent, ce qui modifia substantiellement la nature du courrier transatlantique. Le chapitre s'intéressera d'abord au courrier vers New York, donnant un aperçu de la correspondance sans cesse croissante entre le Canada et son voisin du sud, et un nouveau point de vue sur le courrier océanique ; puis, il abordera la question du courrier transitant par Halifax qui reliait les Canadiens aux autres Nord-Américains britanniques et offrait une autre possibilité de correspondre outre-mer. La partie suivante du chapitre sera consacrée au couloir Montréal-Québec, qui était une artère essentielle pour la transmission du courrier à l'intérieur de la colonie. Enfin, il sera question de certaines voies et localités particulières. Nous nous intéresserons d'abord à l'expérience de la famille Nairne, à Murray Bay (La Malbaie), une localité situé en aval de Québec. Murray Bay nous donne un exemple de la façon dont les gens pouvaient correspondre dans les localités du Bas-Canada ne se trouvant pas dans l'axe Québec-Montréal. Nous examinerons ensuite les communications dans certaines parties du pays d'en haut : l'expérience de correspondants à

Michillimakinac et Détroit dans les années 1760 et 1770, les correspondants de York, Niagara, Queenston, Sandwich et, enfin, Saint Joseph's Island venant s'ajouter à la fin du XVIIIe siècle et au début du XIXe. Évidemment, on ne peut supposer que deux localités aient connu exactement la même expérience, mais en nous concentrant sur quelques secteurs de l'ouest du Haut-Canada, nous pouvons tout de même généraliser et découvrir des aspects communs. Comme le montrera ce chapitre, en gros, les mêmes formes, structures et rythmes de communication se retrouvent partout. Ce qui diffère, ce sont les détails, et le calendrier.

Les communications et le bassin du Saint-Laurent

Une des constantes dans les communications transatlantiques était l'importance du port de Québec, qui ne se démentait pas. Du milieu des années 1760 à la fin des années 1770, Pierre Guy, de Montréal, négociant bien en vue et fils du négociant du même nom sous le régime français, envoya des lettres à l'automne à son ami François Baby, à Québec, qui fut souvent son associé, pour qu'il les fasse suivre par le premier ou le plus fiable navire à destination de Londres[7]. Un grand nombre d'autres correspondants envoyaient et recevaient également des lettres ces années-là via Québec[8] [Ill. 1].

À la même époque, les correspondants de Grande-Bretagne expédiaient leurs lettres au Canada à bord de bateaux se rendant à Québec. En mars 1788, John Nairne, seigneur de Murray Bay, écrivit de Londres à sa femme Christiana, à Murray Bay, lui annonçant qu'il était arrivé sain et sauf en Angleterre l'automne précédent. Il expliqua qu'il n'avait pas écrit plus tôt, « car il n'y a eu qu'un navire à destination de Québec l'an dernier après notre arrivée à Londres, et c'était trop tôt, de sorte que j'ai à peine eu le temps d'écrire quelques lignes au capitaine Fraser pour des questions d'affaires et pour le prier de vous annoncer notre arrivée[9]. » Quelques années plus tard, lors d'un séjour en Écosse, il écrivit de nouveau à sa femme : « Entendu parler d'un navire devant partir de Leith [le port d'Édimbourg] dans quelques jours à destination de Québec[10] ». Le banquier James Ker, d'Édimbourg, qui était un ami et l'agent de la famille, écrivait invariablement par des bateaux partant pour Québec au printemps et au début de l'été des ports écossais de Leith ou de Glasgow[11]. Dans les années 1810, il envoya souvent des lettres par un navire particulier, *The Tyger*, qui était commandé par un certain capitaine Smith, de Leith[12].

Tout comme autrefois, c'était d'abord et avant tout par des navires marchands qu'on pouvait expédier du courrier à partir et à destination de Québec. Un grand nombre de lettres étaient transportées, comme elles l'avaient toujours été, grâce à une entente personnelle entre le correspondant ou son agent et le capitaine ou des membres de l'équipage du navire. Certaines lettres étaient toutefois maintenant acheminées par des bateaux en vertu d'une sorte de sanction officielle, les « Ship Letters ». En Grande-Bretagne, la loi prévoyait le transport de lettres par des bateaux privés par l'intermédiaire du service des postes. Moyennant des droits modestes, celui-ci se chargeait de mettre une lettre à bord d'un navire donné, dont le capitaine était obligé en touchant terre de remettre les « Ship Letters » au bureau de poste le plus proche contre une petite rémunération[13]. En 1763, à la conclusion du traité de Paris, un bureau de poste avait été ouvert à Québec, et les dispositions sur les « Ship Letters » s'appliquèrent à la nouvelle colonie. Certains correspondants se prévalurent de ce service. La lettre qu'Edward Bowen écrivit à Jonathan Sewell en novembre 1814 par un navire partant de Québec portait le tampon « Ship Letter Quebec » et, écrit à la main, « Ship Letter Stornoway »[14].

L'intervention bureaucratique du service postal ne pouvait évidemment en rien modifier le climat, et le rythme saisonnier qui avait caractérisé depuis toujours la correspondance par les vaisseaux qui se rendaient à Québec ne changea pas. Les communications via Québec débutaient comme toujours au printemps et se terminaient l'automne. Comme toujours, beaucoup de correspondants attendaient impatiemment l'arrivée des premiers navires au printemps, porteurs de nouvelles d'Europe. Le 18 avril 1783, John Nairne, écrivant à sa fille Madie à Québec depuis l'Isle aux Noix, à l'extrémité nord du lac Champlain, demandait « si des vaisseaux sont déjà arrivés à Québec et si tu as appris des nouvelles ». Il terminait par ce post-scriptum : « Dès que tu verras M. S'n [Simon] Fraser, dis-lui que je le prie d'avoir la bonté de m'écrire dès que le premier vaisseau arrivera d'Angleterre avec les nouvelles[15]. »

Illustration 1. Elizabeth Francis Hale, *Vue d'une partie de la basse-ville et du port*, Québec

Elizabeth Francis Hale, *Vue d'une partie de la basse-ville et du port*, Québec, plume et encre, début du XIXe siècle, Carnet Hale, p. 31-32. Ce croquis montre le port de Québec grouillant de divers navires océaniques et caboteurs. On aperçoit un train de flottage du côté droit. L'artiste, Elizabeth Hale, arriva au Canada en 1799. Son mari détenait un certain nombre de postes dans la fonction publique ; ils étaient des membres bien en vue de la société québécoise. (Gracieuseté des ANC, Ottawa, nég. nos C-13098 et C-13099.)

Il est toutefois important de reconnaître que deux caractéristiques de la saison avaient changé. D'abord, les navires arrivaient plus tôt. Les Canadiens du temps de Nairne étaient généralement à l'affût des premières nouvelles via Québec en avril, alors que les correspondants sous le régime français ne s'attendaient pas à voir arriver de navires transatlantiques avant le mois de mai, et même, plus vraisemblablement, juin. Le Saint-Laurent était ouvert à la navigation aussi tôt sous le régime français, mais le moment où les bateaux prenaient la mer dépendait tout autant des conditions, contraintes et préoccupations dans le port de départ que du climat du Canada et des besoins des Canadiens. En France, ces préoccupations locales avaient obligé à des départs relativement tardifs ; les conditions en Angleterre permettaient manifestement des départs plus hâtifs. Ensuite, et surtout, le nombre de navires à destination de Québec augmentait, et donc aussi les possibilités d'envoyer des lettres via ce port. En moyenne, de 30 à 45 navires mouillèrent au port chaque année dans les dix premières années après la Conquête. En 1800, 150 navires partirent de Québec, et en 1810 un nombre record de 661 bateaux quittèrent le port[16]. Cette augmentation du nombre de navires mouillant dans le port de Québec était en grande partie dû à la croissance rapide du commerce du blé et du bois canadiens causé par les guerres napoléoniennes. Grâce à cette croissance de la navigation, les possibilités d'envoyer des lettres à Québec, et de Québec, augmentèrent substantiellement [Ill. 2].

Quel que fût le nombre de navires entrant dans le port chaque année, les correspondants se hâtaient, comme toujours, afin de pouvoir expédier leurs lettres par le dernier bateau. À la fin de novembre 1776, par exemple, le négociant montréalais Lawrence Ermatinger envoya une lettre à M. William Linsay, de Québec, pour qu'il la fasse suivre à Londres, disant : « Si tous les vaisseaux sont partis de chez vous et que vous croyez qu'un exprès pourrait l'apporter à l'île aux Coudres, veuillez l'envoyer, et je vous rembourserai avec reconnaissance de tous vos frais[17]. » À la fin de novembre 1814, Edward Bowen, de Québec, dit à Jonathan Sewell, qui se trouvait alors à Londres : « Nous avons encore plusieurs navires au port, deux ou trois doivent partir aujourd'hui, il y a donc une chance que cette lettre vous parvienne[18]. »

Comme au milieu du XVIIe siècle, les navires pouvaient retarder leur départ de Québec trop longtemps. Malcolm Fraser, un ami intime de John Nairne, écrivit de Québec le 10 décembre 1805 à James Ker, en Écosse, « par un bateau qui part aujourd'hui pour Londres (le départ le plus tardif à ma connaissance de ce port)[19] ». Le navire s'échoua cependant à environ 35 lieues en aval de Québec. Les risques de la correspondance transatlantique par le Saint-Laurent étaient les mêmes depuis 150 ans, mais la nature des communications avait changé. La lettre de décembre de Fraser se retrouva prisonnière des glaces, mais le 15 janvier 1806, il écrivit de nouveau à Ker, joignant à cette lettre un double de celle de décembre. Il existait maintenant d'autres moyens d'expédier le courrier outre-Atlantique. La lettre de Fraser du 11 janvier partit par une de ces nouvelles voies. Et la lettre perdue elle-même, lorsqu'elle fut récupérée, fut « expédiée par la poste [terrestre] à Halifax, en Nouvelle-Écosse, pour être envoyée de là en Europe, et j'espère qu'elle arrivera à destination en temps voulu[20] ».

Lorsque *The Bridget* fit naufrage sur le Saint-Laurent, apparemment porteur d'un paquet de lettres écrites le 22 novembre 1794, le négociant George Allsopp, de Québec, envoya « des doubles par paquebot », probablement via Halifax, avec une lettre écrite le 31 décembre 1794 à son fils Carleton, en Angleterre. Lorsque les originaux envoyés par *The Bridget* furent rendus à Allsopp, celui-ci les expédia via New York par faveur d'un quincaillier de Québec, M. Hunt, qui se rendait en Angleterre[21].

Les correspondants de Grande-Bretagne pouvaient de la même manière contourner les limites saisonnières traditionnelles imposées aux communications avec Québec. En août 1802, James Ker était impatient d'envoyer une lettre à John Nairne, à Québec. Celui-ci avait écrit en Écosse à la fin d'avril, se plaignant de sa mauvaise santé, et Ker, inquiet, avait discuté des symptômes de Nairne avec un éminent médecin écossais. Ce dernier émit un diagnostic et rédigea une ordonnance, que Ker voulait envoyer le plus tôt possible. Il expédia sa lettre du 4 août « à Port Glasgow, avec ordre de la mettre à bord d'un navire à destination de Québec s'il en reste en cette saison ». Il ajoutait cependant que s'il n'y avait plus de bateau devant partir pour Québec à Glasgow, il enverrait la lettre par un navire marchand « se rendant à New York, où on la fera suivre par la poste, et j'espère que vous la recevrez avant l'hiver ». Il comptait également, disait-il, envoyer « un autre

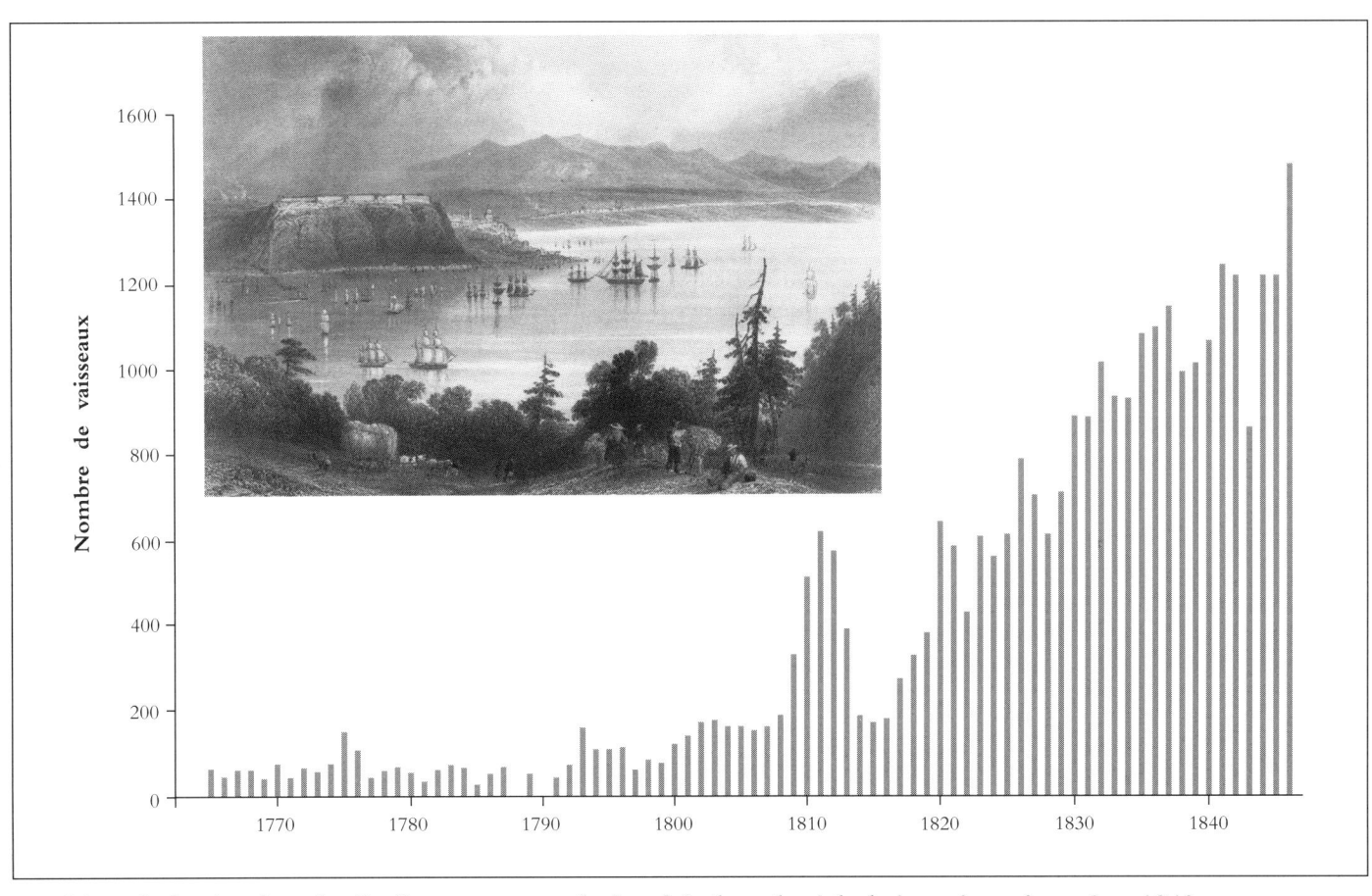

Illustration 2. Trafic maritime à destination de Québec au cours de la période coloniale britannique jusqu'en 1840

Le nombre de navires se rendant à Québec augmenta rapidement et substantiellement après la Conquête, tout particulièrement à cause de l'expansion du commerce du bois canadien au cours des guerres napoléoniennes. La gravure montre bien le mélange de vaisseaux océaniques, locaux et côtiers réunis devant Québec pendant la saison de navigation. William Henry Bartlett, *Vue de Québec depuis la rive opposée du Saint-Laurent*, Québec, 1840, gravure colorée à la main, gravé par John Cousen. (Gracieuseté des ANC, Ottawa, nég. n° C-041688.) Pierre Dufour, « Esquisse de l'évolution physique du Port de Québec des origines à 1900 », Parcs Canada, 1981, annexe A. (Diagramme par Andrée Héroux.)

exemplaire par le paquebot mensuel nord-américain », soit à Halifax, soit à New York[22].

Il ne s'agissait pas là d'occasions exceptionnelles. Il est clair que, presque dès la mainmise britannique sur la colonie, les correspondants purent profiter d'une solution de rechange régulière à l'expédition saisonnière via le port de Québec. C'est ainsi, par exemple, qu'en janvier 1771, le négociant d'origine suisse Lawrence Ermatinger, qui s'était établi à Montréal peu après la Conquête, pouvait se plaindre à un correspondant anglais : « Nous n'avons pas de nouvelles ici en ce moment, nous avons très hâte de voir arriver le paquebot de novembre, car nous nous attendons à apprendre le déclenchement d'une guerre avec l'Espagne[23]. » Il était frustré de ne pas connaître les dernières nouvelles mais, contrairement aux négociants sous le régime français, il apprendrait vraisemblablement dans quelques jours ou quelques semaines ce qui se passait en Europe. Il n'aurait pas à attendre trois ou quatre mois l'ouverture des communications au printemps. Ermatinger écrivit à des correspondants d'affaires outre-mer non seulement le 26 juillet, le 3 août, les 15 et 23 septembre et les 14 et 30 octobre 1770, mais également le 22 décembre de cette même année ainsi que le 19 janvier et le 15 février de l'année suivante. Il écrivit ainsi toute l'année au moins jusqu'en 1778, ce qui ne lui aurait pas été possible sous le régime français[24] [Ill. 3].

Le caractère strictement saisonnier des communications au Canada était chose du passé. D'abord par New York, puis par Halifax — deux ports qui étaient ouverts toute l'année —, les correspondants pouvaient contourner les limites saisonnières traditionnelles des communications.

Le courrier de New York

Montréal et New York sont reliés par des voies naturelles. Sous le régime français, les autochtones et les Européens, particulièrement les négociants américains et canadiens s'adonnant à la traite illicite des fourrures, se déplaçaient le long des pistes et des voies navigables reliant les deux colonies[25]. Mais les restrictions au commerce entre les colonies françaises et anglaises, les incursions des Indiens, l'isolement du territoire et des dizaines d'années de guerre entre Français et Anglais firent que dans l'ensemble cette voie ne fut pas très fréquentée. Avec la Conquête, la situation changea. Le Canada et New York faisaient désormais partie de l'empire britannique d'Amérique du Nord. La paix étant revenue et les incursions des autochtones ayant cessé, des colons américains déferlèrent dans les régions occidentales et septentrionales de la colonie de New York[26]. Les négociants américains et britanniques du Canada entretenaient des liens commerciaux et personnels avec les habitants du territoire situé au sud, et les loyalistes qui vinrent s'établir à Québec à l'époque de la guerre de l'Indépendance américaine, et après, avaient laissé derrière eux des parents, des amis et des associés avec lesquels ils voulaient communiquer. La voie qui n'avait été empruntée par des Européens que de façon limitée, et surtout clandestine, acheminait maintenant régulièrement voyageurs et nouvelles entre les colonies américaines et Montréal.

En 1765, le tout nouveau service postal de Québec établit une liaison mensuelle entre Montréal et New York. Il s'agissait de relier les Canadiens aux paquebots qui commençaient tout juste à effectuer mensuellement le trajet entre New York et l'Angleterre par contrat avec la poste britannique, mais aussi de transporter le courrier destiné à New York et à sa région. En juillet 1772, la veuve Benoît, de Montréal, sœur du négociant François Baby, de Québec, fit allusion au fait qu'elle attendait « par Le Courié » des nouvelles de connaissances qui se trouvaient à New York[27]. Dans une lettre d'octobre 1774 à des correspondants de New York, Lawrence Ermatinger affirmait avoir envoyé « une copie par le dernier courrier, et aussi un échantillon des manufactures de tabac d'Angleterre[28] » [Ill. 4]. Le déclenchement de la guerre de l'Indépendance américaine en 1775 mit fin à ce service officiel. Pendant la guerre, les lettres circulèrent par des moyens non officiels entre le Canada et New York, mais avec difficulté[29]. La Grande-Bretagne reconnut l'indépendance de ses anciennes colonies en 1783, et un certain service par voie de terre fut plus tard rétabli. Mais pendant les dix années qui suivirent, Américains et Canadiens se disputèrent sur les détails de la manière dont il devait fonctionner, et le service fut apparemment irrégulier. Ce n'est qu'au milieu des années 1790 que son fonctionnement fut régularisé[30]. L'itinéraire et le calendrier du

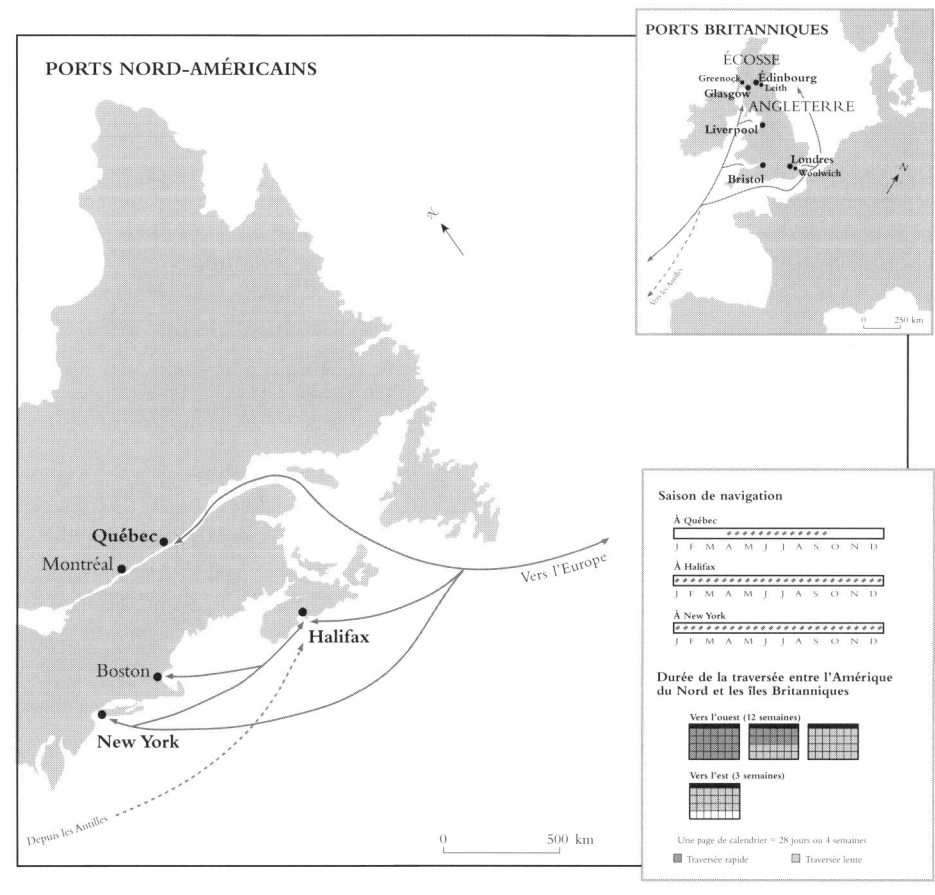

Illustration 3. Traversées de l'Atlantique depuis la Grande-Bretagne jusqu'en 1830

Au cours de la saison de navigation, beaucoup de navires britanniques gagnaient directement le port de Québec porteurs de lettres privées et de « ship letters » de correspondants d'outre-mer. Avant 1835, la traversée durait de six à douze semaines. D'autres lettres étaient expédiées à New York, ce qui prenait de quatre à sept semaines, et de là elles étaient acheminées directement par voie terrestre jusqu'à Montréal ou envoyées par un petit caboteur jusqu'à Halifax, et de là par voie de terre jusqu'à Québec. En 1812, un service de paquebot direct fut établi vers Halifax. Le courrier canadien était ensuite transporté à pied ou à bord d'un petit bateau jusqu'à Québec. R. G. Albion, *The Rise of New York Port* (Newton Abbot, David and Charles, 1970), p. 51-52 ; F. Harvey et al., *The Irish in Quebec* (Québec, Institut québécois de recherche sur la culture, 1993), p. 31 ; Edwin C. Guillet, *The Great Migration : The Atlantic Crossing by Sailing Ship since 1770* (Toronto, University of Toronto Press, 1963), p. 50 ; William Smith, *The History of the Post Office in British North America, 1639-1870* (Cambridge, Cambridge University Press, 1920), p. 80-86 ; Howard Robinson, *Carrying British Mails Overseas* (New York, New York University Press, 1964), p. 49, 58, 78, 94, 107-108. (Carte par Andrée Héroux.)

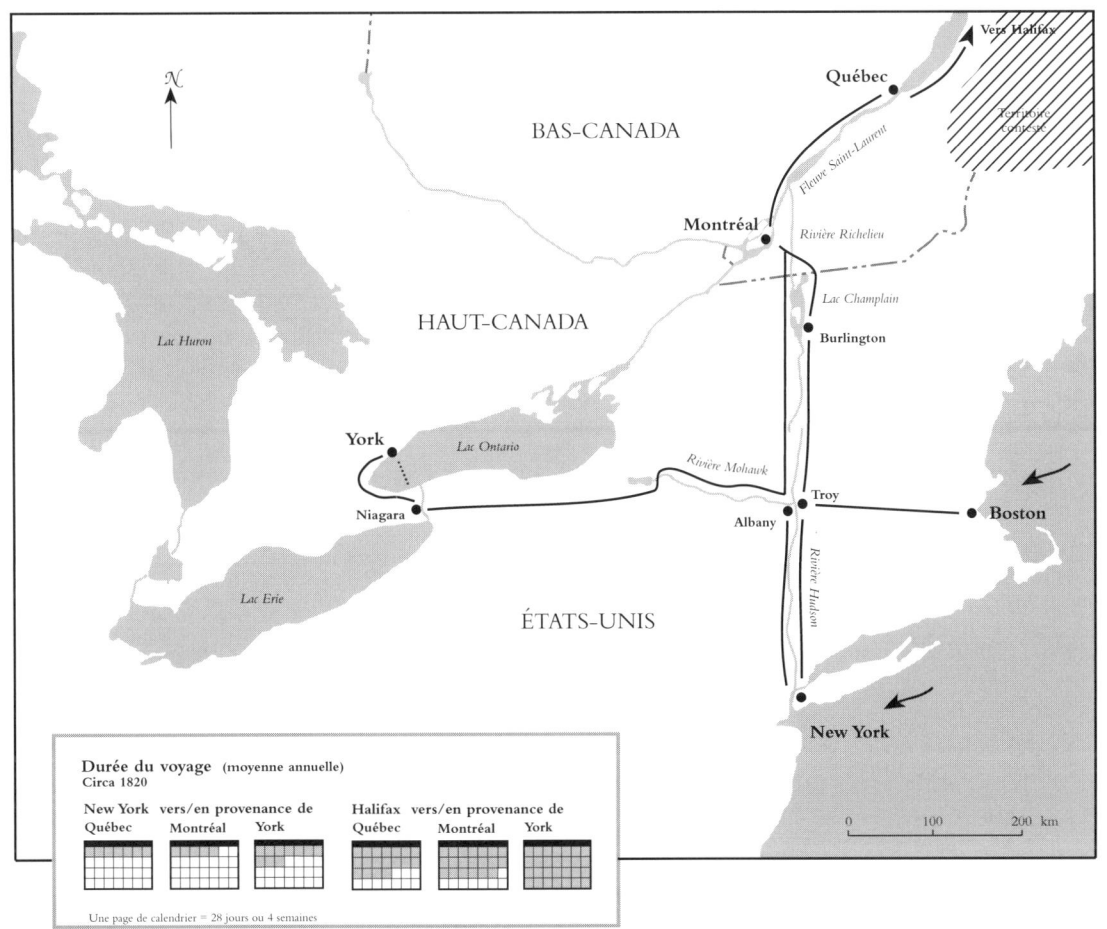

Illustration 4. Voies de communication vers New York jusqu'en 1820

La liaison entre Montréal et New York par voie navigable et voie terrestre était aisée, directe et rapide. Depuis longtemps cette route naturelle avait servi aux communications entre les deux territoires. Après la Conquête, les lettres circulèrent privément par cette voie, et la poste, avec certaines défaillances dues à des tensions politiques et à des difficultés administratives résultant de la guerre de l'Indépendance américaine, exploita un service postal officiel entre Montréal et New York. La circulation des nouvelles et des lettres par Montréal contribua à mettre fin à la prédominance de Québec dans les communications. Le courrier était aussi transporté directement à York pour être distribué dans la moitié occidentale de la province. Le fonctionnement de ces deux liaisons varia substantiellement avec le temps. Ce qui demeura constant, c'est qu'il fallait beaucoup moins de temps pour expédier le courrier par ces deux voies depuis New York que celle depuis Halifax. W. Smith, *The History of the Post Office in British North America* (Cambridge, Cambridge University Press, 1920), p. 81, 91, 120-121, 221. (Carte par Andrée Héroux.)

service changea par la suite ; pendant un certain temps, les lettres furent envoyées de New York via le bureau de poste de Burlington (Vermont)[31]. À Montréal, en mars 1798, l'avocat Jonathan Sewell se plaignit à sa femme Harriet en ces termes : « Le courrier de Burlington est arrivé, mais il ne semble pas qu'il ait apporté de nouvelles[32]. »

Les correspondants n'avaient pas tous recours à cette voie officielle pour transporter leurs lettres à New York. George Allsopp se plaignait fréquemment du coût élevé de l'expédition des lettres par l'intermédiaire, après l'Indépendance américaine, d'un service assuré par la poste américaine entre le Canada et New York[33]. En 1796, il écrivit à son fils, à New York, lui conseillant de s'informer « de toutes les occasions d'envoyer le courrier à Québec par l'intermédiaire de particuliers, et d'en profiter pour écrire », et, pareillement, de toutes les occasions semblables d'expédier des lettres à Montréal. Dans ce dernier cas, il devait envoyer ses lettres sous pli « à M. Samuel Gerrard, car je souhaite qu'elles soient portées par une main fiable ». Toutefois, s'il n'avait qu'une feuille ou avait quelque chose d'important à dire, Allsopp permettait à son fils d'envoyer sa lettre par la poste de New York à Montréal[34]. Outre Allsopp, beaucoup de correspondants faisaient de leur mieux pour expédier leurs lettres à New York sans passer par le réseau postal officiel. En février 1808, Stephen Sewell, de Montréal, informa son frère Jonathan, de Québec, qu'il avait expédié les lettres de ce dernier par faveur d'un négociant se rendant à Troy. À cet endroit, les lettres devaient être envoyées par la poste au beau-père de Sewell, à Albany, lequel avait pour instructions de les faire suivre sans tarder à Boston ou New York, puis en Angleterre[35]. De nombreux autres correspondants envoyaient leurs lettres à New York par faveur.

Un bon nombre des lettres envoyées à New York étaient expédiées outre-mer. L'hiver, Lawrence Ermatinger envoyait la plupart de ses lettres destinées à l'Angleterre à ses agents new-yorkais, messieurs Reade [?] and Yates, négociants. Le 16 novembre 1771, par exemple, il leur demanda de faire suivre une lettre à Londres « par le premier vaisseau pour quelque endroit que ce soit en Angleterre ». Il envoyait également, mais moins souvent, des lettres par cette voie en d'autres saisons[36]. En mai 1772, il les remercia « du soin que vous avez mis à faire suivre mes lettres, et aussi de vos gentilles informations, dont vous aurez la bonté de continuer à me gratifier[37] ». D'autres faisaient de même. Le 9 janvier 1762, le négociant et banquier Daniel Viliars, à Londres, écrivit à Perrault L'aîné, de Québec, via New York, sous un pli destiné à Messieurs Laurens Read [?], de cet endroit[38]. En juillet 1793, Theophylact Bache, de New York, écrivit à Messieurs Grant Campion and Col. Merchants, à Montréal, annonçant qu'il avait expédié leurs lettres à bord de deux navires se rendant à Bristol[39]. Il faisait de toute évidence suivre le courrier d'un certain nombre de correspondants. George Beckwith, de Londres, dit en effet à Jonathan Sewell, de Québec, dans une lettre du 14 avril 1797 : « Toutes les lettres envoyées à M. Theop'le Bache, à New York, me parviendront[40]. »

Les occasions d'expédier du courrier à partir de New York étaient à la fois de nature officielle et privée. La poste britannique avait établi un service de paquebot mensuel vers New York au cours de la guerre de Sept Ans. Ces bateaux transportaient le courrier à forfait pour la poste britannique, conformément à un calendrier de départs et d'arrivées publié régulièrement[41]. Les paquebots n'effectuèrent pas régulièrement la traversée vers New York entre 1775 et 1783, pendant la guerre de l'Indépendance américaine, mais reprirent le service vers New York peu après la cessation des hostilités[42]. Beaucoup de correspondants canadiens profitaient de ces occasions. Par exemple, les lettres de George Allsopp font souvent allusion à la transmission du courrier entre le Canada et la Grande-Bretagne à bord du paquebot de New York[43].

Les correspondants envoyaient également des lettres entre New York et la Grande-Bretagne par des moyens privés. En 1771, Lawrence Ermatinger envoya une lettre à New York pour qu'on la fasse suivre en Grande-Bretagne. Il précisait qu'elle devait être expédiée par un navire privé « car j'ai [déjà] écrit par le paquebot ». En janvier 1772, il demanda à ses agents de New York de faire suivre une lettre « par le premier vaisseau pour l'Angleterre ou par le premier paquebot, si aucune autre occasion ne se présente[44] ».

Le courrier de Halifax

La perturbation du service de paquebot britannique vers New York au cours de la guerre de l'Indépendance américaine et les difficultés constantes relativement à l'administration du service reliant New York et Montréal lorsqu'il fut rétabli incitèrent les responsables de la poste britannique à chercher une voie de substitution, et pas seulement pour assurer la permanence et la fiabilité du service. La sécurité des communications était en effet la première préoccupation : les États-Unis étaient maintenant une puissance étrangère, et il ne semblait guère sage de se fier aux communications à travers le territoire d'un autre État. Deuxièmement, l'emploi de la voie américaine privait la poste britannique de recettes qui lui seraient autrement revenues, pensait-on. Enfin, le coût du transport des lettres par la poste entre le Canada et New York était élevé. En conséquence, en 1788, la poste britannique établit un service de paquebot vers Halifax — ce qui permettait de transporter le courrier en territoire britannique[45]. À la fin de mai 1793, George Allsopp accusa réception d'une lettre d'un de ses fils « par Halifax et le Nouveau-Brunswick[46] », et il promit le 1er janvier 1795 d'écrire bientôt « par le paquebot via Halifax qui part de là après-demain[47] ». Lorsque ses fils se trouvaient en Angleterre, ils échangeaient continuellement des lettres par le courrier de Halifax. En effet, Allsopp disait à son fils John en février 1796 : « J'espère que tu ne négligeras aucun des paquebots de Halifax[48]. » Thomas Nairne, de Québec, dit à sa sœur Christine en novembre 1811 qu'il avait eu des nouvelles de M. Ker, de Leith, « par le courrier de Halifax il y a quelques jours[49] » [Ill. 5].

Le fonctionnement du service de paquebot changea avec le temps. George Allsopp fait souvent allusion au courrier officiel passant par Halifax au printemps ainsi que l'été et l'automne, et par New York en hiver[50]. Parfois, cependant, le courrier était expédié toute l'année via Halifax. À l'occasion, cela excluait le paquebot de New York, mais parfois aussi ce service venait s'ajouter à l'autre. En avril 1818, James Ker disait avoir écrit à Edward Bowen, de Québec, « deux fois par les paquebots de Halifax pendant l'hiver[51] ». Peu de correspondants font allusion à l'envoi de lettres par des services privés via Halifax ; les Canadiens y entretenaient peut-être moins de relations d'affaires qu'à New York, et il leur était donc difficile de trouver des agents à Halifax pour faire suivre leurs lettres.

En même temps qu'elle établit un service de paquebot vers Halifax, la poste assura un service officiel par voie terrestre entre Halifax et Québec [Ill. 6]. Cette voie passant par le Portage du Témiscouata — le plateau reliant le bassin du Saint-Laurent à celui du fleuve Saint-Jean — avait été empruntée sous le régime français et pendant les premières décennies de la domination britannique au Canada. C'était cependant un chemin difficile traversant un territoire accidenté et peu peuplé [Ill. 7]. En novembre 1794, George Allsopp dit à son fils John que les messagers qui transportaient le courrier de Halifax faisaient « une partie du chemin à pied[52] ». Ils le feraient pendant des années. Beaucoup de correspondants profitaient de cette possibilité. En octobre 1814, William Smith, de Québec, écrivit à Jonathan Sewell, à Londres, pour lui dire qu'il avait été heureux d'apprendre que ce dernier était arrivé sain et sauf en Grande-Bretagne, ajoutant : « La nouvelle nous a été apportée par le courrier d'août, à Halifax, et elle a été reçue ici parmi les dépêches du gouverneur. Les lettres ne sont pas arrivées par la poste régulière. Elles devraient être là dans un jour ou deux[53]. »

Toutes les lettres circulant entre Québec et Halifax n'étaient pas expédiées par le réseau postal officiel. L'exemple d'un grand nombre de lettres échangées par la famille Sewell entre Québec et Saint John montre qu'au moins dans l'Amérique du Nord britannique il y avait d'autres possibilités d'envoyer le courrier. La famille Sewell était extrêmement unie. Jonathan Sewell père avait été procureur général du Massachusetts avant l'indépendance des États-Unis. Loyalistes, les Sewell quittèrent les colonies américaines pour la Grande-Bretagne. Jonathan fils se fixa à Saint John (Nouveau-Brunswick) en 1785. Le reste de la famille le suivit en 1787, mais deux ans plus tard Jonathan alla s'installer à Québec. Par la suite, le lien familial se maintint surtout grâce à la correspondance. Les lettres, qui datent de 1789 à 1793, n'étaient pas destinées pour l'Europe, mais elles nous renseignent sur la partie du trajet vers la Grande-Bretagne qui traversait l'Amérique du Nord britannique.

En 1789, Jonathan fils arriva à Québec et envoya aux siens un journal de son voyage par la poste officielle. À cette époque, c'est le destinataire de la lettre qui payait les frais de poste, et Sewell père se lamenta que l'envoi à Saint John lui avait coûté plus cher que le voyage n'avait coûté à son fils[54]. Il suggéra à Jonathan de « ne pas envoyer de paquets par la poste », mais plutôt d'écrire « une unique feuille par chaque

Illustration 5. George Isham Parkyns, *Vue de Halifax depuis l'île George*, v. 1801

George Isham Parkyns (1750-1829), *Vue de Halifax depuis George's Island* (Nouvelle-Écosse), v. 1801. (Gracieuseté des ANC, nég. n° C-40306, Ottawa.) Halifax fut fondé en 1749 par les Britanniques. En 1790, c'était «une ville de misère aux constructions de bois miteuses». Les guerres napoléoniennes contribuèrent à transformer la localité, tout particulièrement en donnant un coup de fouet à l'économie. En 1800, la population de Halifax était de 8000 personnes; au milieu du siècle, elle était de 20 900 habitants. Bruce Wilson, *Colonial Identities : Canada from 1760-1813* (Ottawa, ANC, 1988), p. 80 ; R. Louis Gentillcare and Geoffrey Matthews, *Historical Atlas of Canada*, vol. 2 (Toronto, University of Toronto Press, 1993), planche 4, planche 10).

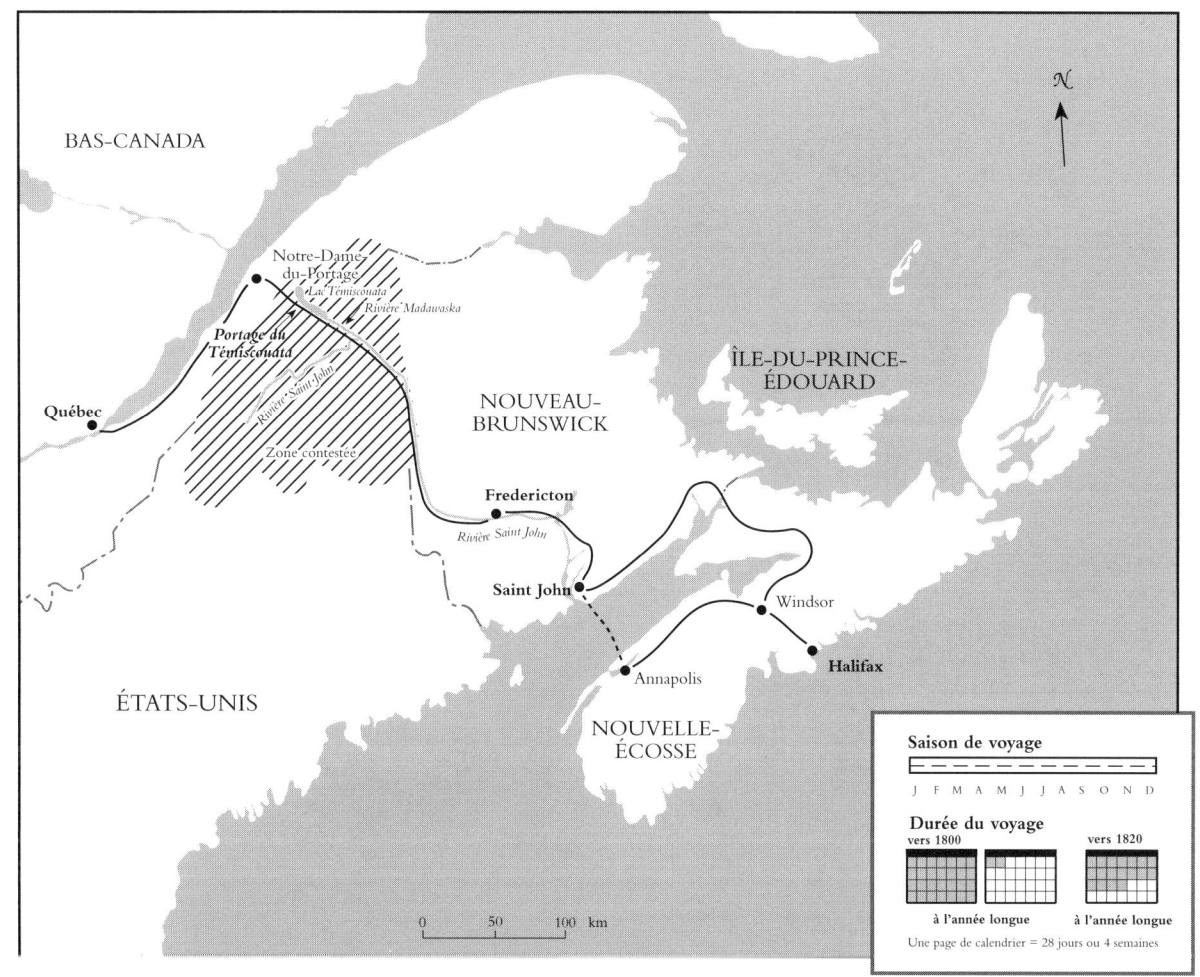

Illustration 6. Le voyage par voie de terre entre Québec et Halifax avant 1820

Le voyage par voie de terre entre Québec et Halifax était long et difficile. À l'hiver 1784, un courrier, Durand, mit sept semaines dans des conditions pénibles pour transporter des lettres de Québec à Halifax, et le coût du voyage fut énorme. Dans les décennies qui suivent, des améliorations furent apportées à cette voie, et les courriers firent généralement le voyage en 25 à 30 jours. En 1820, ce chiffre était ramené à 16-18 jours, en partie parce que la poste assurait depuis 1813 un service de goélette pour transporter le courrier sur la baie de Fundy. ANC, RG 8, bobine C-2863, vol. 286, « Report of Mr. Stayner », fol. 29-32 ; William Smith, *The History of the Post Office In British North America*, p. 77, 121, 221. Public Archives of Nova Scotia, RG24, pétition à l'Assemblée législative n° 11, janvier 1829. (Carte par Andrée Héroux.)

Illustration 7. P. J. Bainbrigge, *Le camp Saint-François, centre du portage du Témiscouata*

P. J. Bainbrigge (1817-1881), *Camp St-François, centre du Portage du Témiscouata*, v. 1836-1842. (Gracieuseté des ANC, Ottawa, nég. n° C-919.) La voie reliant Québec à Fredericton, en route vers Halifax, suivait la rive sud du Saint-Laurent jusqu'à Rivière-du-Loup, puis elle gagnait l'intérieur des terres par le portage du Témiscouata, qui reliait le Saint-Laurent au fleuve Saint-Jean. Ce portage d'environ 125 kilomètres fut décrit en 1830 par le *deputy postmaster general of Canada* comme « la section la plus désolée et la plus inhospitalière de toute la voie ». À partir du début du siècle, le gouvernement offrit des primes ou des provisions aux anciens combattants pour les inciter à s'y établir avec leurs familles. Les colons étaient employés à l'entretien de la route et devaient procurer un abri aux courriers. L'artiste, Bainbrigge, servit dans l'armée britannique en Amérique du Nord de 1836 à 1842 en tant que membre des Royal Engineers. ANC, RG 8, bobine C-2863, vol. 286, fol. 26-36.

poste [55] » [Ill. 8]. La répugnance de Sewell père à payer les frais de poste l'incita à chercher des moyens de les éviter. Il envoyait beaucoup de ses lettres gratuitement dans le paquet du gouverneur grâce à un arrangement pris par l'intermédiaire de Ward Chipman, un fonctionnaire du gouvernement du Nouveau-Brunswick [56]. Il conseilla à son fils d'essayer de profiter d'une occasion semblable à Québec. Sewell suggérait à son fils d'envoyer ses lettres avec les dépêches de lord Dorchester, le gouverneur du Canada, et ajoutait : « J'aurais peut-être le plaisir d'avoir tes longues lettres sans que cela me coûte les yeux de la tête [57]. » Sewell conseillait également à son fils d'envoyer des lettres par faveur pour éviter les frais de poste. Si, disait-il, Jonathan fils voulait écrire à sa famille de longues épîtres sur des sujets d'intérêt général tels que « ta description du pays, le gouvernement, les usages différents des Français et des Anglais […] comme ce doit être un paquet, j'aimerais que tu [les] accumules jusqu'à ce qu'une occasion se présente par l'intermédiaire d'un ami — car […] les tarifs postaux sont très lourds [58] ».

Un bon nombre des lettres de Sewell à son fils étaient envoyées par faveur. En mars 1790, sa femme et lui envoyèrent chacun des lettres à Québec par faveur d'« un pauvre marin naufragé sur notre côte en décembre dernier ». Esther, la mère de Jonathan Sewell, écrivit :

> Combien tu en recevras par ce moyen inattendu — je l'ignore — mais j'ose dire que ce sera autant que ce pauvre honnête homme pourra en porter. Cela me donne envie d'écrire, sans compter que j'ai grand plaisir à t'écrire, sans ces tarifs énormes, et tu sais, mon cher fils, que ma lettre ne vaut pas un sou, si ce n'est pour te transmettre mon affection maternelle [59]. [Ill. 9]

L'envoi d'une lettre par faveur pouvait entraîner des problèmes. En novembre 1789, Sewell père informait son fils qu'il lui avait envoyé une lettre à Québec par un homme qui s'y rendait depuis Saint John. L'homme n'arriva jamais à Québec. Il se serait rendu jusqu'à Fredericton, où une terre lui aurait plu à ce point qu'il l'aurait achetée et ne serait pas allé plus loin. La lettre ne semble pas être jamais réapparue [60].

Jonathan Sewell, le frère de Stephen, expédia des lettres à Québec en octobre 1790 par une goélette et un autre bateau partant de Saint John, dont il connaissait peut-être les capitaines [61]. Il écrivait aussi à l'occasion à son frère par la poste ; il dit un jour à propos de celle-ci qu'elle était susceptible de transporter ses lettres à Québec plus vite que les navires. En général, les lettres semblaient mettre un mois pour faire le trajet entre Québec et Saint John en hiver, et de deux à trois semaines au printemps, en été et en automne [62].

*L*es correspondants écrivant outre-mer pouvaient ainsi choisir entre de nombreuses options. L'hiver, beaucoup se fiaient aux paquebots, ceux de New York comme de Halifax. Comme François Baby, de Québec, s'apprêtait à partir pour l'Europe, en septembre 1773, il dit à Pierre Guy, de Montréal : « Je seroit flatté que tu m'écrivis par les Pacquets de 9bre, Xbre, et janvier Le prix du Bled, <pois> [incertain] et avoine [63]… » À la mi-novembre 1773, Guy écrivit à Baby, qui était alors à Londres, « Si tes affaires t'accaparent trop, prends le temps le soir de rendre service à ton ami, ne te gênes pas et écris-moi par tous les Pacquets [64]. »

Certains continuèrent à profiter de ces occasions toute l'année. D'autres, tout en utilisant parfois le paquebot de New York ou de Halifax l'hiver, cherchaient ardemment d'autres moyens l'été. L'hiver, Charlotte Berczy écrivait à son mari William par les paquebots de New York lorsqu'il était en Angleterre. Le 22 mai 1800, elle disait cependant : « Sous peu il aura des Vaisseaux qui partirons de Québec [65]. » [Ill. 10] Le bon vieux rythme saisonnier de l'ouverture et de la clôture des communications transatlantiques cédait la place à un nouveau rythme comportant un changement saisonnier de la voie empruntée par le courrier. En avril 1771, Lawrence Ermatinger, de Montréal, écrivait à un correspondant de Québec : « Par le dernier paquebot, nous n'avons guère eu de nouvelles, seulement la faillite de 2 ou 3 maisons à Londres […] Vous aurez bientôt toutes les nouvelles, mais je crains que les vaisseaux venant à Québec n'arrivent tard [66]. »

Les facteurs présidant au choix du moyen d'envoyer une lettre sont souvent difficiles à déterminer. Ils comprenaient très certainement : les options qui s'offraient à un moment donné ; l'urgence ou l'importance de la communication ; le coût, le tempérament et le revenu du correspondant. Le coût semble avoir été un facteur déterminant pour de

Illustration 8. Charles Turner, *Ville et port de Saint-John (N.-B.)*

Charles Turner, *Ville et port de Saint John (N.-B.)*, eau-forte colorée à la main et aquatinte d'après Ralph Stennett, v. 1813-1814. Saint John est le produit de l'immigration loyaliste à la fin de la guerre de l'Indépendance américaine. La ville, qui possédait un riche arrière-pays agricole, ne tarda pas à devenir un centre de construction navale et un port important du commerce du bois. (Gracieuseté de la Collection Sigmund Samuel [950.224.32], Musée royal de l'Ontario, Toronto, Canada.)

Illustration 9. Jonathan Sewell

Théophile Hamel, *L'hon. Jonathan Sewell, orateur, Conseil législatif du Bas-Canada, 1809-1811*, huile sur toile. Sewell fut nommé juge en chef du Bas-Canada en 1808 et devint membre du Conseil exécutif de la province. Il a été décrit comme étant «sans conteste le plus puissant personnage officiel de la colonie après le gouverneur» au cours de cette période. Ses lettres donnent l'impression qu'il était un mari et un père chaleureux et tendre – Harriet et lui eurent 16 enfants, dont seuls quatre moururent en bas âge. Sewell est mort en 1839. Ce portrait fut sans doute peint après sa mort. *DCB*, à Sewell, Jonathan, vol. 7. (Gracieuseté du Sénat canadien, ANC, Ottawa, nég. n° C-111156.)

Illustration 10. William et Charlotte Berczy

William Berczy, *Jeanne-Charlotte Berczy* (née Allamand), huile sur panneau de bois, v. 1785-1791. (Gracieuseté de la Collection Sigmund Samuel [968.298.3], Musée royal de l'Ontario, Toronto, Canada.) *William Berczy - Autoportrait 1798-1799*, aquarelle et gouache sur mine de plomb sur vélin. (Gracieuseté du Musée des beaux-arts de l'Ontario, Toronto, Canada, (N-4145-3). Don de John André, Toronto, 1981.)

Charlotte et William Berczy se sont mariés en novembre 1785 en Europe, où Berczy s'était fait une réputation d'artiste de talent. Le portrait de Charlotte date de ces années. Ils se fixèrent dans l'ouest de l'État de New York en 1792, puis au Canada en 1794. L'autoportrait fut réalisé quelque temps après l'installation de Berczy à Montréal. Il représente l'artiste dans la cinquantaine.

nombreux correspondants. Ils cherchaient invariablement le moyen de transport le moins cher, à moins que l'importance de ce qu'ils avaient à dire ne l'emporte sur ces considérations. Ainsi, bien que Charlotte écrivît à son mari William, en Angleterre, par le paquebot de New York, elle fit état du coût et dit que leur fils attendrait pour écrire à son père par les navires de Québec, qu'elle attendait toujours avec impatience. On en conclut que ce moyen était beaucoup moins coûteux[67]. George Allsopp se préoccupait toujours du coût des lettres. Il répugnait à les envoyer par la poste ou le paquebot, sauf s'il pouvait éviter les frais en les expédiant en franchise. En novembre 1793, il écrivait à son fils John :

> Je ne manquerais pas de t'écrire aussi par les paquebots [c'est-à-dire en plus des bateaux de Québec] si j'avais la possibilité d'envoyer mes lettres sous un pli de l'un ou l'autre de ces Messieurs [Messieurs Freeling and Hasker, qui jouissaient d'une franchise] sans frais d'affranchissement[68].

Lorsque, dans les premiers mois de 1795, on mit en doute la légalité de la franchise dont se prévalait Allsopp, il n'écrivit pas à ses fils par le paquebot. Comme c'était l'hiver, et que les possibilités d'expédier du courrier étaient rares ou inexistantes, il n'écrivit pas du tout[69]. Même avec la franchise, il conseillait à ses fils de n'écrire que par le paquebot de Halifax. Le courrier en franchise passant par New York n'était gratuit qu'entre la Grande-Bretagne et ce port. À partir de là, il fallait payer le tarif d'affranchissement américain vers le Canada — les lettres expédiées par le paquebot de Halifax étaient couvertes par la franchise sur toute la distance parcourue[70]. À l'instar de tant de correspondants, il cherchait lui aussi à envoyer des lettres par faveur. Le 12 mai 1793, il accusa réception de la lettre du 7 février expédiée d'Angleterre par son fils « par les soins d'un homme de Montréal, qui l'a envoyée de là par la poste, et je ne sais donc pas qui c'était[71] ». En une occasion digne de mention, Allsopp fit l'économie du tarif d'affranchissement de lettres envoyées en Angleterre en les expédiant par faveur du Deputy Postmaster General of Canada. Il écrit :

> Une occasion inattendue se présente pour l'Angleterre par notre ami M. Finlay [le deputy postmaster general], je vous écris dans une lettre ouverte, qu'il cachettera, précaution que je prends pour contourner la difficulté soulevée par le fait qu'il dirige la poste[72].

S'il ne pouvait profiter d'une franchise pour une lettre ou obtenir que quelqu'un la transporte par faveur, Allsopp préférait utiliser « les navires », les bateaux privés partant de Québec[73].

La vitesse pouvait également être un facteur déterminant le choix du moyen d'expédier une lettre. Le courrier du paquebot mettait de un mois et demi à trois mois pour effectuer le trajet de la Grande-Bretagne à Québec. Le courrier expédié via New York était plus rapide que celui qui était envoyé via Halifax, et, quelle que fût la voie choisie, le courrier circulait invariablement plus vite l'été que l'hiver. Le courrier du paquebot de juin 1795 quitta apparemment Saint John pour Québec à la mi-juillet[74]. Le 21 septembre 1815, Edward Bowen faisait remarquer à John Sewell : « Le courrier d'août [via ?] vient d'arriver — c'est exceptionnellement rapide[75]... » Le courrier d'octobre par le paquebot de New York arriva à Montréal à la mi-janvier 1772[76]. Le courrier de novembre par le même port arrivait généralement à la fin de janvier ou en février au cours de cette même période[77]. Jacques Baby, de Montréal, écrivit à son oncle François, à Québec, à la fin de janvier 1796 : « Nous avons reçu la malle de Novembre hier au soir, par la voie de la Nouvelle York[78]. » La vitesse s'améliora graduellement, particulièrement sur la portion terrestre, mais, le 9 février 1839, H. G. Forsyth, de Québec, écrivait : « Le courrier de ce matin venu de New York apporte des lettres datées du 25 décembre de Londres transportées par un des paquebots[79]. » Dès le début de la saison à Québec, les nouvelles circulaient plus rapidement par les navires privés que par les paquebots de la poste via New York ou Halifax. George Allsopp informa Jonathan Sewell en septembre 1795 que le secrétaire de la poste britannique, M. Freeling, envoyait au Canada des journaux commandés par l'entremise de la poste « par des navires privés plutôt que par les paquebots » entre le 1er mai et le mois de septembre, « car ils arrivent de la sorte plus vite, à la satisfaction des personnes qui les reçoivent[80] ».

Certains bateaux, voies ou saisons permettaient un échange plus rapide de l'information que d'autres, mais il est important de réaliser que tout au long de cette période les communications transatlantiques prirent passablement de temps. Les correspondants avaient également toujours besoin de l'information que leur transmettait le courrier pour savoir ce qui se passait au-delà de leurs portes. L'histoire de la famille

Adieu pour cette année

Nairne illustre de façon poignante ces deux points. John Nairne, comme on l'a vu plus haut, avait été malade tout au long de l'hiver et du printemps de 1802. Le 20 avril, il écrivit de Murray Bay à son ami et agent écossais James Ker, se plaignant de son mauvais état de santé. Ker reçut cette lettre le 1er août, ainsi qu'une autre datée du 3 juin. Il écrivit sa réponse le 4 août, transmettant l'opinion d'un médecin qu'il avait consulté à propos des symptômes de Nairne. Il envoya des copies par d'autres moyens, mais exprima l'espoir que Nairne serait remis au moment où cette lettre arriverait, et donc qu'elle « serait inutile ». La lettre fut inutile, mais plutôt parce que Nairne était mort le 14 juillet, des semaines avant que la nouvelle de sa maladie ne pousse Ker à solliciter l'avis d'un médecin pour lui. Ce n'est qu'en octobre, probablement le 12, que Ker apprit le décès de Nairne[81] [Ill. 11].

L'axe Québec-Montréal

En 1765, la colonie de Québec comptait 70 000 âmes. Ce nombre passa à 161 000 en 1790, et à 300 000 en 1814, augmentation due davantage aux naissances qu'à l'immigration. Cette population demeurait en grande partie concentrée dans le cœur de la colonie, la région s'étendant entre Québec et Montréal[82]. C'est également là que se traitaient les affaires commerciales, agricoles, politiques et autres de la province [Ill. 12].

La ville de Québec avait traditionnellement été le cœur du réseau de communications transatlantiques. Elle continua d'avoir une extrême importance. Elle était le point de départ et d'arrivée des navires au cours de la saison de navigation, et c'est également là qu'arrivait le courrier de Halifax. À la même époque, Montréal était devenu le centre d'un autre réseau de communication reliant le Bas-Canada à New York, puis à la Grande-Bretagne. En plus du courrier transatlantique qui transitait par ces deux villes, un volume de plus en plus important de courrier circulait entre Montréal et Québec.

La majeure partie du courrier transporté à travers la vallée du Saint-Laurent dans les années qui suivirent la Conquête l'était par un service postal officiel. Des doutes subsistent sur l'existence d'un réseau postal officiel au cours des dernières années du régime français, mais on sait avec certitude qu'il existait un bureau de poste à Québec en 1763. Hugh Finlay, un négociant, fut nommé receveur des postes cette année-là et ne tarda pas à mettre sur pied un service hebdomadaire de courrier reliant Québec, Trois-Rivières et Montréal[83]. Le réseau officiel était utilisé par de nombreuses personnes. François Baby était grossiste à Québec et agissait comme intermédiaire pour son frère Dupéron, qui était commerçant à Détroit. Comme la plupart des négociants de son époque, il avait recours à des agents pour faire valoir les intérêts de sa famille dans d'autres localités. À Montréal, cet agent était Pierre Guy. Ainsi, au début de décembre 1765, n'ayant pas encore reçu de nouvelles des canots qui effectuaient le trajet de Détroit à Montréal, François écrivit à Guy pour lui demander de s'informer de ses embarcations auprès des marchands déjà arrivés à Montréal. « Profitte pour cela du Courrier et ne craint point de fatiguer ma Bourse », l'exhortait-il[84]. En août 1770, Guy demanda à François Baby de lui envoyer de l'argent « par la poste prochaine[85] ». Beaucoup d'autres personnes utilisaient également le service du bureau de poste. Le recueil de correspondance de Lawrence Ermatinger pour les années 1770-1776 indique clairement que ce négociant de Montréal échangeait une bonne partie de sa correspondance avec ses associés de Québec par la poste[86] [Ill. 13].

Souvent, le courrier ne transportait pas que des lettres. Lawrence Ermatinger, Pierre Guy et François Baby pouvaient envoyer des aiguilles, de la dentelle, de la soie, des tissus et des médicaments par le courrier entre Montréal et Québec[87]. Il y avait cependant des limites à ce que celui-ci pouvait transporter. Commandant des médicaments en juillet 1776, Ermatinger enjoignait à son correspondant :

> Veillez, s'il vous plaît, à ce qu'ils soient bien emballés dans une toile cirée au cas où il pleuvrait [...] il se peut que le facteur ne soit pas capable de tout transporter, dans ce cas divisez le tout de façon que je reçoive un exemplaire de chaque article au sujet duquel je vous ai écrit[88]…

À l'origine, le service était hebdomadaire. Dans la première décennie du XIXe siècle, la fréquence du service postal entre Montréal et Québec s'était accrue. Le courrier quittait Montréal pour Québec deux fois par semaine : Stephen Sewell, qui avait déménagé de Saint John à Montréal en 1791, écrivait à son frère Jonathan, à Québec, un jeudi de

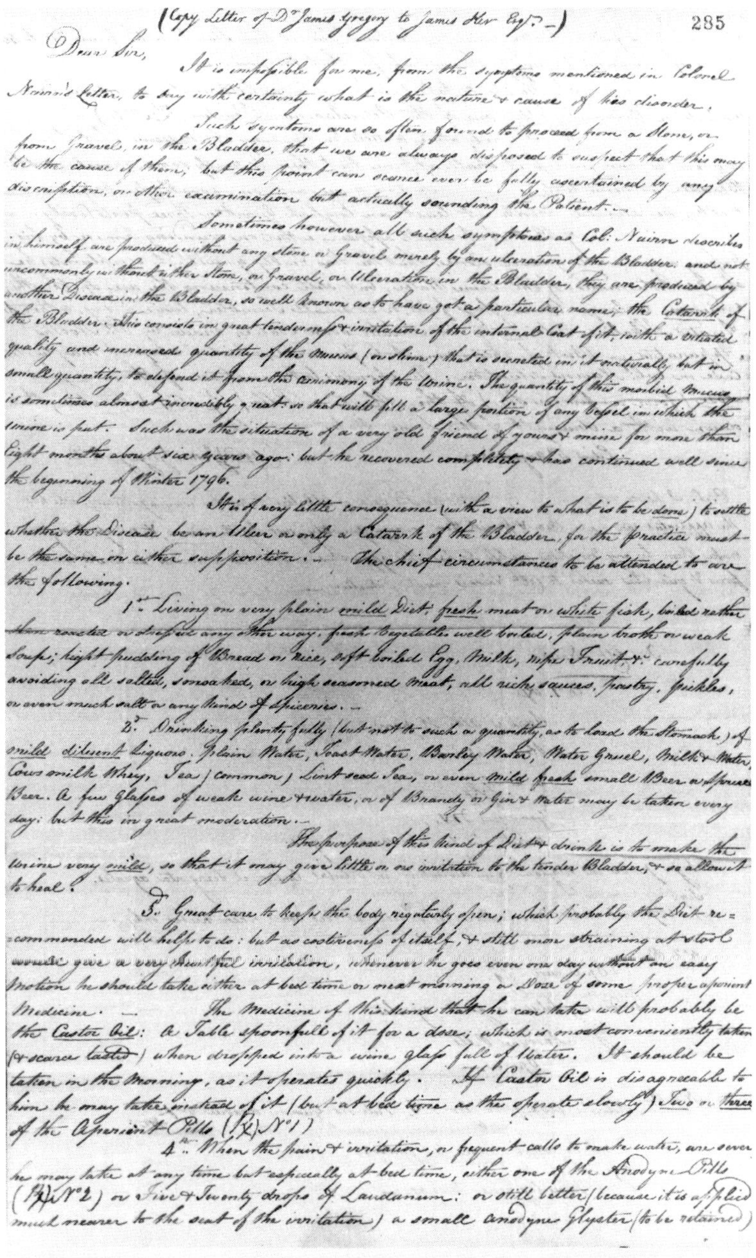
(Copy Letter of Dr James Gregory to James Ker Esqr. –) 285

Dear Sir,

It is impossible for me, from the symptoms mentioned in Colonel Nairn's Letter, to say with certainty what is the nature & cause of his disorder.

Such symptoms are so often found to proceed from a Stone, or from Gravel, in the Bladder, that we are always disposed to suspect that this may be the cause of them, but this point can scarce ever be fully ascertained by any discription, or other examination but actually sounding the Patient. –

Sometimes however all such symptoms as Col. Nairn describes in himself are produced without any stone or Gravel merely by an ulceration of the Bladder: and not uncommonly without either Stone, or Gravel, or Ulceration in the Bladder, they are produced by another Disease in the Bladder, so well known as to have got a particular name; the Catarrh of the Bladder. This consists in great tenderness & irritation of the internal Coat of it; with a vitiated quality and increased quantity of the mucus (or slime) that is secreted in it naturally but in small quantity, to defend it from the acrimony of the Urine. The quantity of this morbid mucus is sometimes almost incredibly great: so that will fill a large portion of any vessel in which the Urine is put. Such was the situation of a very old friend of yours & mine for more than Eight months about six years ago: but he recovered completely & has continued well since the beginning of Winter 1796.

It is of very little consequence (with a view to what is to be done) to settle whether the Disease be an Ulcer or only a Catarrh of the Bladder, for the practice must be the same on either supposition. – The chief circumstances to be attended to are the following.

1st. Living on very plain mild Diet; fresh meat or white fish, boiled rather than roasted or dressed any other way; fresh Vegetables well boiled, plain broth or weak Soup; light pudding of Bread or rice, soft boiled Egg, Milk, ripe Fruit, &c. carefully avoiding all salted, smoaked, or high seasoned meat, all rich sauces, pastry, pickles, or even much salt or any kind of Spiceries. –

2d. Drinking plentifully (but not to such a quantity, as to load the Stomach) of mild diluent Liquors. Plain Water, Toast Water, Barley Water, Water Gruel, Milk & Water, Cows milk Whey, Tea (common) Lint seed Tea, or even mild fresh small Beer or Spruce Beer. A few Glasses of weak wine & water, or of Brandy or Gin & Water may be taken every day: but this in great moderation. –

The purpose of this kind of Diet & drink is to make the Urine very mild, so that it may give little or no irritation to the tender Bladder, & so allow it to heal.

3d. Great care to keep the body regularly open; which probably the Diet re=commended will help to do: but as costiveness of itself, & still more straining at stool would give a very hurtful irritation, whenever he goes even one day without an easy motion he should take either at bed time or next morning a Dose of some proper aperient Medicine. – The Medicine of this kind that he can take will probably be the Castor Oil: A Table spoonfull of it for a dose; which is most conveniently taken (& scarce tasted) when dropped into a wine glass full of Water. It should be taken in the Morning, as it operates quickly. If Castor Oil is disagreeable to him he may take instead of it (but at bed time as they operate slowly) Two or three of the Aperient Pills (℞ No 1)

4th. When the pain & irritation, or frequent calls to make water, are sever he may take at any time but especially at bed time, either one of the Anodyne Pills (℞ No 2) or Five & Twenty drops of Laudanum: or still better (because it is applied much nearer to the seat of the irritation) a small anodyne Glyster (to be retained)

Illustration 11. La lettre du docteur James Gregory concernant les symptômes dont souffrait John Nairne

À la fin d'avril 1802, Nairne se plaignit de sa mauvaise santé. « Certaines parties de ma machinerie intérieure [...] sont maintenant usées et ne fonctionneront bientôt plus », disait-il en avril 1802 à sa sœur. Il expédia cette lettre « par le premier navire au cas où je ne pourrais pas écrire plus tard », et souligna un ou deux points concernant le règlement final de ses affaires. Le ton de sa missive était réfléchi, et il semble bien s'être agi pour lui d'une lettre d'adieu. Il doit avoir écrit dans la même veine à son ami James Ker, car ce dernier a sollicité pour Nairne les conseils d'un médecin d'Édimbourg, James Gregory. Le diagnostic du médecin fut envoyé à Nairne le plus rapidement possible, mais sans résultat : la lettre et les ordonnances, que l'on voit ici, furent écrites alors que John Nairne était déjà mort. ANC, MG 23 GIII 23, Documents John Nairne, vol. 1, copie d'une lettre du docteur James Gregory à J. Ker, 4 août 1802, p. 285-288. Voir également 20 avril 1802, p. 277-280.

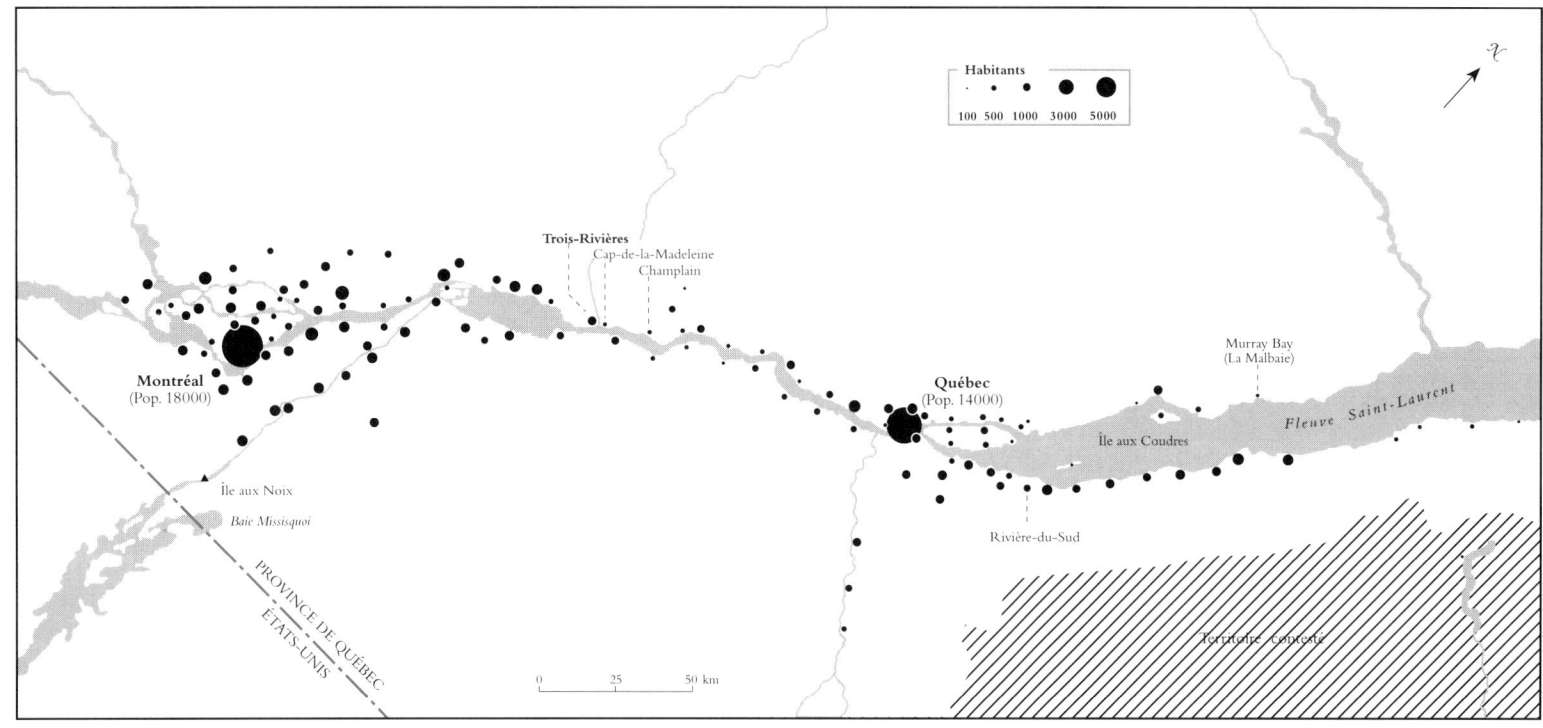

Illustration 12. Répartition de la population dans la vallée du Saint-Laurent, 1790

En 1790, la population de la vallée du Saint-Laurent était d'un peu plus de 161 000 personnes. Elle demeurait concentrée dans le couloir Québec-Montréal, mais le peuplement s'étendait maintenant plus à l'est, jusqu'à des localités telles que La Malbaie (Murray Bay), sur la rive nord, et aussi sur la rive sud. *Censuses of Canada 1665 to 1871, Statistics of Canada*, Ottawa, 1876, vol. 4, p. 75-77. (Carte par Andrée Héroux.)

Illustration 13. Trois-Rivières et Berthier

James Peachy, *Vue du pont construit en 1780 sur la rivière Berthier sur ordre du général Haldimand*, 1780. (Gracieuseté des ANC, Ottawa, nég. n° C-45559.)
James Peachy, *Vue de Trois-Rivières*, 1784. (Gracieuseté de la Salle des cartes, British Museum, Londres.)

Peachy était un artiste topographique de talent qui effectua trois séjours au Canada entre 1773 et v. 1795, travaillant comme topographe et dessinateur. Berthier et Trois-Rivières étaient deux localités situées sur la route principale entre Montréal et Québec.

Adieu pour cette année

janvier 1803 : « Je suis désolé de t'avoir causé ne fût-ce qu'un moment d'inquiétude en n'ayant pas écrit jeudi dernier. Par le courrier de lundi je t'ai envoyé une petite selle de venaison et j'espérais pouvoir t'en envoyer davantage aujourd'hui [89]. » La poste quittait Québec les mêmes jours. Un dimanche de 1809, William Berczy, qui se trouvait à Québec, informait sa femme Charlotte à Montréal qu'il ne pourrait lui envoyer ses deux miniatures avec sa lettre. « Je les ai vernis aujourd'hui et si je ne craignois qu'il ne se gatent en les empaquetant trop tôt nous te les aurions envoyés avec le courier de demain mais jeudi prochaine ils partirons pour sur [90] ». Berczy s'efforçait d'écrire à sa femme par chaque courrier, qu'il ait ou non quelque chose de particulier à lui dire ou à lui envoyer. Le couple fut souvent séparé au cours de ces années-là, car Berczy gagnait sa vie à la fois comme portraitiste et comme promoteur de la colonie de Markham, dans le Haut-Canada [91].

Pour beaucoup, ce service postal officiel était très important. John Nairne passa les années 1782 et 1783 en garnison à l'île aux Noix, à la tête du lac Champlain. Au cours de son séjour là-bas, il correspondit avec sa fille Madie, qui habitait Québec. Il lui donna pour instructions d'envoyer ses lettres « au Major Nairne du 53e régiment à l'île aux Noix et de les envoyer au bureau de poste ». Le bureau de poste était à son avis « toujours le meilleur et le plus sûr moyen » pour expédier des lettres [92]. Il n'est pas possible de déterminer si la poste distribuait le courrier directement ou si les officiers apportaient les lettres à l'île aux Noix depuis un bureau de poste situé ailleurs. Quelle que soit la façon dont les lettres lui étaient apportées, elles mettaient très peu de temps à lui parvenir. Même pendant les mois d'hiver, il arrivait souvent à Nairne de répondre à une lettre que Madie avait écrite à peine six à dix jours plus tôt [93].

Beaucoup de correspondants, outre qu'ils utilisaient les courrier de la poste entre Québec et Montréal, envoyaient fréquemment des lettres par d'autres moyens, soit par les bons offices de connaissances se rendant d'une ville à l'autre, soit par les bateaux qui faisaient la navette entre les deux [94]. Certains préféraient, semble-t-il, profiter ainsi des occasions qui se présentaient plutôt que de recourir à la poste officielle. B. Campeau, de Montréal, expliquait à un correspondant à Québec, en juillet 1770 : « Je suis obligé de vous Ecrire par La poste faute dautre occasion [95]. » En avril 1775, Lawrence Ermatinger écrivait à quelqu'un, à Québec, lui demandant « de m'envoyer par la poste le médicament suivant ou toute quantité que vous pouvez vous procurer pour moi ». Il ajoutait : « Si une occasion se présentait avant le départ de la poste, ce serait encore mieux [96]. » [Ill. 14]

Certaines personnes étaient prêtes à attendre pour envoyer leur lettre par un moyen privé. En janvier 1765, Louis Baby, de Montréal, informait son frère François, de Québec, qu'il lui avait écrit trois lettres au cours des trois mois précédents. Ne voulant toutefois pas que François ait à débourser le coût de l'affranchissement, il avait attendu que se présente une occasion de les envoyer par un moyen privé [97]. En mai 1774, leur sœur, la veuve Benoît, de Montréal, disait à François : « Ne voulant pas me servir du couriez j'ay attendu jusqu'a présent pour te feliciter sur ton <…> voyage et ton heureux retour [98]. »

Nombre de correspondants semblent avoir saisi toutes les occasions qui s'offraient d'envoyer des lettres. Ainsi, Jonathan Sewell, même s'il écrivait fréquemment à Harriet par la poste, lui envoyait également des lettres par faveur. Le 27 février 1798, il l'informait : « Tu recevras par l'adjoint du procureur général qui est parti aujourd'hui une lettre que j'ai écrite ce matin. Celle-ci te sera remise par M. Davidson [?] qui part tôt demain ». À peine quelques jours plus tard, au début de mars, il annonçait à sa femme : « J'ai écrit hier par les soins du révérend Salten [M. Mountain ?], qui part pour Québec avec l'intention d'arriver chez lui lundi prochain. Une occasion m'est donnée par les soins d'un charretier, un dénommé Antoine St-Laurent, qui s'en retourne à Québec [99]. »

Il semble bien que des moyens officiels et officieux d'acheminement du courrier ont existé concurremment entre Montréal et Québec au cours de ces années-là. Aucun mode de communication ne paraît avoir eu le pas sur l'autre. Aucune différence saisonnière n'est même perceptible dans la popularité de l'un ou l'autre type de transport du courrier. Toutefois, il paraît en même temps vraisemblable que les possibilités non officielles de transport du courrier aient été un peu moins nombreuses l'hiver que le reste de l'année. L'impossibilité de circuler en bateau sur le Saint-Laurent gelé devait avoir des répercussions sur les communications, que la possibilité de circuler sur la glace et les routes ne devait vraisemblablement pas compenser complètement. Par contre, la poste assurait le même service le long de cette route tout au long de l'année.

 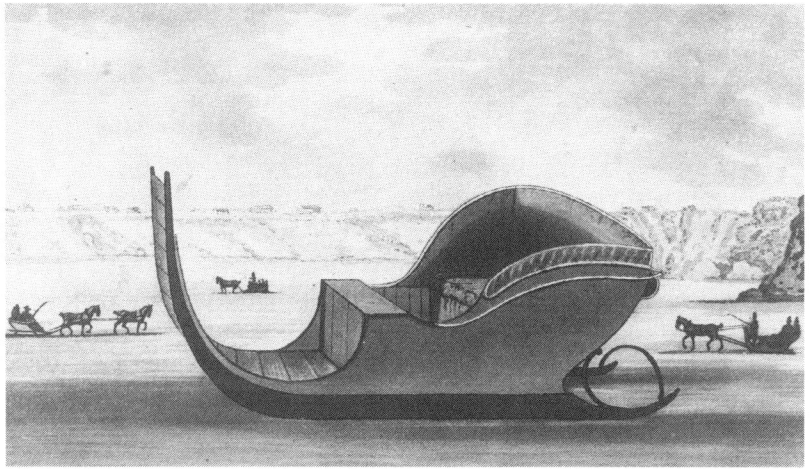

Illustration 14. Transport par voie de terre

Issac Weld, *Calèche canadienne*, 1799, et John Lambert (1775-1892), *Carriole canadienne*. La calèche était couramment utilisée l'été dans le Bas-Canada. La carriole servait l'hiver. (Gracieuseté des ANC, Ottawa, nég. n[os] C-9673, C-9675.)

Adieu pour cette année

La Malbaie — Une localité au-delà de l'axe Québec-Montréal

Les communications le long de l'axe Québec-Montréal étaient assez fréquentes et faciles, mais il en allait autrement entre les autres localités situées le long du Saint-Laurent. Murray Bay (La Malbaie), la seigneurie de John Nairne sur la rive nord du Saint-Laurent, en aval de Québec, en est un bon exemple. Nairne est né en Écosse en 1731. Il arriva au Canada avec l'armée britannique qui enleva Louisbourg aux Français en 1758 et s'empara de Québec en 1759. Il demeura au Canada et obtint la seigneurie de Murray Bay en 1762. Il se maria en 1766 et, si l'on excepte les années où il servit dans l'armée au cours de la guerre de l'Indépendance américaine, et quelques voyages en Grande-Bretagne, Nairne vécut à Murray Bay jusqu'à sa mort en 1802. Après son décès, sa femme Christiana et ses filles Madie et Christine continuèrent à habiter le manoir qu'il avait édifié. Un de ses fils, John, était mort en 1799, et l'autre, Thomas — qui tout enfant avait écrit la lettre à sa mère que nous avons reproduite à la page 41 —, ne vécut que brièvement à Murray Bay[100]. À la fin du XVIIIe siècle et dans les premières décennies du XIXe, les membres de la famille et leurs correspondants ne pouvaient compter que sur des réseaux de communication non officiels.

Beaucoup de lettres étaient envoyées par faveur. Le 18 décembre 1812, M. Hale, de Québec, écrivit à la hâte à l'une des filles de Nairne, à Murray Bay. Il expliquait : « J'ai reçu ce matin votre lettre datée du 8 courant et je viens d'apprendre que la personne qui l'a apportée s'en retourne tôt demain matin[101]. » Parfois, les lettres étaient transportées par des étrangers, parfois aussi par des connaissances de la famille[102]. On s'attendait manifestement à ce que toute personne qui effectuait un déplacement transporte du courrier. Ainsi, le 9 janvier 1811, Thomas Nairne, qui était alors à Québec, se plaignait en ces termes à sa mère :

> M. Mc Cord [l'agent de la famille à Québec] vient de m'informer qu'un homme de La Malbaie est arrivé ce matin et s'en retourne demain, mais à ma grande surprise, lorsque je lui ai demandé s'il avait des lettres pour moi, il m'a répondu par la négative[103].

Des lettres étaient également expédiées par les bateaux qui faisaient la navette entre Québec et La Malbaie. Les capitaines et les équipages semblent souvent connus des correspondants. Par exemple, en novembre 1811, Thomas Nairne, à Québec, écrivait à sa mère :

> Ayant appris que le bateau de John Hewit était arrivé hier et devait repartir demain pour La Malbaie, je profite donc de quelques heures de loisir au cours de mon tour de garde pour vous informer de tout ce qui a pu se passer d'extraordinaire depuis ma dernière lettre à Christine [sa sœur][104].

De pareilles occasions, sur lesquelles la famille Nairne et leurs correspondants comptaient, étaient généralement irrégulières et imprévisibles, ce qui avait une incidence sur la correspondance. L'envoi d'une lettre pouvait être retardé parce que la personne qui l'avait écrite attendait une occasion de l'envoyer. En février 1797, par exemple, Malcolm Fraser écrivait à John Nairne depuis Saint-Pierre–Rivière-du-Sud et déplorait : « Je vous ai écrit d'ici une longue lettre il y a plus de six semaines, mais on m'a dit qu'il n'y a eu aucune possibilité de l'envoyer de Québec jusqu'à il y a une quinzaine de jours[105]. » Il arrivait aussi qu'on rate une occasion d'envoyer des lettres. Ainsi, en novembre 1813, la fille de John Nairne, Christine, reçut une lettre de son amie Edie Bowen, de Québec, où cette dernière expliquait :

> Tu te seras naturellement attendue à recevoir une lettre de moi ou d'Eliza par le col. Fraser, et c'était notre intention à toutes les deux de t'écrire par son entremise, et il avait promis de passer avant de quitter la ville et comme nous n'avions pas eu de ses nouvelles depuis quelques jours nous sommes allées voir M. McCord et à notre grand étonnement nous avons appris qu'il avait quitté la ville la veille — ayant oublié de passer nous voir, il dira probablement que c'était à nous de lui faire parvenir nos lettres et que nous n'aurions pas dû lui imposer de se donner le mal de venir les chercher, ce qui est tout à fait vrai, mais toutefois nous comptions sur sa visite, et ne sachant pas quand il allait quitter la ville nous différions de t'écrire dans l'espoir de te donner les nouvelles les plus fraîches possible[106].

Pour ne rater aucune occasion d'envoyer une missive lorsqu'elle se présentait, certaines personnes écrivaient leur lettre d'avance, « pour qu'elle puisse partir à la première occasion qui se présentera[107] » [Ill. 15].

Illustration 15. Propriété du colonel Nairne à Mal Bay

James Heriot, *Domaine du col. Nairne à Mal Bay*, aquarelle, 1798. La propriété seigneuriale de la famille Nairne, Murray Bay, se trouvait à environ 130 kilomètres en aval de Québec. Dans la dernière moitié du XIXe siècle, La Malbaie est devenu une sorte de villégiature d'été, où l'on pouvait pêcher, chasser, aller en bateau, jouer au golf et admirer la beauté du paysage. Heriot, comme tant d'artistes britanniques au Canada à l'époque, avait reçu une formation de dessinateur militaire. Il fut aussi d*eputy postmaster general of the Canadas* de 1799 à 1816. (Gracieuseté de la Vancouver Art Gallery, don de M. et Mme Duggan Gray, Montréal.)

Adieu pour cette année

Les communications étaient étroitement assujetties aux saisons à Murray Bay. L'hiver, lorsque toute navigation cessait, les occasions fortuites d'envoyer des lettres étaient rares. On avait alors recours à des messagers privés. Ainsi, en février 1811, Thomas Nairne qui, à Québec, était impatient d'obtenir certains renseignements particuliers de sa sœur Christine, lui enjoignait : « [Si] aucune occasion ne se présente de m'écrire d'ici quinze jours, tu dois envoyer un messager à cette fin [108]. » De même, le 24 janvier 1821, Madie Nairne informait Thomas McCord à Québec : « Ta lettre du 3 courant, que tu m'as envoyée par faveur, m'a été remise il y a quelques jours, et comme je connaissais une personne se rendant en ville et que c'était une occasion sûre, j'ai tardé quelques jours plutôt que d'envoyer un messager spécial [109]. » En janvier 1826, H. G. Forsyth, de Québec, notait que la famille avait de moins en moins recours à des messagers spéciaux. Il se plaignait en ces termes à son ami John McNicol, le fils de Madie, qui habitait à la seigneurie [110] :

> Il y a un bon moment que je n'ai pas eu le plaisir de recevoir une lettre de toi — il semble que les nababs de Murray Bay soient en train de devenir passablement pingres, car, alors qu'auparavant ils envoyaient un courrier deux ou trois fois à leurs frais au cours d'un même hiver, maintenant il est rare d'en voir un, à moins qu'il ne s'agisse de quelque pauvre diable qui est obligé de venir voir les hommes de loi [111].

La lettre de Forsyth fut transportée par les soins d'un certain M. Dupont qu'il fut, se lamentait Forsyth de son ton humoristique coutumier, « obligé d'envoyer […] pour encaisser de l'argent [112] ».

Dans les années 1830, le courrier était encore souvent apporté à Murray Bay par faveur ou par les bateaux locaux et en partait de même. La poste avait également mis sur pied un service entre Québec et Murray Bay. H. G. Forsyth notait dans une lettre du 9 juin 1832 à John McNicol :

> Si tu n'étais pas ce que tu es, et que je sais pertinemment que tu es, c'est-à-dire un bon à rien de canaille paresseuse, tu te serais donné la peine de m'écrire par la poste, ou par l'une des nombreuses flottes de goélettes et de bateaux qui sont récemment arrivées de ton domaine [113].
> [Ill. 16]

Forsyth avait très régulièrement recours à la poste. Il semble avoir eu pour habitude d'envoyer ses journaux à John McNicol lorsqu'il avait fini de les lire. McNicol, à Murray Bay, payait les frais d'affranchissement. En une certaine occasion, à l'été de 1838, McNicol avait rendu visite à Forsyth, à Québec, et avait remporté un journal avec lui au lieu d'attendre qu'il lui soit envoyé par la poste. Forsyth ne l'avait pas encore lu. Il lui écrivit, feignant la colère :

> J'ai dû débourser 6 pence pour le remplacer, somme que je devrais te réclamer si j'avais un moyen quelconque de te forcer à me la rendre ; mais comme ce n'est malheureusement pas le cas, je dois me contenter de t'obliger à débourser 7 pence pour cette lettre, ce qui est mon unique raison de t'écrire, sauf pour te dire que j'espère sincèrement que tes manières s'amélioreront bientôt [114].

Le courrier dans le Haut-Canada et au-delà

Au delà des établissements permanents du bassin du Saint-Laurent s'étendait le pays d'en haut. Ce territoire, qui allait devenir plus tard le Haut-Canada, ne fut habité que par quelques rares Européens pendant les quelques dizaines d'années qui suivirent la Conquête. Il existait toutefois de petits établissements comme Kingston, Niagara et Michillimakinac, en particulier, et un autre plus important sur les rives de la rivière Détroit [115]. Tous subsistaient principalement grâce à la traite des fourrures et à la présence de garnisons britanniques. Les marchands et les négociants y entretenaient des liens personnels et commerciaux donnant lieu à une abondante correspondance privée entre les postes de l'ouest et les entrepôts commerciaux de Montréal et de Québec [116].

Dans les années 1760 et 1770, une bonne partie de cette correspondance était acheminée par canots, à l'époque de l'année où les cours d'eau étaient navigables. Les frères Baby utilisaient presque exclusivement leurs propres embarcations pour transporter leur courrier entre Détroit et Montréal. En juin 1765, Dupéron envoya une lettre de l'intérieur à son agent Pierre Guy, à Montréal, « par mes Canots [117] ». Guy agissait comme intermédiaire pour les frères Baby, recevant les fourrures et la correspondance de Dupéron et les faisant

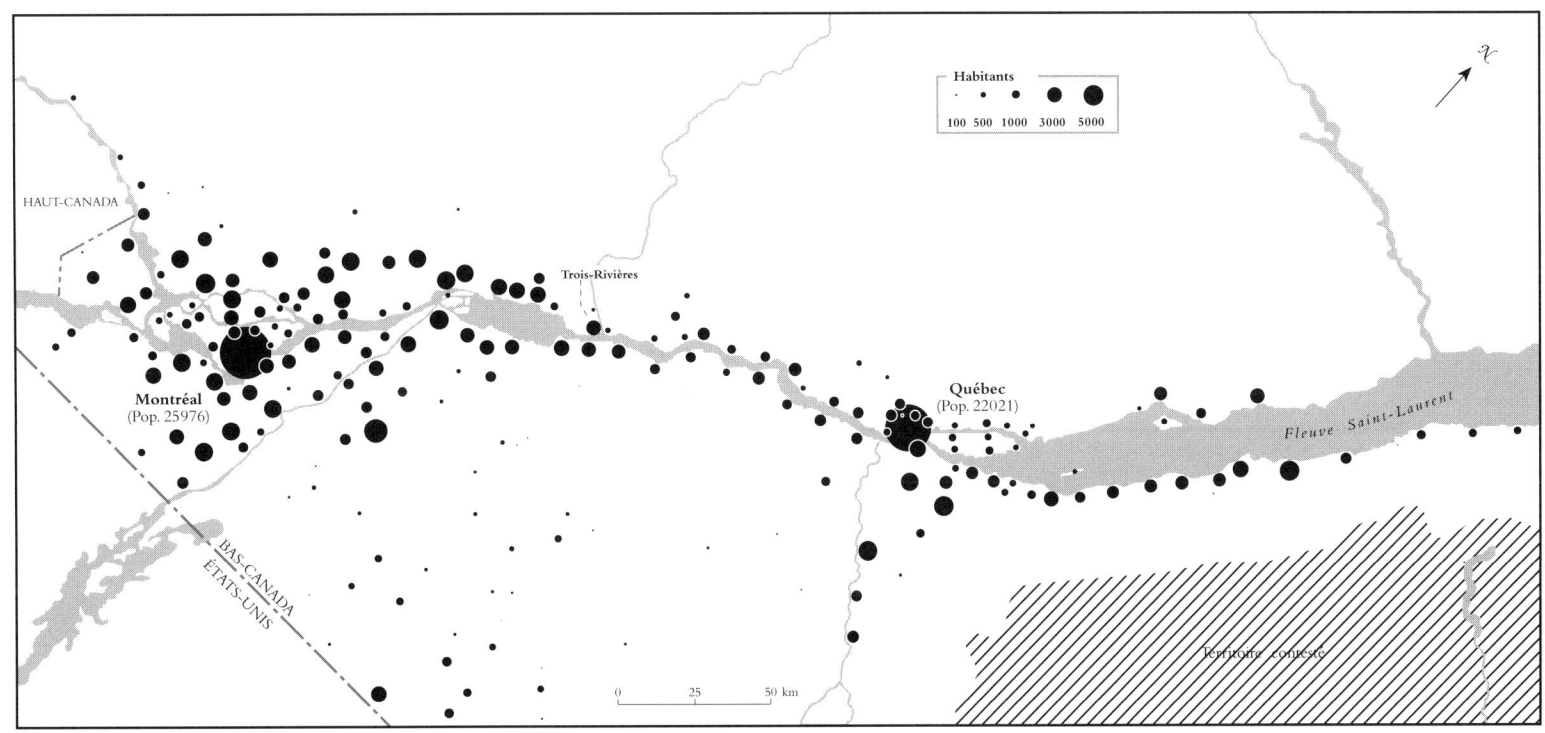

Illustration 16. Répartition de la population dans la vallée du Saint-Laurent, 1825

En 1825, la population du Canada Est était d'environ 480 000 personnes. La population était de plus en plus dense dans le couloir Québec-Montréal, mais les Cantons de l'Est commençaient aussi à se peupler, ainsi que les régions en aval de Québec, jusqu'à La Malbaie. *Journaux de l'Assemblée législative du Bas-Canada*, 1826, annexe Q. (Carte par Andrée Héroux.)

Adieu pour cette année

parvenir à François à Québec[118]. François, à son tour, transmettait les lettres à Guy pour qu'il les envoie à Dupéron par canot. Par exemple, au début de mai 1772, il écrivait à Guy : « Voicy une Lettre pour mon frere au detroit, oblige moy de La Cheminer par les premier Canot qui partiront elle est de consequence par les instructions que je luy donne à l'égard des Pelleteries[119]. » [Ill. 17]

Le négociant montréalais Lawrence Ermatinger envoyait également souvent par canot des lettres d'affaires à des correspondants de l'intérieur. En mai 1771, il notait pour lui-même qu'il avait écrit à son beau-frère Forrest Oakes, à Sault-Sainte-Marie, qui était fréquemment associé avec lui en affaires : « Par les canots de Blandaus [Blondeau?] […] pour qu'il puisse escompter l'arrivée des articles qu'Il a commandés et qui doivent quitter La Chine [près de Montréal] demain[120]. » En mai 1772, il écrivit à Léonard St-Pierre à Michillimakinac, une fois par les canots de Blondeau et une fois par les siens propres[121]. Deux ans plus tard, il écrivit à Oakes à Michillimakinac, « par vos propres canots qui doivent quitter la Chine samedi prochain si le temps et le vent le permettent[122] ». Il utilisait souvent ses propres canots. En fait, en 1775 il affirmait que ses propres canots étaient selon lui le « moyen de transport le plus sûr[123] ». Il semble y avoir eu recours pour transporter une bonne partie de son courrier. En mai 1772, il rédigea des instructions détaillées à l'intention de M. Mayrand, qui devait emporter ses canots à Michillimakinac, à propos de la livraison d'un nombre considérable de lettres d'affaires. Parmi celles-ci, une était adressée à MM. Fulton and <P…> [illisible], au Grand-Portage. Ermatinger avertissait cependant Mayrand que cette lettre ne devait être remise que « dans le cas que quelqu accident [serait] arrivé a mon frere comme celuy de mort[124] ». En prenant des mesures pour le cas où son frère serait décédé, Ermatinger attire notre attention sur deux aspects importants des communications dans le pays d'en haut. D'abord le temps qu'il fallait aux nouvelles pour circuler signifiait souvent que les correspondants agissaient dans l'ignorance des événements importants. Deuxièmement, les correspondants prenaient des mesures pour obvier aux difficultés pouvant être causées par la vitesse des communications.

Les canots du commerce empruntaient principalement les voies d'eau intérieures entre Montréal et le pays d'en haut. Les lettres traversaient également les Grands Lacs à bord de goélettes et d'autres embarcations qui les sillonnaient. Ainsi, à la fin de juin 1778, John Askin, qui possédait un comptoir de traite et qui était agriculteur au poste britannique de Michillimakinac, se plaignait dans une lettre aux éminents négociants Todd et McGill, de Montréal : « Nous n'avons eu aucune nouvelle de Niagara cette année, et par conséquent il ne nous est parvenu aucune lettre par la voie des lacs[125]. » Il avait déjà reçu des lettres de Montréal cette saison-là, mais il faut supposer qu'elles étaient arrivées par voie de terre[126]. En fait, il semble que les nouvelles de l'est arrivaient souvent à Michillimakinac par canot avant d'arriver à Détroit par les lacs. Askin indiquait à la fin d'avril 1778 à un correspondant de Détroit : « De toute évidence, nous recevrons les nouvelles du printemps avant vous, et si c'est le cas je vous ferai part de tout ce que j'aurai appris[127]. » [Ill. 18]

Les navires sillonnant les lacs semblent avoir eu une importance particulière pour la correspondance locale. Ces bateaux transportaient souvent des lettres entre Détroit, Michillimakinac et Sault-Sainte-Marie. À la fin d'avril 1778, par exemple, Askin écrivait une lettre de Michillimakinac à John Hay, à Détroit, dans laquelle il disait : « Notre lac vient de se libérer, alors nous espérons voir arriver bientôt M. Bennett à bord d'un bateau ou d'un navire, ce qui me fait penser qu'il est temps de me mettre à mon courrier[128]. »

De nombreuses personnes confiaient leurs lettres à des voyageurs. Adhémar St-Martin, un marchand de fourrures installé à Détroit, transportait à l'occasion des lettres entre Québec ou Montréal et Détroit[129]. Lawrence Ermatinger, à Montréal, envoyait fréquemment des lettres par faveur à Détroit et Michilimakinak. Beaucoup de lettres étaient également transportées par des Indiens[130]. Le 6 juin 1778, John Askin envoya de Michillimakinac une lettre à Benjamin Frobisher, à Montréal, par des Amérindiens qui se rendaient d'un endroit à l'autre. Il confia probablement à ces mêmes autochtones une autre lettre qu'il expédia le même jour à Sault-Sainte-Marie[131].

Pour arriver à destination, une lettre avait souvent besoin d'un coup de pouce. Beaucoup de personnes confiaient à des agents ou des amis le soin de faciliter l'acheminement de leur correspondance. Lawrence Ermatinger envoyait souvent des lettres à Messieurs Taylor

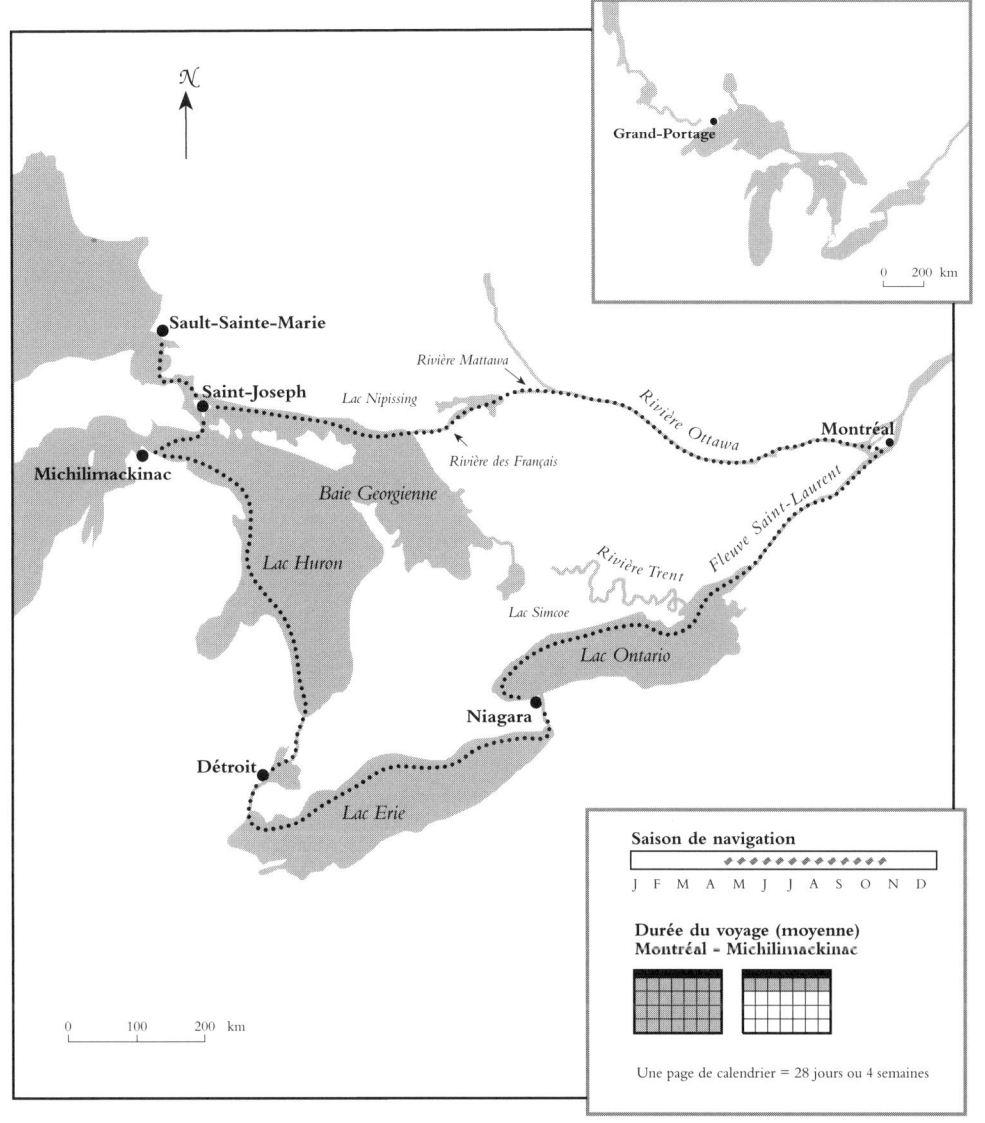

Illustration 17. Voies intérieures empruntées par les canots, 1770

Les lettres destinées aux postes occidentaux de Niagara, Détroit et Michillimakinac dans les années 1770 étaient généralement transportées par des canots. Ceux-ci gagnaient l'intérieur par les lacs et les rivières qui assuraient l'accès à ces régions depuis des siècles. Le voyage de Montréal à Michillimakinac par la rivière des Français durait peut-être de quatre à cinq semaines. Ce chiffre se base sur l'analyse d'un voyage de 1727 dans le pays d'en haut, consigné surtout dans ANQM, livre de comptes de Charles Nolan Lamarque, présentée dans Thomas Wien, « La ruée vers la fourrure », dans Yves Landry (sous la dir. de), *Pour le Christ et le Roi – La vie au temps des premiers Montréalais* (Québec, Libre Expression et Art Global, 1992), p. 201-202. (Carte par Andrée Héroux.)

Illustration 18. Richard Dillon, *Michillimakinac sur le lac Huron*

Richard Dillon, *Michillimakinac, sur le lac Huron*, 1813, aquatinte et aquarelle sur papier, Thomas Hall, graveur. Michillimakinac fut un important point de transbordement de la traite des fourrures tant sous le régime français qu'après la Conquête. John Askin y vécut du milieu des années 1760 à 1780, et il y exploita un magasin de traite, y fit de l'agriculture et assura l'approvisionnement de la garnison. En 1794, les Britanniques livrèrent ce poste et d'autres postes au sud des Grands Lacs aux Américains dans le cadre du règlement final des conflits résultant de la guerre de l'Indépendance américaine. (Gracieuseté du Musée McCord d'histoire canadienne, Montréal, M3954.)

Le courrier après la Conquête

and Duffin, de Niagara, pour qu'ils les fassent suivre à Détroit [132]. Il envoyait également des lettres à Dupéron Baby, à Détroit, en lui demandant de veiller à ce qu'elles soient acheminées plus loin à l'intérieur du pays [133].

Ces divers moyens d'acheminement du courrier fonctionnèrent très efficacement au printemps, l'été et l'automne, pendant les années 1760 et 1770. Il semble que les lettres mettaient généralement un mois pour circuler entre les postes de l'ouest et Montréal pendant la saison de navigation. Askin, à Michillimakinac, indiquait qu'il avait reçu le 5 juin de Montréal des lettres écrites le 21 et le 28 avril, et le 13 juin d'autres écrites les 9, 11 et 16 mai [134]. Il arrivait que cela soit plus rapide. John Askin disait dans une lettre à Messieurs Todd and McGill, de Montréal, le 2 juillet 1778 : « Monsieur Thercy [Thierry ?] part aujourd'hui dans un canot léger avec un bon équipage, ce qui me porte à croire que son voyage sera court et que vous recevrez cette lettre avant plusieurs autres que je vous ai écrites il y a un certain temps [135]. » Les lettres échangées entre Michillimakinac et Détroit semblaient mettre de six à vingt jours pour parvenir à destination [136].

Les lettres, entre le moment où elles étaient écrites et celui où elles parvenaient à leur destinataire, ne circulaient pas tout le temps. Elle pouvaient parfois attendre pendant des jours, voire des semaines, une occasion d'être acheminées. Très souvent, des lettres écrites à des dates différentes arrivaient en même temps. Toutefois, les correspondants se plaignaient rarement de la fréquence ou de la fiabilité des occasions d'expédier du courrier lorsque les voies de navigation étaient ouvertes.

Néanmoins, avec la fin de la saison de navigation, s'achevait la période des communications relativement faciles dans cette partie du monde. Ainsi, Lawrence Ermatinger, écrivant pour affaires à un correspondant de Michillimakinac en août 1776, pouvait seulement promettre de lui « faire savoir tout ce que nous faisons aussi longtemps que la navigation le permettra [137] ». En fait, au fur et à mesure que la saison avançait et que la circulation entre les différents établissements diminuait, les communications devenaient de plus en plus difficiles. À la mi-octobre 1772, Pierre Guy informait François Baby : « Je n'ai Jusqua present trouvé auCune occassion pou aCheminer la lettre que tu maadresé pour monsieur duperon [à Détroit] Je ne prevoit pas quil parte de Canost Cette automne [138] ». Il y aurait cependant d'autres possibilités. Dans une lettre de la mi-octobre 1777, Lawrence Ermatinger, de Montréal, promettait à un correspondant de Détroit de lui écrire à nouveau « par la première occasion se présentant cet hiver [139] ». John Askin mentionne une lettre écrite le 7 août à Montréal et arrivée à Michillimakinac « par notre exprès d'hiver [140] ». Il reçut également des lettres de Détroit à au moins deux reprises cet hiver-là. En avril 1778, il note avoir reçu en février des lettres datées du 28 octobre et de décembre, et une lettre écrite le 2 janvier seulement dix-neuf jours plus tard. Il indique : « Voilà qui confirme ce que disent les Écritures. Les premiers seront les derniers et les derniers seront les premiers [141]. » L'exprès d'hiver que mentionne Askin reliait les établissements du Haut-Canada entre eux et à Montréal une fois par hiver. Il se composait fort probablement d'un certain nombres de services reliés les uns aux autres et empruntant les voies de terre. Aucun correspondant n'indique comment fonctionnait l'exprès. Il s'agissait peut-être d'un service mis sur pied par l'armée, ou assuré par l'Indian Department, ou encore faisant partie des opérations de la Compagnie du Nord-Ouest. Les autres occasions, plus rares, qui s'offraient pendant l'hiver étaient le fait de voyageurs — marchands, négociants, officiers et Amérindiens — se rendant dans les différents établissements.

Il est moins important de savoir qui fournissait ces occasions hivernales que l'incidence qu'elles avaient sur la structure des communications. Leur importance tient à ce qu'elles brisaient le profond silence de l'hiver. Toutefois, bien qu'il fût possible de correspondre l'hiver, les communications dans la moitié ouest de la province suivaient un rythme saisonnier typique. La rareté des occasions en hiver contrastait fortement avec leur facilité et leur fréquence le reste de l'année. La différence entre ces deux saisons est illustrée par le volume de la correspondance écrite par John Askin à la fin d'avril 1778, dans l'attente de « la première [occasion] qui se présentera » à la fonte des glaces à Michillimakinac [142]. Bien qu'il eût envoyé quelques lettres au cours de l'hiver, il avait manifestement réservé le gros de sa correspondance pour le printemps, répondant alors aux lettres reçues l'été et l'automne précédents ainsi qu'à celles qui lui étaient parvenues cet hiver-là [143].

Adieu pour cette année

Malgré l'enthousiasme avec lequel Askin se mit à son courrier à la fin d'avril, la première occasion d'envoyer des lettres au printemps de 1778 ne se présenta qu'en mai. Askin en fait part le 8 mai à John Hay, de Détroit : « Je vous ai écrit le 27 du mois précédent une lettre que je vous envoie également par la présente occasion, le 2 courant j'ai eu l'honneur de recevoir votre aimable lettre des mains du lieutenant Bennett, et même si elle ne me donne aucune nouvelle d'intérêt général, elle n'en est pas moins la bienvenue… [144] » Il semble aussi avoir envoyé en même temps des lettres à Montréal [145].

Le Haut-Canada tels que l'avaient connu John Askin et d'autres dans les années 1760 et 1770 se transforma graduellement au cours des décennies suivantes. La guerre de l'Indépendance américaine, qui se termina en 1783, amena une vague de colons venus des anciennes treize colonies. En 1785, on comptait quelques 6000 loyalistes établis dans la région qui deviendrait un jour l'Ontario. Ils furent suivis par des immigrants américains de toute sorte et également par un nombre plus restreint d'immigrants en provenance de Grande-Bretagne, particulièrement d'Écossais des Highlands. En 1790, la population de la moitié ouest de la province de Québec était probablement de 10 000 âmes. Le territoire nouvellement peuplé devint une colonie distincte — le Haut-Canada — en 1791. Dans les années à venir, l'aspect de cette partie du pays allait changer jusqu'à devenir méconnaissable. Au moins au début, la colonie allait continuer de vivre du commerce des fourrures et du bois, mais les bases d'une nouvelle économie reposant sur l'agriculture, et tout particulièrement la culture du blé, s'édifièrent lentement [146].

Dans la moitié est de la nouvelle colonie, les établissements s'étendaient de la région de Montréal, le long du Saint-Laurent, jusqu'à la baie de Quinte, à l'ouest de la localité de plus en plus florissante de Kingston. La densité de la population était telle que le receveur général adjoint des postes avait ouvert un bureau de poste à Kingston en 1789, et dans d'autres établissements plus à l'est. L'existence de ce service, la continuité relative du peuplement, le volume élevé du trafic fluvial et la proximité de Montréal rendaient les communications relativement simples pour les correspondants habitant ces établissements [147]. Les autres principaux établissements du Haut-Canada se trouvaient dans la région du Niagara et dans la péninsule occidentale. Ce sont à ces localités en pleine expansion autour de Détroit, aux postes plus au nord et aux établissements de Newark, Queenston et York que nous nous intéresserons maintenant [148] [Ill. 19].

Dans la moitié ouest de la nouvelle province, les communications continuèrent d'être caractérisées par le même rythme saisonnier modifié que dans les années 1760 et 1770. En novembre, lorsque les températures chutaient, que les cours d'eau commençaient à geler et la neige à tomber, on se dépêchait d'écrire ses dernières lettres de la saison de correspondance. Le 27 novembre 1793, Elizabeth Russell écrivait du siège du gouvernement, à Newark (Niagara-on-the-Lake), à son amie Elizabeth Kiernan, qui habitait l'Angleterre, par le dernier bateau de la saison à quitter Niagara pour Montréal [149].

Pour beaucoup de correspondants, la prochaine occasion de recevoir ou d'envoyer des lettres serait l'arrivée de l'exprès d'hiver annuel. Par exemple, le 7 novembre 1792, David Smith, de Niagara, écrivait à John Askin — alors fixé à Détroit — parce qu'il croyait que ce serait « la dernière occasion que j'aurai de vous écrire avant l'exprès d'hiver [150] ». L'exprès apportait des lettres d'outre-mer. Le 23 février 1794, Elizabeth Russell reçut une lettre de son amie Elizabeth Kiernan écrite le 27 septembre ainsi que d'autres lettres « par l'exprès d'hiver qui est arrivé par voie de terre de Montréal… » Le 24 février elle envoya une réponse à Elizabeth Kiernan par l'exprès « qui part demain ou après-demain [151] ». L'exprès transportait également la correspondance locale. Ainsi, le 25 février 1795, Catherine Hamilton écrivait de Niagara à son père John Askin, à Détroit, pour accuser réception de sa lettre « par l'express [152] ». L'administration du service d'hiver avait changé de mains. La poste administrait maintenant le service entre Montréal et Niagara et, à partir de cette dernière localité, des services étaient assurés vers des localités plus à l'ouest par l'armée ou par la Compagnie du Nord-Ouest. Toutefois, les correspondants ne semblaient guère se soucier de savoir qui assurait ces services et ils ne faisaient aucune distinction entre les divers exprès hivernaux qui transportèrent leur courrier au fil des ans.

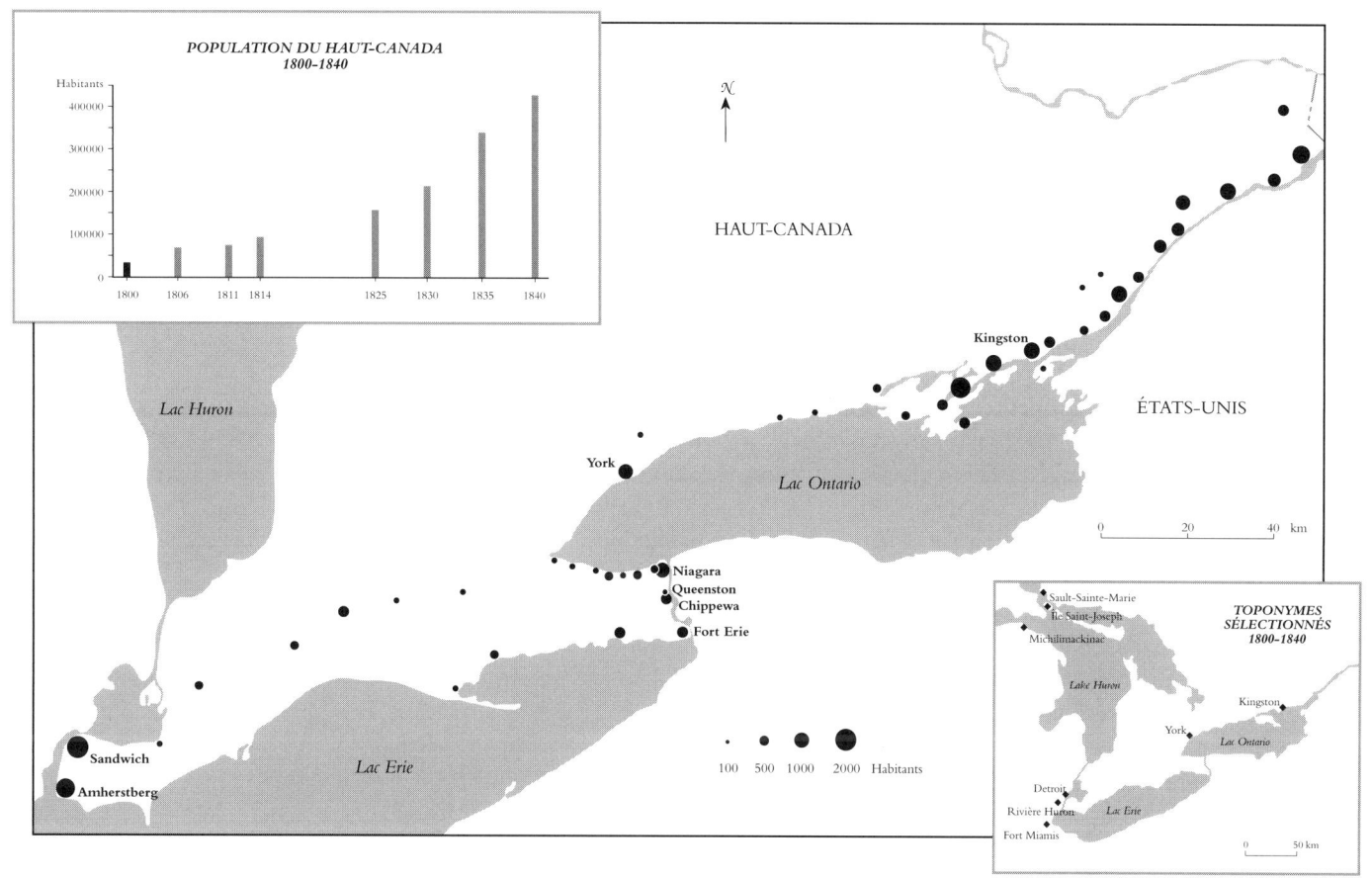

Illustration 19. La population d'origine européenne du Haut-Canada, 1800

La population du Haut-Canada était d'environ 33 000 habitants en 1800, le peuplement se trouvant concentré dans un certain nombre de poches. La facilité avec laquelle les correspondants pouvaient envoyer des lettres tendait à dépendre de la densité de la population. Dans les secteurs les plus densément peuplés, la circulation, étant plus grande, offrait plus d'occasions d'expédier le courrier par des moyens privés, et il était aussi plus économique de mettre sur pied un service postal officiel. La première ligne postale officielle établie dans le Haut-Canada fut ainsi celle reliant Montréal à Kingston. Tiré de « Draft Map of the Population of Upper Canada ca. 1800 », proposé par David Wood pour le projet d'*Atlas historique du Canada* (vol. 1 et 2) ; « Résumé chronologique de la croissance de la population au Canada avec sources d'information, 1605-1931 », *Septième recensement du Canada 1931*, vol. 1 : Sommaire (Ottawa, J. O. Patenaude, 1936), p. 151-155. (Carte par Andrée Héroux.)

Adieu pour cette année

L'exprès apportait généralement dans l'ouest du Haut-Canada à cette période de l'année des lettres d'Angleterre datées d'octobre ou de novembre [153]. Mais les correspondants ne pouvaient jamais être sûrs que leurs missives seraient parmi les lettres livrées. En novembre 1793, par exemple, Archange Meredith, un des neuf enfants de John Askin et de son épouse Marie-Archange Barthe envoya à ses parents un « grand paquet » de son domicile à Woolwich (Angleterre). Écrivant à la fin de mars 1794, elle supposait « que vous etes tous presentment inquiet pour l'arrivé de l'expres… », et elle se réjouissait à l'avance du plaisir qu'ils auraient à recevoir son paquet. Il semble, toutefois, que le paquet n'arriva pas à Détroit par l'exprès et que le plaisir de l'ouvrir dut être reporté jusqu'à la reprise de la navigation [154]. Par ailleurs, une lettre écrite le 1er novembre 1796 à Woolwich afin qu'elle arrive par l'exprès d'hiver semble n'être parvenue à Détroit que le 1er juin 1797 [155] [Ill. 20].

À cette époque, il n'existait aucun autre moyen aussi sûr d'envoyer du courrier dans le pays d'en haut. Elizabeth Russell, en terminant sa lettre à Elizabeth Kiernan, qu'elle avait l'intention d'envoyer par l'exprès de février 1794, pouvait seulement promettre d'écrire de nouveau lorsque les communications fluviales entre Niagara et Montréal auraient repris [156]. Le marchand James McGill, de Montréal, écrivait quant à lui à John Askin, à Détroit, en janvier 1793, accusant réception de sa lettre du 2 novembre et ajoutant : « Comme il n'y aura probablement aucune autre occasion de vous écrire que cet exprès d'ici le printemps, je ne peux pas le laisser partir sans vous répondre quelques lignes [157]. »

Les correspondants pouvaient néanmoins trouver d'autres moyens pour acheminer leur courrier. Elizabeth Russell, par exemple, envoya en 1793 et 1799 des lettres par l'entremise de voyageurs tout autant que par l'exprès [158]. Et, à la fin de janvier 1793, Madelaine Richardson envoya par faveur de Queenston une lettre à son père, John Askin [159]. John Heckenwelder, de River Huron — un établissement situé sur les rives de ce qui est maintenant la rivière Clinton, qui coule du Michigan dans le lac Saint-Clair — envoya en février 1786 une lettre à Askin, à Détroit, par un certain M. Dolson, résident de Détroit, « qui est actuellement ici et le porteur de cette lettre ». Il enjoignait à Askin : « Si vous voulez me répondre, M. Dolson pense qu'il aura l'occasion de m'apporter votre lettre dans quelques jours, et comme je ne connais aucun Indien se rendant à Détroit actuellement. Vous m'obligeriez grandement en lui faisant parvenir la lettre [160]. »

Les correspondants envoyaient et recevaient des lettres tant par l'exprès que par des voyageurs au cours de l'hiver, mais ils attendaient avec impatience la reprise de la navigation. Le 27 avril 1796, Elizabeth Russell, à Niagara, informait Elizabeth Kiernan en ces termes [Ill. 21] : « Le premier bateau est arrivé depuis la reprise des communications entre ici et Kingston, et comme il est à la veille de retourner d'où il vient j'en profite […] pour t'écrire quelques mots et te dire que nous allons bien [161]. » Le 22 avril 1799, John Askin informait George Sharp de Montréal : « Comme les bateaux se préparent à reprendre la navigation et que je veux être toujours prêt, je prends la plume pour répondre à votre aimable lettre du 1er janvier dernier [162]. » Le 3 mai 1800, Robert Hamilton, de Queenston, écrivait à son beau-père John Askin, à Détroit : « La saison de navigation reprenant ici, je suis heureux de vous faire savoir que nous sommes toujours en excellente santé [163]. » [Ill. 22]

Les correspondants confiaient leur courrier, tant local que destiné à des établissements très éloignés, aux bateaux qui sillonnaient les Grands Lacs. John Askin, de Détroit, écrivit en mai 1800 à un correspondant de Michillimakinac par le bateau *The Thames* [164]. Elizabeth Russell expédia des lettres à Montréal dans les années 1790 par des bateaux qui se rendaient directement de Niagara à Kingston ou à Montréal [165]. Le gendre de John Askin, Robert Hamilton, dans une lettre de mai 1800, note que le courrier en provenance de Montréal était acheminé jusqu'à Queenston par des bateaux qui partaient de Kingston [166]. Jacques Baby écrivait de Détroit à son oncle François, à Québec, par « une occasion que je crois sûre et le vaisseaux part à l'instant [167] » [Ill. 23].

Toutefois, tout le monde n'avait pas une confiance illimitée dans les bateaux naviguant sur les Grands Lacs. Elizabeth Russell ne s'y fiait pas outre mesure. Elle se plaignait en ces termes : « Nous n'avons aucun moyen sûr d'envoyer nos lettres vers l'est sans qu'elles risquent d'être perdues. » Pour éviter que ce ne soit le cas, elle les envoyait fréquemment par faveur [168].

Beaucoup de personnes avaient recours à des agents pour les aider à faire parvenir leurs lettres à destination. John Askin, de Détroit, agissait souvent comme agent pour le révérend Gottleib Senseman, de

Illustration 20. *Le bord de la rivière à Détroit*, **1794**

Artiste inconnu, *Le bord de la rivière à Détroit en 1794*. Détroit était un important entrepôt de la traite des fourrures. John Askin s'y fixa en 1780 et s'y adonna à des activités diverses, dont l'approvisionnement de la garnison britannique et de la traite des fourrures, la spéculation foncière, l'agriculture et une foule d'autres activités. En 1794, Détroit fut cédé aux Américains. Askin y demeura jusqu'en 1802, où il s'installa dans la localité de Sandwich, de l'autre côté de la rivière, dans le Haut-Canada. (Gracieuseté de la Burton Historical Collection, Detroit Public Library.)

Illustration 21. James Peachy, *Vue du fort Niagara*

James Peachy (actif v. 1773-1797), *Vue du fort Niagara*, aquarelle, plume et encre sur papier, v. 1783. Niagara ne fut guère peuplé avant la fin de la guerre de l'Indépendance américaine. En 1782, il y avait 17 fermes à cet endroit, et 46 l'année suivante. Cette image montre la garnison britannique du fort Niagara, de l'autre côté de la rivière, et, entassées plus bas, les constructions des négociants. Au premier plan, à droite, on voit une ferme. Le fort fut cédé aux Américains en 1796, époque à laquelle on trouvait une localité d'environ 70 maisons du côté canadien de la rivière, Niagara-on-the-Lake. Elizabeth Russell et son frère s'installèrent en 1792 à Newark (Niagara-on-the-Lake), la capitale temporaire de la nouvelle colonie, et y vécurent jusqu'en 1797, année où ils s'installèrent à York. Bruce Wilson, *The Enterprises of Robert Hamilton*, p. 4-5. (Gracieuseté des ANC, Ottawa, nég. n° C-2035.)

Illustration 22. Robert Irvine, *Queenston vue des hauteurs*

Robert Irvine, *Queenston depuis les hauteurs*, aquarelle sur vélin, v. 1812. Queenston était situé sur la rivière Niagara, au sud de Newark, ou Niagara-on-the-Lake, à l'entrée du portage permettant de contourner les chutes. Robert Hamilton, venu d'Écosse au Canada en 1778, s'y établit en 1784 ou 1785, à peu près à l'époque où il épousa Catherine, la fille de son ancien partenaire commercial, John Askin. En 1800, Queenston comportait douze maisons, mais en 1812 sa population était de 300 personnes. L'autre établissement important de la péninsule, Newark, comptait 500 habitants en 1812. Bruce Wilson, *The Enterprises of Robert Hamilton*, p. 4-5. (Gracieuseté de la Collection Sigmund Samuel [977.290], Musée royal de l'Ontario, Toronto, Canada.)

Illustration 23. Adam Gordon Kenmure, *Le* Sauk, *goélette de Sa Majesté*

Adam Gordon Kenmure, *Le* Sauk, *goélette de Sa Majesté, pénétrant dans la rivière Sainte-Claire à l'embouchure du lac Huron, 15 sept. 1815*. Ce navire, construit en 1814 par les Américains, fut capturé par les Britanniques au cours de la guerre de 1812. L'artiste, Kenmure, servit dans les Grands Lacs de 1814 à 1816 et commanda la goélette. Le négociant de Détroit John Askin et ses correspondants ont peut-être vu ce bateau, et à coup sûr d'autres comme lui, sur les lacs, et ont dû expédier des lettres par eux. (Gracieuseté de la Collection Sigmund Samuel [950.27.4], Musée royal de l'Ontario, Toronto, Canada.)

River Thames, l'établissement morave en amont de la ville actuelle de Chatham. Le 10 décembre 1798, il l'informait : « Je suis heureux que vos lettres, envoyées par mes soins, soient toujours arrivées à destination, et je me chargerai de toutes celles que vous pouvez avoir à envoyer, car bien qu'il n'y ait pas encore ici de service postal régulier les occasions sont fréquentes [169]. » Les agents étaient particulièrement importants dans le cas des communications transatlantiques. Pratiquement toutes la correspondance reçue d'Angleterre par John Askin dans les années 1790 fut envoyée aux bons soins de Todd and McGill, à Montréal [Ill. 24]. En 1793, Elizabeth Russell informait une personne à laquelle elle écrivait en Angleterre depuis Niagara : « Vous devez m'envoyer vos lettres aux bons soins de John Gray Esq, à Montréal. » En 1808, alors qu'elle habitait York, elle reçut d'Angleterre une lettre d'Elizabeth Kiernan envoyée aux bons soins d'un autre agent de Montréal [170] [Ill. 25].

Il existait différents moyens par lesquels les correspondants de la partie ouest de la province pouvaient envoyer des lettres outre-mer ou en recevoir. Beaucoup d'entre eux comptaient, comme toujours, sur les « bateaux de l'été » qui se rendaient à Québec. David et Archange Meredith, de Woolwich (Angleterre), écrivaient souvent par ces bateaux aux parents de Archange, les Askin, qui habitaient Détroit. Le 20 mars 1792, David Meredith écrivit une courte lettre, qu'il envoya aux bons soins de Todd and McGill, à Montréal, et qui arriva à Détroit le 7 juillet [171]. William Robertson, de Londres, écrivit également le 26 mars une lettre à Askin aux bons soins de Todd and McGill, laquelle lettre devait être acheminée par les « navires du printemps ». Askin la reçut en même temps que celle de Meredith [172]. Les Askin envoyèrent eux-mêmes des lettres outre-mer par différentes voies, entre autres par les bateaux de Québec. Archange racontait à ses parents que, habitant si près de la Tamise, ils pouvaient voir passer des centaines de navires chaque jour, mais qu'ils ne savaient jamais d'où ils venaient ni où ils allaient. Elle ajoutait néanmoins : « Quand je vois dans la Gazette qu'une telle jour une barque est arrivé de Quebec. je m'attend à recevoir de vos cheres nouvelles [173]. »

Le courrier à destination d'outre-mer pouvait également être envoyé via Montréal et New York. Ainsi, par exemple, en février 1794, une lettre d'Angleterre adressée à John Askin fut acheminée via New York à ses agents Todd and McGill, à Montréal, qui la firent suivre à Détroit [174]. David Meredith écrivait souvent de Woolwich par des bateaux qui faisaient directement voile vers New York [175]. Pour sa part, William Robertson, de Londres, ami et parfois associé d'Askin, lui écrivit le 10 février 1794 « par l'Ellice, vers New York » aux bons soins de Todd and McGill, à Montréal. La lettre parvint à Askin, à Détroit, le 8 juillet [176].

Et des lettres pour New York ou l'Angleterre pouvaient être acheminées directement via Niagara et la voie au sud du lac. Entre 1792 et 1813, Elizabeth Russell envoya des lettres, d'abord de Niagara, puis de York [Toronto], par faveur à New York, où elles devaient embarquer pour l'Angleterre. À la fin de janvier 1799, par exemple, elle expliquait à Elizabeth Kiernan que la personne qui transportait sa lettre se rendait à New York à pied et à cheval, et que cela limitait ce qu'elle pouvait emporter [177] [voir Ill. 4].

*E*n 1800, la population du Haut-Canada s'élevait à environ 35 000 personnes. En 1811, elle atteignait 60 000 âmes, surtout grâce à l'immigration. Après 1815, une série de vagues d'immigration en provenance des îles Britanniques contribua à faire passer la population à 158 000 personnes en 1825, et à 952 000 en 1851. Des routes furent construites et l'économie du pays continua de se développer et de se diversifier, même si les principales exportations demeurèrent longtemps le blé et les produits du bois [178] [Ill. 26].

Il y eut peu de changements dans le monde des communications dans la moitié ouest de la province pendant la saison de navigation tandis que le XVIIIe siècle cédait la place au XIXe. La poste étendit ses services encore plus loin dans l'ouest, mais ne desservait pas toutes les localités et était loin d'être le seul moyen auquel on avait recours pour envoyer du courrier. Le courrier entre Niagara ou Sandwich et Saint Joseph's Island, à la tête du lac Huron, continua entre 1807 et 1811 de dépendre largement des bateaux sillonnant les Grands Lacs, lesquels, comme John, le fils d'Askin, le rappelait à son frère en 1808, « les sillonnent constamment pendant l'été [179] ». En août 1807, John Askin père écrivit de Sandwich à Charles, un autre de ses fils, à Queenston, par *The Camden*, qui, « comme il partait, m'a donné une occasion de t'écrire, la seule que j'ai eue depuis longtemps [180] ».

Illustration 24. James McGill

William Berczy, *Sans titre* (James McGill), aquarelle et gouache avec gomme arabique sur ivoire, 1805. James McGill était un important négociant et marchand de fourrures de Montréal. Il était un ami intime et un associé de John Askin et servit d'agent pour un bon nombre des correspondants dont nous avons parlé. L'artiste, William Berczy, peignit très peu entre le moment de son arrivée aux États-Unis en 1792 et 1804 : il s'était beaucoup impliqué dans les affaires d'un groupe d'immigrants allemands qu'il aidait à s'établir dans le canton de Markham. Il recommença à peindre en 1804 pour assurer la subsistance de sa famille. Ce portrait est l'une des nombreuses œuvres qu'il réalisa dans les années qui suivirent. Berczy mourut en 1813. (Gracieuseté du Musée McCord d'histoire canadienne, Montréal, M1150.)

Illustration 25. Richard Dillon, *Vue nord-ouest de Montréal*

Richard Dillon, *Vue nord-ouest de Montréal*, encre, aquarelle et mine de plomb sur carton, v. 1800. En 1800, Montréal comptait 8000 habitants. La ville était l'entrepôt commercial du Haut-Canada. Elle était aussi importante dans le commerce du bois. On peut voir des trains de bois équarri dans le fleuve et sur les rives. Ce bois était transporté à Québec pour y être chargé à bord de navires à destination d'outre-mer. (Gracieuseté du Musée McCord d'histoire canadienne, Montréal, MEL982.549.)

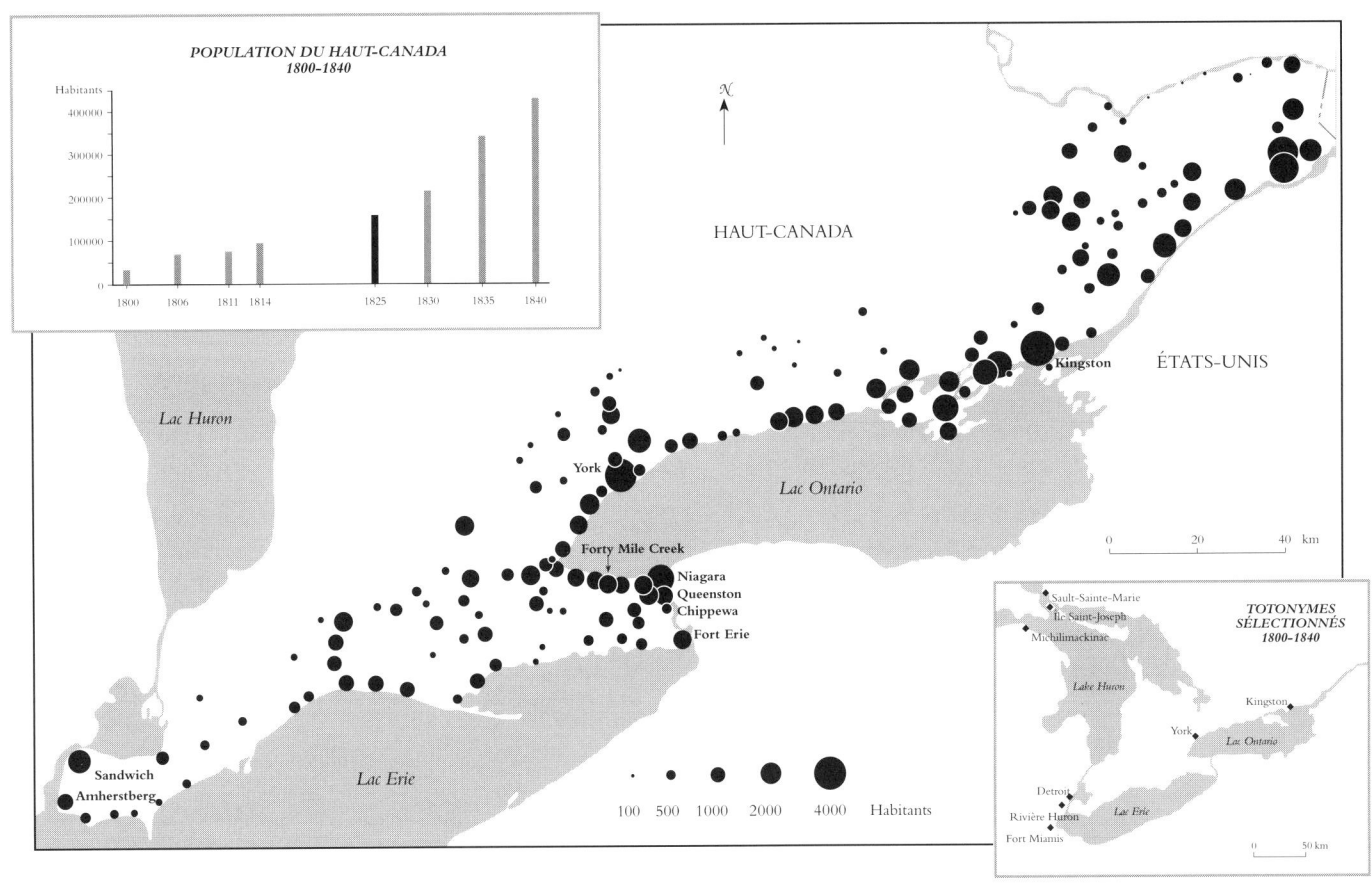

Illustration 26. Répartition de la population et noms des localités, Haut-Canada, 1825

La population du Haut-Canada en 1825 était d'environ 158 000 habitants. Le peuplement de la moitié ouest de la province était encore relativement clairsemé, et l'extension du service postal officiel dans la région fut donc lent par rapport à la région plus densément peuplée le long des rives du lac Ontario et du Saint-Laurent. *Journal of the House of Assembly of Upper Canada from the 15th January to the 25th March 1828*, session 1828, York, Sir P. Maitland, K. C. B., lieutenant-gouverneur, annexe : Population Returns, 1824-1827. (Carte par Andrée Héroux.)

La majorité des correspondants continuèrent d'envoyer beaucoup de leurs lettres par faveur. John Askin fils envoyait souvent son courrier de Saint Joseph de cette façon. En juin 1802, il envoya une lettre à son père, à Sandwich, « par le Gros Fusil, un chef outaouais et sa bande qui se rendent à Amherstburg[181] ». Comme toujours, confier son courrier à des voyageurs comportait un certain degré de risque. En octobre 1805, Alexander Grant, un ancien marchand et soldat qui était à l'époque conseiller exécutif, écrivait de York à son beau-frère, John Askin :

> Je vous ai écrit, cher Monsieur, deux lettres, dont une, j'en ai peur, que vous ne recevrez jamais, car je l'ai envoyée par M. Thomas Dickson, un pauvre diable d'alcoolique que j'ai amené ici comme serviteur, à qui j'ai confié toutes mes lettres pour l'ouest pour vous, Mme Grant Duff, etc. Le misérable s'est enivré en chemin vers le fort Érié et je n'ai eu de lui ni nouvelles ni lettres[182].

En juin 1801, Askin se plaignait à un correspondant de York [Toronto] : « Plusieurs lettres que je vous ai écrites sont toujours ici parce que M. Robertson a manqué tant le départ du *Thames* que celui du *Nancy*. Il partira certainement par le *Charlotte*, que j'attend d'une heure à l'autre et il emportera cette lettre et les autres[183]. »

En une occasion, en 1809, John Askin réussit à obvier à certaines des difficultés et des incertitudes de l'envoi de courrier par faveur. Dans une lettre du 21 novembre 1809, il expliquait à Messieurs Todd and McGill, à Montréal :

> Depuis que j'ai commencé cette lettre, M. Labadie, qui est en route pour Montréal et qui devait l'emporter avec lui, est venu me voir pour m'informer qu'il ne pouvait pas rester jusqu'à ce que je l'aie terminée, et j'ai pensé qu'il valait mieux lui offrir un mandat de 1,50 $ tiré sur vous pour l'inciter à se charger de cette lettre et de celle que j'ai écrite à M. Todd, il y a quelque temps, et qui, faute d'une occasion pour l'envoyer, est encore ici et pourrait y demeurer longtemps. J'aurais pu le payer ici, mais je n'aurais pas été aussi certain qu'il allait remettre les lettres[184].

Il est également évident que peu de choses avaient changé dans le choix que les correspondants faisaient des moyens pour expédier leur courrier dans des endroits situés encore plus loin. Beaucoup continuaient d'envoyer leurs lettres à destination d'outre-mer par les paquebots et aussi par les bateaux de Québec. Anne Powell, qui habita d'abord Niagara, puis York, était l'épouse de William Dummner Powell, juge et fonctionnaire. En mai 1804, elle indiquait qu'elle enverrait une lettre à sa sœur, en Angleterre, « depuis Québec, où je serai probablement lorsque les bateaux d'été feront voile[185] ». Même à York, elle continua de recourir aux bateaux qui partaient de Québec. En mai 1808, elle écrivait avec satisfaction que « le nombre de navires transportant du grain et d'autres produits [à Québec] fournira de fréquentes occasions[186] » [Ill. 27].

Les lettres à destination de New York étaient souvent encore envoyées à Montréal, et de là à New York, mais de plus en plus elles étaient acheminées par la route au sud des Lacs. Anne Powell, qui écrivait fréquemment de York à son frère, à New York, envoyait invariablement ses lettres par Niagara. Au cours de la première décennie du XIXe siècle, ses lettres semblent avoir été généralement acheminées par le service postal américain de Niagara à New York. Le service, du moins à une certaine époque, fut hebdomadaire. Les lettres étaient transportées entre York et Niagara pendant la saison de navigation par tout bateau faisant la navette entre ces deux localités. Dans une lettre d'octobre 1806, elle indiquait : « Je guette avec une hâte anxieuse le premier bateau qui apparaît le jour suivant la poste[187]. » Elle préférait souvent envoyer ses lettres pour Niagara par *The Toronto*, un bateau exploité par les autorités civiles[188]. Lorsque c'était impossible, elle se rabattait « sur les commerçants ordinaires[189] ».

Il existait beaucoup plus d'occasions, tant officielles qu'officieuses, de correspondre, mais pendant la saison de navigation, la qualité des communications n'avait guère changé. En hiver, par contre, les changements commençaient à être beaucoup plus sensibles. Le rythme saisonnier de la correspondance, qui avait persisté sous une forme modifiée au cours des décennies précédentes, commençait à disparaître. Dans des localités comme Détroit, Niagara et York, on pouvait maintenant correspondre assez facilement toute l'année, tout autant les uns avec les autres qu'avec le reste du monde. Les routes étaient meilleures, la circulation générale augmentait, et par conséquent il y avait d'avantages d'occasions fortuites de communiquer. Toutefois, c'est la poste

Illustration 27. John Pattison Cockburn, *Le Joseph de Gaspé*

John Pattison Cockburn (1779-1847), *Le Joseph de Gaspé à l'ancre près du quai de la Reine tourné vers la citadelle, Québec*, sépia sur vélin, v. 1830. Cette vue montre l'actif port de Québec et divers navires locaux et océaniques. Tous étaient susceptibles de permettre aux correspondants d'envoyer du courrier. (Gracieuseté de la Collection Coverdale, ANC, Ottawa, nég. n° C-40046.)

qui était la principale responsable de cette transformation. Elle inaugura un service exprès mensuel l'hiver, et, ce faisant, modifia radicalement la nature des communications dans les établissements de l'ouest.

Les effets de cette innovation transparaissent dans la correspondance échangée en hiver au début des années 1800 entre William Berczy et sa femme Charlotte. Berczy passa deux années, voire davantage, à York pour tenter de résoudre certains problèmes juridiques découlant de la promotion d'un projet de colonisation dans la municipalité de Markham, projet dont il s'occupait. Les Canadiens avaient auparavant considéré la correspondance en hiver comme exceptionnelle, mais il est clair que les Berczy s'attendaient à pouvoir communiquer régulièrement entre novembre et avril. William écrivait à Charlotte depuis York en février 1803 :

> Je suis un peu surpris d'apprendre par ta Lettre du decembre que le Courier ne t'en a pas porté de ma part. Depuis le premier courier d'hiver qui est parti d'ici je m'ay jamais laissé echapper une occasion de t'ecrire. Quand le premier exprès partit j'ay donné une lettre que William a emis à l'office de Mr. Maclaine maître de poste de York — et le second Courier je emis moi meme ma Lettre entre les mains de maitre de Poste à son offie avec une autre Lettre pour Londres [190].

Il semble qu'une certaine forme de service était assurée au-delà de Niagara en hiver. Le 1er novembre 1805, Alexander Grant, à York, informait John Askin, à Sandwich : « Lorsque la poste reprendra, j'espère avoir de vos nouvelles par tout le monde afin de savoir comment se portent les deux familles [191]. » Askin indiquait à Todd and McGill, à Montréal, le 25 mars 1807 : « J'ai écrit à l'un d'entre vous ou à tous les deux par toutes les postes [192]. » [Ill. 28]

Le courrier d'hiver n'était cependant pas encore toujours rapide ni prévisible. En décembre 1802, Charlotte Berczy, à Montréal, se plaignait en ces termes :

> Quoique notre corrier ait différé Son depart de Kinsgton de huit jours pour attendre les Lettres de Niagara et de York, il n'en a point apporté : or, me voila mon tendre Ami, de nouveau frustrée dans la douce attente de tes nouvelles, et replongée dans un dedale d'inquietude [193].

L'expansion des services officiels eut un effet considérable sur la fréquence des communications en hiver, mais on continuait d'envoyer des lettres par des moyens non officiels. John Askin écrivait à un négociant de Queenston le 14 janvier 1803 : « Comme un grand Yankee passe souvent devant ma maison lorsque je m'y attends le moins et assure qu'il va partir pour Niagara, je crois qu'il est sage de tenir prête une réponse à votre lettre du 30 décembre dernier envoyée par faveur au cas où cette occasion se concrétiserait [194]. » Le 10 janvier 1811, Askin notait dans une lettre à son fils Charles, à Queenston : « J'ai reçu cette lettre, ainsi qu'une de M. McGill [de Montréal] et une autre de Theresa pour toi, toutes prêtes à partir avec la première personne qui passera me voir et qui se rend dans ton patelin [195]. » En février 1812, Charles Askin écrivit à son père depuis 40 Mile Creek, expliquant qu'« une personne que j'ai rencontrée ici se rend à Détroit et me donne une bonne occasion de t'écrire que je saisis même si je n'ai pas grand-chose à raconter [196] ».

Pour un certain nombre de raisons, les correspondants essayaient souvent d'éviter d'utiliser la poste. Le coût de l'affranchissement était souvent une de ces raisons. En janvier 1811, Askin écrivait à Charles, probablement à Queenston : « Je suis désolé que le capitaine Ruff ne m'ait pas rendu visite, car je désirais ardemment lui confier pour M. McGill un paquet qu'il serait trop onéreux d'envoyer par la poste [197]... »

Insatisfait du service de la poste, Berczy chercha d'autres moyens d'expédier ses lettres en février 1803. Ce mois-là, il écrivit par faveur à Charlotte depuis York, et se plaignit de ce que la poste n'avait selon toute apparence pas livré les deux précédentes missives qu'il lui avait écrites. « Il paroit qu'il y a une inexactitude ou dans le bureau de York ou de Montreal », faisait-il remarquer, et il suggérait qu'ils numérotent leurs lettres et fassent un inventaire exhaustif de toutes celles qu'ils avaient envoyées et reçues. En terminant, il notait avec soulagement : « Pour celle cy je ne doute pas que tu ne la receoive intacte puisque c'est Mr John Gray qui en est le porteur — aucun accident et negligence ne la retardera [198]. » [Ill. 29]

D'autres correspondants étaient néanmoins d'avis que la façon la plus sûre d'acheminer une lettre était de la confier à la poste. En février

Illustration 28. Sandwich

Edward Walsh, *Vue de Détroit et de la rivière depuis l'église des Hurons*, aquarelle, 1804. John Askin quitta Détroit en 1802 et s'installa de l'autre côté de la rivière, à Sandwich [Windsor], qui était demeuré possession britannique. L'église au premier plan avait été construite en 1787 pour desservir la population française et huronne de la région. En 1804, elle était devenue l'église des colons français et anglais. (Gracieuseté de la William L. Clements Library, University of Michigan, Ann Arbor.)

1810, Alexander Henry écrivait à John Askin : « J'ai reçu une lettre de vous l'automne passé et vous en ai écrit une au même moment, et il est tout à fait extraordinaire que vous ne l'ayez pas reçue. Aucun autre moyen que la poste n'est sûr, car les marins sont très négligents[199]. »

Que ce soit par l'entremise de la poste, ou autrement, un service régulier d'hiver fut également établi entre York et Niagara, lequel acheminait le courrier depuis ou jusqu'au paquebot de New York. À la mi-décembre 1806, Anne Powell informait son frère que « le service d'hiver commence cette semaine et à partir de maintenant un courrier indien apportera régulièrement les lettres de la poste tous les quinze jours, et je ne serais pas surprise qu'il vienne même chaque semaine[200] ». Anne Powell faisait souvent référence à cet « exprès indien » des mois d'hiver. Occasionnellement, elle notait son retard. En décembre 1806, par exemple, elle disait que sa lettre devrait attendre la poste suivante parce que « la neige abondante a empêché les Indiens de partir et, je le crains, retardé l'envoi de cette lettre[201] » [Ill. 30].

Grâce aux changements apportés à l'acheminement du courrier en hiver, les habitants de localités telles que York, Niagara et Détroit avaient beaucoup plus de possibilités de communiquer. Il existait toujours une certaine disparité saisonnière, mais les communications en hiver étaient meilleures qu'elles ne l'avaient été au début du siècle. Les établissements situés plus à l'est, et près de la vallée supérieure du Saint-Laurent, profitèrent probablement de ces améliorations plus tôt. Ils avaient accès plus facilement à toute une gamme de moyens de communication, y compris les services de la poste. Dans d'autres localités, toutefois, ces changements furent plus tardifs. Ainsi, alors que John Askin, à Sandwich, pouvait, l'hiver, envoyer et recevoir des lettres en plusieurs occasions pendant la première décennie du XIXe siècle, son fils et homonyme, John Askin fils, à St Joseph's Island, à la tête du lac Huron, vivait encore dans un monde où les occasions étaient plus rares. Askin fils écrivait à son père le 8 janvier 1808 : « La présente part par notre exprès pour York et j'espère que vous la recevrez au cours du mois prochain. Comme le présent courrier revient immédiatement ici, il me sera impossible d'avoir de vos nouvelles avant la reprise de la navigation[202]. » En fait, ce n'est que le 3 juin de cette année-là qu'il reçut des lettres écrites par sa famille le 13 novembre, le 5 février et le 21 avril[203]. Quatre ans plus tard, le 8 janvier 1811, John Askin fils écrivait à son frère Charles, un négociant de Queenston :

> À moins que tu n'aies pris la précaution d'écrire et d'envoyer t<…> [déchiré] Messieurs Cameron ou Selby à York, je ne recevrai rien [de] toi par ce courrier car il part le 14 janvier de chaque année [et arrive] à York le 2 février, d'où il repart 6 jours plus tard pour revenir ici[204].

Selon toute vraisemblance, c'était toujours l'armée, l'Indian Department ou la Compagnie du Nord-Ouest qui assuraient ce service. Cette année-là, un courrier spécial fut également dépêché à Détroit, en janvier, pour annoncer la mort du commandant de Mackinac[205] [Ill. 31].

Ce que démontre l'expérience de Saint Joseph, ce n'est pas que certains établissements ne devaient jamais connaître cette abondance des communications hivernales, mais plutôt que les changements y furent plus tardifs qu'à d'autres endroits. L'implantation de ces changements a dépendu entre autres du volume du trafic local, de la densité de la population et de la capacité de la communauté à convaincre la poste de mettre sur pied un service exprès.

La sécurité du courrier

Au cours de toutes ces années de domination britannique, il semble que les communications soient devenues plus simples et plus sûres. Askin, Russell, Powell, Guy, Baby, Ermatinger et Sewell envoyaient rarement plusieurs copies d'une lettre. Et, contrairement à Marie de l'Incarnation, Henri-Jean Tremblay et d'autres correspondants sous le régime français, ils ne s'étendaient pas non plus en long et en large sur leurs tactiques épistolaires. Ils avaient, en général, un sentiment moins aigu de la vulnérabilité de la correspondance tant locale qu'à destination d'outre-mer.

Cela ne signifie nullement que les lettres n'arrivaient jamais en retard, ni qu'elles n'étaient jamais égarées ou perdues. On tenait généralement avec soin un registre des lettres reçues et envoyées, précisément parce qu'il arrivait que des lettres n'atteignent pas leur destination.

Ces changements ont leur racine dans un certain nombre de facteurs. Premièrement, le nombre de moyens par lesquels on pouvait

Illustration 29. York, 1804

Elizabeth Hale, *Partie de la capitale du Haut-Canada sur la baie de Toronto dans le lac Ontario*, 1804, aquarelle, plume et encre sur mine de plomb. Le siège du gouvernement avait été transféré à York en 1796. En 1804, c'était encore une toute nouvelle localité. Les souches d'arbre visibles sur cette image rappellent à quel point le peuplement était récent. Elles étaient caractéristiques d'une grande partie du paysage du Haut-Canada à l'époque. Cette image est peut-être une copie d'une œuvre antérieure d'Edward Walsh, un officier de l'armée britannique. (Gracieuseté des ANC, Ottawa, nég. n° C-40137.)

Illustration 30. York, 1828

James Gray et J. Gleadah, *York depuis la pointe Gibraltar*, 1828. York connut une croissance rapide après sa fondation. En 1825, la population de la ville était de 2 000 habitants. *Atlas historique du Canada*, planche 10. (Gracieuseté de la Collection Sigmund Samuel [960.66.16], Musée royal de l'Ontario, Toronto, Canada.)

Illustration 31. Edward Walsh, *St. Joseph's Island*

Edward Walsh, *St. Joseph's Island*. Lorsque les Britanniques cédèrent Michillimakinac aux Américains, ils construisirent un autre poste militaire et commercial dans l'île Saint-Joseph, juste en face de Sault-Sainte-Marie. John Askin fils, qui est peut-être né en 1762, se rendit à Saint Joseph's Island en 1807 et y passa quelques années en tant que magasinier pour l'Indian Department et peut-être aussi comme interprète. (Gracieuseté de la William L. Clements Library, University of Michigan, Ann Arbor.)

envoyer des lettres avait augmenté. La navigation outre-mer connaissait une croissance considérable grâce à l'expansion du commerce du blé et du bois. En même temps, la circulation locale sur les routes et les voies d'eau de la colonie augmentait avec l'expansion de l'économie et l'augmentation de la population. Deuxièmement, de plus en plus, les correspondants trouvaient des occasions fréquentes d'envoyer des lettres toute l'année. La perte d'une lettre avait des conséquences moins graves qu'autrefois ; on pouvait en notifier immédiatement le correspondant et on transmettait à nouveau le plus rapidement possible les renseignements importants. Il se peut également que la longue époque de paix qui suivit la Conquête, contrairement aux années du régime français, contribua à réduire la possibilité que des lettres soient perdues.

Toutefois, aussi confiants que fussent la plupart du temps les correspondants quant à la sécurité des communications, en temps de guerre ils se sentaient encore extrêmement vulnérables. Les personnes auxquelles cet ouvrage s'est particulièrement intéressé ne nous ont pas conduits jusque dans les années de la guerre de l'Indépendance américaine, mais outre qu'elle désorganisa le service de paquebot vers New York et le service par voie de terre entre New York et Montréal, cette guerre perturba également les moyens officieux de correspondance. De même, la guerre de 1812 rendit la correspondance difficile pour beaucoup, particulièrement ceux qui vivaient dans les zones de combat[206]. Nos épistoliers signalent les répercussions que la Révolution française et les guerres napoléoniennes ont eu sur les communications entre la Grande-Bretagne et le Canada[207]. Au cours de ces années, Elizabeth Russell craignait continuellement que ses lettres n'atteignent pas l'Angleterre. En octobre 1793, elle expliquait à Elizabeth Kiernan qu'elle hésitait à expédier son journal en Angleterre dans un seul paquet. Elle espérait en envoyer des extraits sous la forme « d'une lettre à chaque occasion qui se présentera, de peur que si je l'envoie en entier les Français ne jettent l'œil dessus plutôt que toi et que tu ne sois privée de tout, aussi en te l'envoyant en plusieurs fois il est probable qu'au moins une partie te parviendra[208] ».

Archange Meredith s'inquiétait elle aussi des risques encourus par le courrier en temps de guerre. En septembre 1794, écrivant de Grande-Bretagne à sa mère, Mme Askin, qui résidait à Détroit, elle disait : « Quand je reflechie sur les risques que les vaisseaux cour d'être pris par l'enemie je ne piuis m'empecher de me croire bien fortuné d'entendre si souvent de vos nouvelles[209]. » Plus tard au cours de cette même année, George Allsopp informa ses fils de la perte de lettres due à la capture des paquebots d'août, novembre et décembre 1794 par des bateaux de la marine française[210]. En février 1797, Archange Meredith écrivait à ses parents :

> Un bateau de Québec a été vu en mer sans [personne] à bord, ce qui porte à croire qu'il a été <…> par des *Diables de François* [en français dans le texte] qui se sont emparés des Passe<agers> et l'ont laissé dériver, si c'est le cas il est probable que le capitaine du vaisseaux [en français dans le texte] a jeté le sac de lettres par-dessus bord pour éviter qu'on ne s'en empare, et cela explique dans une certaine mesure pourquoi je n'ai pas de vos nouvelles[211].

À l'été 1799, trois des lettres d'Archange Meredith à sa famille à Détroit auraient été rapportées dans un port français. Son mari indique que ce fut « une situation humiliante, non seulement pour nous, mais aussi pour les propriétaires d'un bateau niçois qui a fait voile pour York à partir de l'anse de Cork[212] ». À la fin de mai 1811, Elizabeth Russell racontait à Elizabeth Kiernan qu'elle avait envoyé une lettre de York le 10 octobre par les soins d'un homme qui se rendait en Angleterre. Elle commençait à attendre une réponse « lorsque nous eûmes la nouvelle il y a quelques jours que le bateau sur lequel ce monsieur s'était embarqué a été pris par les Français. Alors tu n'as évidemment pas eu ma lettre[213]. » Pour sa part, Malcolm Fraser avertissait Christine Nairne en août 1812 : « Je pense que vous et vos sœurs avez raison d'écrire à M. Ker maintenant, mais comme l'acheminement du courrier risque d'être plus précaire en temps de guerre, il serait peut-être sage que vous écriviez de nouveau cet automne[214]. »

Conclusion

La Conquête a marqué un tournant radical dans le monde des communications transatlantiques. Alors que sous le régime français les correspondants étaient en grande partie soumis à un rythme de communications saisonnier strict, après la Conquête, la plupart furent en mesure d'échanger au moins une certaine quantité de lettres avec la Grande-Bretagne en hiver, que ce soit via New York ou Halifax. À Montréal et à Québec, le changement fut immédiat et considérable. Il était soudainement possible de correspondre régulièrement avec une relative facilité pendant tout l'hiver. Ailleurs, le changement fut plus graduel. En même temps, les occasions d'envoyer du courrier outre-mer au cours de la saison de navigation s'accrurent. Le nombre de bateaux se rendant à Québec augmenta, et l'on put également envoyer des lettres par les bateaux et les paquebots qui se rendaient à New York et à Halifax.

Ceux qui habitaient entre Montréal et Québec étaient les mieux placés pour profiter de ces occasions. Avant la Conquête, on pouvait correspondre localement assez facilement pendant toute l'année. À partir des années 1760, les moyens d'envoyer du courrier, tant privé qu'officiel, allèrent en s'améliorant, ce qui permit de profiter davantage des possibilités d'envoyer des lettres outre-mer via New York, Halifax ou Québec. D'autres correspondants du Bas-Canada n'avaient pas accès à ces réseaux. Les Nairne de Murray Bay en sont un bon exemple. La circulation entre la seigneurie du bas Saint-Laurent et Québec était moins dense qu'entre Montréal et Québec, et pendant de nombreuses années il n'exista aucun service postal officiel. Par conséquent, les possibilités d'envoyer des lettres étaient plus rares. Toutefois, du moins en été, les correspondants avaient des moyens bien rodés d'expédier du courrier à Québec ou au-delà.

Dans le Haut-Canada, les correspondants envoyaient leurs lettres par les bateaux sillonnant les cours d'eau et les lacs et par des voyageurs. L'été, les communications étaient relativement fréquentes, simples et fiables. La modification de la structure saisonnière des communications donna à l'origine aux correspondants des possibilités limitées de correspondre en hiver, mais graduellement cette structure s'était assouplie et les correspondants purent profiter d'occasions plus fréquentes. L'exprès d'hiver, en particulier, reliait les habitants du Haut-Canada les uns avec les autres et leur permettait aussi de communiquer hors de leur univers immédiat.

Dans ce monde des communications, il existait des éléments stables. D'abord, malgré le fait que les correspondants aient pu échanger des lettres une fois ou deux par hiver, ou toutes les semaines, les communications hivernales n'en demeurèrent pas moins quelque chose de tout à fait particulier. Pour tous, le courrier était moins fréquent, parfois plus lent et généralement plus cher qu'en d'autres périodes de l'année. Pendant plusieurs dizaines d'années encore, la saison de navigation continuerait de fournir des occasions de communication plus nombreuses que pendant les mois d'hiver. Les canots sur les voies navigables de l'intérieur, les bateaux des Grands Lacs et les navires de Québec permettaient tous d'échanger du courrier, et l'utilisation des voies terrestres l'hiver ne pouvait rivaliser avec ces possibilités.

Deuxièmement, malgré la mise sur pied et l'expansion graduelle d'un service postal officiel, les correspondants continuaient de dépendre fortement de moyens de communication privés. Beaucoup de leurs lettres étaient transportées par faveur ainsi que par des embarcations locales et des bateaux.

Troisièmement, les correspondants continuèrent à jouer un rôle important dans le processus de communication. Ils recherchaient les meilleurs moyens d'envoyer leurs lettres, mettant en balance coût, vitesse et sécurité. Ils retenaient les services d'agents dans les établissements importants et leurs donnaient des instructions détaillées sur la façon d'acheminer chaque lettre. De plus, ils agissaient eux-mêmes comme agents pour d'autres. La correspondance exigeait des efforts. Mais les Canadiens étaient prêts à les fournir.

Notes

1 Collection Baby, U11927, 16 juillet 1762. Voir également U489, 25 février 1762 ; U491, 18 mars 1762.
2 *Ibid.*, U5125, 20 mai 1763.
3 Documents Ermatinger, série 1, vol. 1, 26 juillet 1770, p. 7-8.
4 Collection Baby, U306, 5 août 1766.
5 Documents Allsopp, 25 mai 1793, p. 18-20 ; 28 octobre 1793, p. 23 ; 25 octobre 1793, p. 25-27 ; 15 janvier 1795, p. 72 ; 17 janvier 1795, p. 70-72.
6 Voir *DCB*, vol. 5, voir à « François Baby ».
7 Collection Baby U5133, 28 octobre 1765 ; U5149, 14 octobre 1770 ; U5172, 10 novembre 1777 ; U5177, 17 août 1778, et U5183, octobre 1779. Les correspondants faisaient souvent allusion au bateau « le plus sûr ».
8 Voir, par exemple, *ibid.*, U311, 6 octobre 1768 ; U1354, 19 juin 1777.

Le courrier après la Conquête

9 Documents Nairne, vol. 1, 20 mars 1788, p. 93-96. Malcolm Fraser était seigneur de Mount Murray, le territoire jouxtant la seigneurie de Murray Bay, et un associé de longue date de John Nairne.

10 *Ibid.*, vol. 1, 25 avril 1795, p. 156-159.

11 Voir, par exemple, *ibid.*, vol. 1, 20 mars 1801, p. 259-262; vol. 1, 14 avril 1806, p. 381-382; vol. 1, 11 avril 1812, p. 556-559; vol. 1, 14 avril 1812, p. 563; vol. 2, 7 avril 1831, p. 1051-1054.

12 Voir, par exemple, *ibid.*, vol. 1, 24 avril 1813, p. 672-675; vol. 2, 26 juillet 1815, p. 826-827.

13 Voir, par exemple, Howard Robinson, *Carrying British Mail Overseas* (New York, New York University Press, 1964), p. 24, 39-40, 112-116. Voir également Alex. L. ter Braake, « American Ship Letters », dans *The Posted Letter in Colonial and Revolutionary America* (State College, PA, American Philatelic Research Library, 1975).

14 Documents Sewell, vol. 5, 20 novembre 1814, p. 2449-2452.

15 Documents Nairne, vol. 1, 18 avril 1783, p. 56-58.

16 *Historical Atlas of Canada*, vol. 1, planche 48, et Bruce G Wilson, *Colonial Identities: Canada from 1760-1815* (Ottawa, Archives nationales du Canada), p. 130. Voir vers la fin du présent chapitre les allusions d'Anne Powell à l'augmentation du nombre de navires et à son incidence sur les occasions d'envoyer des lettres de Québec.

17 Documents Ermatinger, série 1, vol. 1, <28> [incertain] novembre 1776, p. 315.

18 Documents Sewell, vol. 5, 20 novembre 1814, p. 2449-2452.

19 Documents Nairne, vol. 1, 10 décembre 1805, p. 373.

20 *Ibid.*, vol. 1, 10 décembre 1805 et 10 janvier 1806, p. 374.

21 Documents Allsopp, 31 janvier 1794, p. 59, et 1er janvier 1795, p. 63.

22 Documents Nairne, vol. 1, 4 août 1802, p. 285-288.

23 Documents Ermatinger, série 1, vol. 1, 19 janvier 1771, p. 52.

24 ANC, Documents Ermatinger, série 1, vol. 1, Recueil de correspondance de Lawrence Ermatinger, 1770-1778.

25 Voir, par exemple, John Demos, *The Unredeemed Captive* (New York, Alfred A. Knopf, 1994).

26 Voir Janice Potter-Mackinnon, *While the Women Only Wept: Loyalist Refugee Women* (Montréal, McGill-Queen's University Press, 1933), p. 21. Elle indique que la colonie s'étendait au nord « jusqu'aux lacs George et Champlain ». Elle s'étendait également vers l'est jusqu'à la frontière du New Hampshire, vers l'ouest jusqu'aux limites des terres des Six Nations et vers le sud jusqu'en Pennsylvanie.

27 Collection Baby, U1321, 5 juillet 1772.

28 Documents Ermatinger, série 1, vol. 1, 26 octobre 1774, p. 228.

29 Potter-Mackinnon, dans *While the Women Only Wept*, fait allusion à beaucoup de lettres de ce type.

30 On trouvera un exposé très fragmentaire de ces dispositions dans Smith, *Post Office in British North America*, chapitres 4 et 5.

31 *Ibid.*, p. 65-90.

32 Documents Sewell, vol. 3, 3 mars 1798, p. 1148-1151. Voir également vol. 3, 8 décembre 1796, p. 1021-1022; 9 janvier 1797, p. 1027-1030; 23 mars 1797, p. 1080-1083; 3 mars 1798, p. 1148-1151.

33 Documents Allsopp, 25 mai 1793, p. 13; 25 octobre 1793, p. 25-27; 16 avril 1796, p. 132-133.

34 *Ibid.*, 21 juillet 1796, p. 142-143.

35 Documents Sewell, vol. 4, 29 février 1808, p. 1826-1829.

36 Documents Ermatinger, série 1, vol. 1, 16 novembre 1771, p. 98. Voir également 30 octobre 1770, p. 33-34; 26 juillet 1770, p. 3-5; 23 mai 1771, p. 139; 18 décembre 1773, p. 196.

37 *Ibid.*, 16 mai 1772, p. 137.

38 ANQ, Perrault, L'aîné, Correspondance, P204, 31 mars 1762.

39 Collection Baby, U921, 9 juillet 1793.

40 Documents Sewell, vol. 3, 14 avril 1797, p. 1094-1097. Bache fit également suivre des lettres pour Pierre Guy de son fils qui étudiait à Princeton; voir Collection Baby, U918, 12 juillet 1792.

41 Smith, History of the Post Office in British North America, p. 31-36.

42 *Ibid.*, p. 76-79.

43 Documents Allsopp, 25 octobre 1793, p. 25-27; 20 février 1796, p. 130-131; 16 avril 1796, p. 132-133.

44 Documents Ermatinger, série 1, vol. 1, 22 décembre 1771, p. 106; 11 janvier 1772, p. 108.

45 Smith, *History of the Post Office in British North America*, p. 80-86.

46 Documents Allsopp, 25 mai 1793, p. 13.

47 *Ibid.*, 1er janvier 1795, p. 63.

48 *Ibid.*, 20 février 1796, p. 130-131; voir également 20 juin 1796, p. 144-145.

49 Documents Nairne, vol. 1, 12 novembre 1811, p. 537-540.

50 Documents Allsopp, 25 mai 1793, p. 13, et 25 octobre 1793, p. 25-27. Voir également Smith, *History of the Post Office in British North America*, p. 86.

51 Documents Nairne, vol. 2, 10 avril 1818, p. 899-902.

52 Documents Allsopp, 22 novembre 1794, p. 44-46.

53 Documents Sewell, vol. 5, 8 octobre 1814, p. 2412-2415.

54 *Ibid.*, vol. 2, 17 novembre 1789, p. 574-577.

55 *Ibid.*, vol 2, 3 novembre 1789, p. 566-569. À cette époque, les frais de poste en ANB étaient fixés en fonction du nombre de feuilles que contenait une lettre et de la distance qu'elle devait parcourir. La lettre courante comportait une seule feuille dont le quatrième côté formait l'enveloppe. Les tarifs pour les lettres doubles et triples étaient fixés en conséquence, et plus tard le tarif des lettres fut fixé en fonction du poids. Voir, par exemple, Smith, *History of the Post Office in British North America*, p. 43-44.

56 Divers fonctionnaires, maîtres de poste et un certain nombre d'autres personnes avaient le privilège d'envoyer leur courrier par la poste gratuitement. Ce privilège était ancien et s'appelait franchise.

Adieu pour cette année

57 Documents Sewell, vol. 2, 15 janvier 1790, p. 594-596.
58 *Ibid.*, vol. 2, 3 novembre 1789, p. 566-569.
59 *Ibid.*, vol. 3, 22 mars 1790, p. 621-624.
60 *Ibid.*, 3 novembre 1789, p. 566-569 ; voir également 17 novembre 1789, p. 574-577.
61 Stephen Sewell se fixa dans le Bas-Canada en 1791 (*DCB*, vol. 6, à «Sewell, Stephen»).
62 Documents Sewell, vol. 3, 15 janvier 1790, p. 590-593 ; 18 février 1790, p. 602-605 ; 2 mai 1790, p. 644-657 ; 7 septembre 1790, p. 709-712 ; 3 novembre 1789, p. 555-569.
63 Collection Baby, U525, 30 septembre 1773.
64 *Ibid.*, U5158, 27 novembre 1773.
65 *Ibid.*, U1409, 22 mai 1800.
66 Documents Ermatinger, série 1, vol, 1, 1er avril 1771, p. 59-60.
67 Collection Baby, U1409, 22 mai 1800.
68 Documents Allsopp, 24 novembre 1793, p. 31. Francis Freeling était secrétaire du British Post Office, Londres.
69 *Ibid.*, 27 mai 1795, p. 83-86, et 3 janvier 1795, p. 64.
70 *Ibid.*, 25 octobre1793, p. 25-27 ; 20 février 1796, p. 130-131 ; 16 avril 1796, p. 132-133.
71 *Ibid.*, 12 mai 1793, p. 12-13.
72 *Ibid.*, 24 janvier 1794, p. 34-35. Hugh Finlay fut deputy postmaster general of Canada de 1784 à 1799 et donc, en transportant une lettre pour Allsopp, il privait son propre bureau de recettes.
73 *Ibid.*, 22 novembre 1794, p. 44-46, et 28 octobre 1795, p. 105-106.
74 Documents Sewell, vol. 3, 16 juillet 1795, p. 929-932.
75 *Ibid.*, vol. 5, 21 septembre 1815, p. 2541-2544.
76 Documents Ermatinger, série 1, vol. 1, 18 janvier 1772, p. 110-111.
77 Voir en général Documents Ermatinger, série 1, vol. 1. Le courrier à destination de la province de Québec via New York était transporté à Montréal, ainsi par cette voie les premières nouvelles atteignaient Montréal avant Québec.
78 Collection Baby, U686, 25 janvier 1796.
79 Documents Nairne, vol. 2, 9 février 1839, p. 1313-1316.
80 Documents Allsopp, 29 septembre 1795, p. 89.
81 Documents Nairne, vol. 1, 4 août 1802, p. 285-288, et 13 octobre 1802, p. 289-292. Voir également *DCB*, vol. 5, à «Nairne, John.»
82 R. Louis Gentillcore et Geoffrey Matthews, *Historical Atlas of Canada*, vol. 2 : *The Land Transformed, 1800-1891* (Toronto, University of Toronto Press, 1993), planche 10 : «Colonial Identities», p. 66.
83 Smith, *History of the Post Office in British North America*, p. 42-43.
84 Collection Baby, U498, 5 décembre 1765.
85 *Ibid.*, U5147, 6 août 1770.
86 Documents Ermatinger, série 1, vol. 1, par exemple 2 juillet 1770, p. 1, et 22 octobre 1770, p. 34.
87 Voir, par exemple, Documents Sewell, vol. 4, 27 janvier 1803, p. 1613-1614. Collection Baby, U5180, 5 octobre 1778 ; U5178, 19 août 1778 ; U5179, 1er octobre 1778 ; U5182, 27 mai 1779. Documents Ermatinger, série 1, 24 janvier 1774, p. 197 ; 11 janvier 1775, p. 234 ; 16 avril 1775, p. 242. Collection Baby, U1489, 29 février 1809.
88 Documents Ermatinger, série 1, vol. 1, 30 juillet 1776, p. 273.
89 Documents Sewell, vol. 4, 27 janvier 1803, p. 1613-1614.
90 Collection Baby, U1494, 19 mars 1809. Le fils de Berczy, William, habitait avec lui à l'époque, d'où le pluriel.
91 Voir, par exemple, *ibid.*, U1465, 18 août 1808.
92 Documents Nairne, vol. 1, 5 décembre 1782, p. 43-45.
93 *Ibid.*, vol. 1 ; voir, par exemple, 28 août 1782, p. 32-35 ; 28 août 1782, p. 48-51 ; 16 août 1783, p. 62-65.
94 Voir, par exemple, Collection Baby, U5142, 12 décembre 1768 ; U1990, 1er août 1774 ; U5177, 17 août 1778. Documents Ermatinger, série 1, vol. 1, 7 novembre 1774, p. 230.
95 Collection Baby, U2280, 16 juillet 1770. Ce J. Baby est peut-être Jacques Baby, mieux connu sous le nom de Dupéron Baby.
96 Documents Ermatinger, série 1, 16 avril 1775, p. 242.
97 Collection Baby, U758, 11 janvier 1765. Il s'agit de la lettre citée au chapitre 1 et reproduite dans l'illustration 24.
98 Collection Baby, U1328, 29 mai 1774.
99 Documents Sewell, vol. 3, 27 février 1798, p. 1136-1139, et 3 mars 1798, p. 1148-1149. Jacob Mountain était l'évêque du diocèse anglican de Québec.
100 John, souvent appelé Jack, entra dans l'armée britannique à 16 ou 17 ans et mourut en Inde en 1799. Thomas, qui devint seigneur de Murray Bay à la mort de son père, fut envoyé en Écosse alors qu'il était un jeune enfant pour y étudier. La lettre qu'il envoya chez lui figure à l'illustration 9 au chapitre 1. Il habita chez James Ker, qui était un ami de son père et l'agent de la famille. Lorsqu'il quitta l'école, il s'engagea lui aussi dans l'armée britannique. À l'automne de 1810, il revint au Canada pour la première fois depuis son enfance (voir Wrong, *A Canadian Manor and its Seigneurs : The Story of a Hundred Years, 1761-1861*; Toronto, Bryant Press, 1908).
101 Documents Nairne, vol. 1, 18 décembre 1812, p. 631-634.
102 Voir, par exemple, *ibid.*, vol. 1, 2 février 1812, p. 544-547 ; 21 juillet 1812, p. 594-596 ; novembre 1813, p. 697-700 ; vol. 2, 28 mars 1824, p. 995-998.
103 *Ibid.*, vol. 1, 9 janvier 1811, p. 458-461.
104 *Ibid.*, vol. 1, 3 novembre 1811, p. 533-536. Voir également vol. 1, 9 avril 1812, p. 548-551, et 24 et 25 septembre 1811, p. 517-520.
105 *Ibid.*, vol. 1, 12 février 1797, p. 205-208.
106 *Ibid.*, vol. 1, novembre 1813, p. 697-700. Le colonel Fraser était seigneur de la seigneurie voisine, celle de Mount Murray.
107 *Ibid.*, vol. 1, août 1812, p. 601-604.

Le courrier après la Conquête

108 *Ibid.*, vol. 1, 6 février 1811, p. 469-472.

109 *Ibid.*, vol. 2, 24 janvier 1821, p. 942-943.

110 Madie Nairne, la fille à laquelle John Nairne avait enseigné l'art épistolaire, épousa un certain Peter McNicol et lui donna deux fils, dont seulement un, John, vécut au-delà des premières années de l'âge adulte. John Nairne mourut en 1802, et son fils et héritier Thomas en 1813. La femme de Nairne, Christiana, administra la propriété jusqu'à son décès en 1828, et Madie prit ensuite la relève. Son fils, John McNicol, le seul descendant mâle survivant du premier seigneur de Murray Bay, hérita de la propriété à la mort de sa mère [en 1839] et adopta le nom de la famille en 1834, devenant le deuxième John Nairne à vivre à Murray Bay (Wrong, *A Canadian Manor*, p. 173, chapitres 6 et 7).

111 *Ibid.*, vol. 2, 15 janvier 1826, p. 1019.

112 *Ibid.*

113 *Ibid.*, vol. 2, 9 juin 1832, p. 1075-1078. Voir, de même, 25 juin 1832, p. 1082-1085.

114 *Ibid.*, vol. 2, 14 juillet 1838, p. 1291-1292. Ce stratagème pouvait fonctionner parce que, comme il l'a été dit plus haut, c'était le destinataire de la lettre plutôt que l'expéditeur qui en payait le coût.

115 Michillimakinac s'est élevé à divers emplacements à la tête du lac Huron, là où il rejoint le lac Michigan. D'abord mission au début des années 1660, l'établissement devint rapidement l'entrepôt principal de la traite française des fourrures. Dans les années 1750, environ 200 marchands et voyageurs y séjournaient pendant l'été. Après la guerre de Sept Ans, il devint un poste de traite et un poste militaire britannique. Détroit a fait partie de l'Amérique du Nord britannique jusqu'à ce qu'elle se rende officiellement aux Américains en 1794.

116 Douglas McCalla, *Planting the Province : The Economic History of Upper Canada, 1784-1870* (Toronto, University of Toronto Press, 1993), et Harris et Warkentin, « Ontario », dans *Canada Before Confederation*, p. 110-168.

117 Collection Baby, U464, 25 juin 1765.

118 *Ibid.*, U467, 7 juillet 1772, et U5165, 7 septembre 1775.

119 *Ibid.*, U520, 5 et 7 mai 1772.

120 Documents Ermatinger, série 1, vol. 1, 2 mai 1771, p. 61.

121 *Ibid.*, 11 mai 1772, p. 130.

122 *Ibid.*, 3 mai 1774, p. 201.

123 *Ibid.*, 25 avril 1775, p. 242-243.

124 *Ibid.*, 14 mai 1772, p. 136.

125 Documents Askin, vol. 1, 29 juin 1778, p. 151-152.

126 *Ibid.*

127 Documents Askin, vol. 1, 27 avril 1778, p. 67.

128 Documents Askin, vol. 1, 27 avril 1778, p. 67. Ce M. Bennett est identifié dans une note de Quaiffe, p. 67, comme un lieutenant du Huitième Régiment et commandant en second à Mackinac.

129 Voir, par exemple, Collection Baby, U465, 29 juin 1766, et U1339, 31 août 1775. Voir également *DCB*, vol. 4, à « St Martin, Adhémar ».

130 Askin et d'autres étaient rarement plus précis sur l'identité de ces autochtones. Ils les appellent généralement simplement des « Indiens », et c'est pourquoi j'ai utilisé le terme.

131 *Askin Papers*, vol. 1, 6 juin 1778, p. 109, et 6 juin 1778, p. 112-113.

132 Documents Ermatinger, série 1, vol. 1, 6 mai 1778, p. 357.

133 *Ibid.*, 8 septembre 1770, p. 16. La lettre était adressée à Forrest Oakes.

134 Askin Papers, vol. 1, 14 juin 1778, p. 125-128.

135 *Ibid.*, 2 juillet 1778, p. 159.

136 *Ibid.*, vol. 1., Recueil de correspondance de Michillimakinac, p. 67-86.

137 Documents Ermatinger, vol. 1, série 1, 7 août 1776, p. 275-276.

138 Collection Baby, U5157, 15 octobre 1772 ; voir également U1339, 31 août 1775.

139 Documents Ermatinger, série 1, vol. 1, 11 octobre 1772, p. 348.

140 *Askin Papers*, vol. 1, 28 avril 1778, p. 68.

141 *Ibid.*, 28 avril 1778, p. 78-80.

142 *Ibid.*, vol. 1, 28 avril 1778, p. 72, et, plus généralement, le Recueil de correspondance de Michillimakinac, p. 67-86.

143 *Ibid.*, vol. 1, 28 avril 1778, au contre-amiral Grant, Détroit, p. 75.

144 *Ibid.*, vol. 1, 8 mai 1778, p. 81.

145 *Ibid.*, vol. 1, p. 82-83.

146 *Atlas historique du Canada*, vol. 2, p. 21-22, et *Colonial Identities*, p. 70 et 72. Voir, par exemple, McCalla, *Planting the Province*, p. 13-42.

147 La nature exacte de ce service officiel dans l'histoire traditionnelle des débuts de la Poste canadienne est incertaine (Smith, History of the Post Office in British North America, p. 89).

148 Voir Wilson, *As She Began*, chapitres 3, 4 et 5 concernant la colonisation du Haut-Canada.

149 Documents E. Russell, « Draft Letters », 27 novembre 1793.

150 *Askin Papers*, vol. 1, 7 novembre 1792, p. 445-446. Les affaires d'Askin à Détroit étaient fort diverses. Il s'adonnait à la traite des fourrures, s'occupait de navigation, de vente en gros et de spéculation foncière.

151 Documents E. Russell, brouillons de lettres à Elizabeth Kiernan, 23 février 1794 et 24 février 1794.

152 *Askin Papers*, vol. 1, 25 février 1795, p. 539-540 ; voir également 11 mai 1798, p. 139-140. Catherine, qui épousa en 1785 Robert Hamilton, négociant bien en vue de Queenston, était la deuxième de trois enfants nés des relations de John Askin avec une autochtone, peut-être une esclave libérée en 1766 du nom de Manette ou Monette. Les autres enfants de cette première famille étaient John, qui habita plus tard St. Joseph's Island, et Madelaine. De son mariage ultérieur avec Marie-Archange Barthe, Askin eut neuf enfants (*DCB*, vol. 5, à « Askin, John »).

153 Voir en général, *Askin Papers*, vol. 1 et 2.

154 *Askin Papers*, vol. 1, 27 mars 1794, p. 494-497, et 2 septembre 1794, p. 510-514.

155 *Ibid.*, vol. 2, 1er novembre 1796, p. 71-74.

156 Documents E. Russell, « Draft Letters », 24 février 1794.

Adieu pour cette année

157 *Askin Papers*, vol. 1, 20 janvier 1793, p. 459-460.
158 Documents E. Russell ; voir par exemple « Draft Letters », 18 janvier 1793 et 26 janvier 1799.
159 *Askin Papers*, vol. 1, 31 janvier 1793, p. 461-462.
160 *Ibid.*, vol. 1, 27 février 1786, p. 222-223. Heckenwelder était l'un des missionnaires habitant l'établissement morave sur les bords de la rivière Huron. Les Moraves étaient un groupe religieux originaire d'Allemagne qui avaient établi des missions chez les Delaware, dans le sud de l'Ohio, et qui s'étaient fixés dans la région de Détroit après la guerre de l'Indépendance américaine.
161 Documents E. Russell, « Draft Letters », 27 avril 1796.
162 *Askin Papers*, vol. 2, 22 avril 1799, p. 204-205.
163 *Ibid.*, vol. 2, 3 mai 1800, p. 89-90.
164 *Ibid.*, vol. 2, 6 mai 1800, p. 290-291.
165 Documents E. Russell, « Draft Letters », 25 avril 1794, 27 novembre 1793 et 27 avril 1796.
166 *Askin Papers*, vol. 2, 3 mai 1800, p. 289-290.
167 Collection Baby, U681, 16 septembre 1792.
168 Documents E. Russell, « Draft Letters », 10 novembre 1794 ; voir également, par exemple, 18 janvier 1793.
169 *Askin Papers*, vol. 2, 10 décembre 1798, p. 164. L'établissement morave sur les rives de la rivière Huron a été transféré dans le Haut-Canada, sur les bords de la rivière Thames, à la fin des années 1790.
170 Documents E. Russell, « Draft Letters », 18 janvier 1793 et « Dossier n° 6 », 3 février 1808.
171 *Askin Papers*, vol. 1, 20 mars 1792, p. 404-407.
172 *Ibid.*, vol. 1, 26 mars 1792, p. 407-410.
173 *Ibid.*, vol 1, 27 mars 1794, p. 494-497.
174 *Ibid.*, vol. 1, 10 février 1794, p. 489-490.
175 *Ibid.*, vol. 1, 27 août 1792, p. 431-433.
176 *Ibid.*, vol. 1, 10 février 1794, p. 489-491.
177 Documents E. Russell, « Draft Letters », 26 janvier 1799. Voir également 18 janvier 1793, 16 juin 1794, 10 novembre 1794, 30 mai 1811 et 12 juin 1812.
178 *Atlas Historique du Canada*, vol. 1, p. 172, planche 68 ; vol. 2, p. 21, p. 33-35, et planches 10 et 15, et McCalla, *Planting the Province*, p. 16, 30-42.
179 *Askin Papers*, vol. 2, 13 janvier 1808, p. 588. Voir également 8 janvier 1811, p. 668-671 ; 1er septembre 1807, p. 568-570 ; 11 novembre 1807, p. 583.
180 *Ibid.*, vol. 2, 18 août 1807, p. 566-567.
181 *Ibid.*, vol. 2, 22 juin 1807, p. 551.
182 *Ibid.*, vol. 2, 24 octobre 1805, p. 485-487.
183 *Ibid.*, vol. 2, 2 juin 1801, p. 341-342.
184 *Ibid.*, vol. 2, 21 novembre 1809, p. 646-648.
185 *Ibid.*, 7 mai 1804, p. 9-12.
186 *Ibid.*, 14 août 1807, p. 125-128.
187 Correspondance A. Powell, 17 octobre 1806, p. 47-50.
188 The Toronto était un yacht construit en 1799 sur ordre de Peter Russell à l'usage du gouvernement civil. Voir *ibid.*, 8 septembre 1806, p. 43-46, et 25 novembre 1806, p. 55-58.
189 *Ibid.*, 8 septembre 1806, p. 43-46.
190 Collection Baby, U1453, 9 février 1803.
191 *Askin Papers*, vol. 2, 1er novembre 1805, p. 487-489.
192 *Ibid.*, vol. 2, 25 mars 1807, p. 545-547.
193 Collection Baby, U1411, 25 décembre 1802.
194 *Askin Papers*, vol. 2, 14 janvier 1803, p. 385-387.
195 *Ibid.*, vol. 2, 10 janvier 1811, p. 671-672. Theresa était la sœur de Charles.
196 *Ibid.*, vol. 2, 28 février 1812, p. 703-704.
197 *Ibid.*, vol. 2, 16 janvier 1811, p. 671-672.
198 Collection Baby, U1453, 9 février 1803.
199 *Askin Papers*, vol. 2, 26 février 1810, p. 653-654.
200 Correspondance A. Powell, 13 décembre 1806, p. 59-62. Voir également 25 novembre 1806, p. 55-58.
201 *Ibid.*, 13 décembre 1806, post-scriptum du 15 décembre, p. 59-62.
202 *Askin Papers*, vol. 2, 8 janvier 1808, p. 590-594.
203 *Ibid.*, vol. 2, 17 juin 1808, p. 604-607.
204 *Ibid.*, vol. 2, 8 janvier 1811, p. 668-671.
205 *Ibid.*, vol. 2, 20 janvier 1811, p. 672-673.
206 Voir dans *Askin Papers*, vol. 2, la correspondance des années 1812-1814.
207 La guerre éclata en 1792 et se poursuivit, avec seulement de brefs arrêts, jusqu'en 1815.
208 Documents E. Russell, « Draft Letters », 10 octobre 1793.
209 *Askin Papers*, vol. 1, 2 septembre 1794, p. 510.
210 Documents Allsopp, 17 janvier 1795, p. 70-72, et 27 mai 1795, p. 83-86.
211 *Askin Papers*, vol. 2, 1er février 1797, p. 83-88.
212 *Ibid.*, vol, 2, 29 septembre 1799, p. 250-252.
213 Documents E. Russell, « Draft Letters », 30 mai 1811.
214 Documents Nairne, vol. 1, 1er août 1812, p. 601-104.

Conclusion

*L*es livres traditionnels d'histoire des communications postales ne s'intéressent guère à la façon dont les premiers Canadiens s'y prenaient pour correspondre. Ces ouvrages se concentrent habituellement sur la mise sur pied et l'expansion de la poste[1], mais celle-ci ne joue pas un grand rôle dans le présent ouvrage. La poste française n'assumait pas la responsabilité de l'acheminement du courrier vers le Canada à partir de la France, et au Canada il n'y avait à peu près pas de service postal officiel. Sous le régime anglais débuta la lente croissance d'un service postal colonial et la mise sur pied d'un service régulier de paquebots transocéaniques qui pouvaient transporter les lettres des Canadiens vers l'autre côté de l'Atlantique. Les correspondants utilisèrent ces courriers officiels et ces paquebots lorsqu'ils furent disponibles, mais ce n'étaient là que deux moyens de transport du courrier parmi d'autres. Le seul service assuré par la poste, revêtant une certaine importance pour les correspondants était l'exprès d'hiver qui se rendait dans l'ouest du Haut-Canada. Au cours de la période qui s'étend du XVIIe au début du XIXe siècle, les lettres ne furent qu'occasionnellement acheminées par un service postal.

Sous le régime français, les correspondants avaient presque exclusivement recours à des moyens de circonstance, non officiels et occasionnels pour l'échange des lettres. Celles-ci étaient transportées par des navires marchands et des navires de la marine royale d'une rive à l'autre de l'Atlantique — confiées de préférence à la garde d'un passager qui acceptait de se charger de veiller à ce qu'elles arrivent à destination. Au sein de la colonie même, les correspondants étaient fortement tributaires du trafic local pour l'acheminement du courrier ; les amis, les négociants, les charretiers — toute personne qui se rendait au lieu de destination de la lettre — pouvaient faire office de courrier. Le seul service officiel dont l'existence soit certaine était le messager royal. Le nombre de ces occasions dépendait du volume du trafic local ou transatlantique. Il est certain que dans le cas des communications transatlantiques, le petit nombre de bateaux faisant voile vers la colonie dans les premières décennies de son existence, et parfois aussi en temps de guerre, signifiait que les correspondants avaient relativement peu de possibilités d'envoyer des lettres en France. Pendant les périodes de paix, à partir des années 1790, les bateaux se firent plus nombreux, et par

Adieu pour cette année

conséquent les occasions de correspondre aussi. Les communications étaient risquées — les lettres arrivaient souvent avec un retard considérable ou étaient perdues, surtout en temps de guerre. Le courrier était également, du moins dans le cas des communications transatlantiques, strictement saisonnier. Les lettres arrivaient au printemps, on y répondait l'automne, et lorsque le Saint-Laurent se couvrait de glaces, la colonie était pratiquement coupée de l'Europe jusqu'à l'arrivée des prochains vaisseaux l'année suivante.

Après la Conquête, la poste offrit de plus en plus de possibilités d'envoyer du courrier tant localement que de l'autre côté de l'Atlantique, mais les correspondants continuèrent à faire un large usage des moyens traditionnels et non officiels. Dans de nombreux établissements isolés, ils n'avaient pas le choix ; à l'exception peut-être de l'exprès d'hiver, ils ne furent desservis par aucun service postal officiel pendant des dizaines d'années. Mais même ceux qui pouvaient profiter des services postaux officiels préféraient souvent recourir à des réseaux non officiels de communication. C'était particulièrement le cas au cours de la saison de navigation, alors que la circulation locale et transatlantique était le plus dense. Utiliser les deux méthodes augmentait le nombre d'occasions d'envoyer des lettres ; souvent, les correspondants choisissaient le moyen qui s'offrait à eux en premier ou qui était le plus accessible. Le choix du moyen dépendait également du coût et de la rapidité. Tous les Canadiens bénéficièrent de possibilités accrues de correspondre. La croissance du commerce du blé et du bois amena davantage de bateaux à Québec. De nouvelles voies de communication par New York et Halifax fournirent d'autres possibilités d'écrire outremer, tandis qu'à l'intérieur de la colonie elles augmentaient au fur et à mesure que le peuplement devenait plus dense et que l'économie locale se développait.

Les communications devenaient également plus sûres qu'avant. Les correspondants se faisaient moins de mauvais sang quant à la sécurité de l'acheminement du courrier et se donnaient moins de mal pour se prémunir contre les pertes possibles de lettres. Toutefois, beaucoup de lettres continuaient de se perdre ou d'arriver en retard, particulièrement en temps de guerre lorsque les communications pouvaient être considérablement perturbées. Si la sécurité du transport du courrier était devenue une question moins épineuse avec le temps, le rythme saisonnier traditionnel des communications s'était également modifié. La plupart des correspondants canadiens avaient maintenant le loisir d'envoyer des lettres localement ou outre-mer pendant l'hiver. Les communications conservèrent cependant leur caractère saisonnier même sous cette nouvelle forme : le courrier en hiver était moins fréquent, souvent plus lent, et parfois plus cher que pendant la saison de navigation. La facilité et la fréquence des communications l'hiver différa également d'une localité à l'autre et au fil du temps : au début du régime anglais, les correspondants pouvaient en effet envoyer des lettres entre Montréal et Québec relativement facilement pendant toute l'année, mais les résidents de Détroit durent attendre de nombreuses décennies avant d'avoir des possibilités un tant soit peu comparables. De plus, certains Canadiens, malgré les possibilités qui existaient en hiver, conservaient des usages de correspondance saisonniers parce qu'ils étaient incapables d'en assumer le coût ou peu disposés à le faire.

Au cours de la période de près de deux siècles étudiée dans le présent ouvrage, ce sont en grande partie les correspondants eux-mêmes qui assuraient l'efficacité des communications. Ils établissaient des liens avec d'autres correspondants, et avec des voyageurs, des marchands et des capitaines de bateaux pour assurer le transport de leurs lettres. Ils utilisaient les services d'agents pour envoyer, recevoir et faire suivre des lettres qui leur étaient destinées, et eux-mêmes agissaient comme agents pour d'autres. Ils étaient à l'affût de toute occasion d'envoyer du courrier et organisaient soigneusement l'acheminement de leurs missives, choisissant la meilleure possibilité pour chaque lettre ou paquet de lettres, planifiant tout soigneusement en tenant compte de la saison, de la vitesse et de la sécurité. Ils n'étaient pas les utilisateurs passifs d'un système mais plutôt, par nécessité, les participants actifs d'un processus.

L'organisation de la correspondance n'était pas un fardeau aussi pénible qu'il pourrait sembler à première vue. Les possibilités offertes par les navires marchands, les canots de traite, la navigation locale et les voyageurs, bien que n'étant pas le fait de l'administration, étaient néanmoins bien établies, fiables et sans surprise — produits de l'habitude et des usages. Les voyageurs avaient le devoir ou l'obligation sociale de transporter

Conclusion

les lettres, et les capitaines de bateaux acceptaient indiscutablement de se charger des lettres dans le cadre de leur travail. Les réseaux de correspondance non officiels ne constituaient pas un « système postal », mais ils étaient solidement structurés et très cohérents, ce qui rendait le processus de communication beaucoup plus efficace qu'il ne l'aurait été autrement, tant sous le régime français que sous le régime anglais.

Nous ne devons pas non plus exagérer les difficultés à communiquer des Canadiens au cours de ces siècles au vu des problèmes et des contraintes auxquels ils devaient faire face. Les Canadiens ont élaboré des moyens et des usages qui les ont aidés à pallier aux conséquences de la perte ou du retard des lettres. Ils envoyaient plus d'une lettre chaque saison à chacun de leurs correspondants, répétant les nouvelles qu'ils souhaitaient particulièrement transmettre et envoyaient plusieurs copies des lettres très importantes. Ils inventoriaient les lettres envoyées et reçues dans les premiers paragraphes de leurs lettres. Grâce à ces méthodes et à ces usages, si une lettre particulière n'arrivait pas à destination, du moins les nouvelles qu'on souhaitait communiquer y parvenaient-elles. Après la Conquête, la facilité et la fréquence avec laquelle les Canadiens pouvaient correspondre réduisit la gravité de la perte d'une seule lettre. On n'envoyait plus que rarement plusieurs copies d'une même missive, et on ne répétait plus ni ne résumait aussi souvent la même nouvelle. Toutefois, du moins jusque dans les années 1820, beaucoup de Canadiens continuèrent à inclure dans leurs lettres de longs inventaires de leur correspondance.

Il faut aussi reconnaître que le rythme saisonnier des communications paraissait beaucoup moins extraordinaire aux yeux des anciens Canadiens qu'aux nôtres. Nous nous attendons à pouvoir recevoir l'information presque instantanément. Les Canadiens, durant une bonne partie de la période qui nous intéresse, s'attendaient uniquement à pouvoir correspondre avec une certaine fréquence pendant la saison de la navigation. Ils réglaient leurs affaires et fixaient leurs attentes d'après les possibilités qui s'offraient à eux, et par conséquent ils ne trouvaient pas le processus de communication aussi peu pratique que nous le trouverions. Bien sûr, ils se réjouirent et profitèrent de la possibilité de correspondre toute l'année lorsqu'ils purent s'en prévaloir. Et ils modifièrent en conséquence leurs affaires et leurs attentes. La correspondance s'en trouvait améliorée. Mais la structure saisonnière antérieure des communications donnait aussi de bons résultats dans son contexte.

Il est opportun dans cet ouvrage nourri des mots et des expériences de correspondants individuels que nous revenions à une des Canadiennes dont nous avons parlé dans ces pages. Elizabeth Russell arriva au Canada à la fin du printemps de 1792. Elle débarqua à Québec le 31 mai au terme d'un voyage de neuf semaines qui lui laissa un si mauvais souvenir qu'elle déclara qu'elle ne le referait que pour retourner chez elle en Angleterre. Deux jours plus tard, elle écrivait à son amie intime Elizabeth Kiernan : « Je te promets de te donner de mes nouvelles aussi souvent que j'aurai l'occasion de t'écrire, et d'avoir de tes nouvelles sera mon plus grand bonheur[2]. » Cette promesse sera réalisée. Elizabeth Russell écrivit à son amie chaque fois qu'elle en eut la possibilité et attendit chaque réponse avec impatience. Elles correspondirent jusqu'à la mort d'Elizabeth Kiernan, en 1812. Pour Elizabeth Russell, les lettres constituaient un véritable rempart contre l'isolement colonial.

Elizabeth Russell mourut à York au début de 1822. Le monde des communications s'était alors profondément transformé. Dans leurs lettres, les correspondants faisaient de plus en plus rarement allusion à la façon dont le courrier circulait. Le processus devenait de plus en plus simple, banal et fiable. Une nouvelle situation et de nouvelles attentes émergèrent. De nouveau thèmes se firent jour. L'attitude des gens face à la rapidité du courrier se modifiait. En 1844, par exemple, le service des postes exigeait que ses courriers soient pourvus de montres afin de respecter un horaire strict[3]. Les trains, les bateaux à vapeur, le télégraphe et l'énorme expansion du service postal apportèrent tous des changements dans leur sillage. Le vieux monde des communications cédait lentement la place à des rythmes, des structures et des usages nouveaux.

Notes

1 Peu d'études sur les débuts de l'histoire postale au Canada sont autre chose qu'une nomenclature conventionnelle des dates importantes de l'établissement d'un service postal officiel. Voir, par exemple, Smith, *History of the Post Office in British North America*, et également Susan M. McDonald, « The Posts in Canada to 1776 », dans *The Posted Letter in Colonial and Revolutionary America*, partie P. Comme ter Braake

Adieu pour cette année

note dans son introduction à *The Posted Letter*, p. A-4, cette approche découle en grande partie de l'intérêt traditionnel des historiens de la poste et des philatélistes pour les marques, les estampilles manuelles et les timbres collants officiels produits par un bureau de poste public, et qui deviennent des objets de collection.

2 Documents E. Russell, 2 juin 1792.
3 ANC, RG 3, Dossiers du ministère des Postes, vol. 908, Québec, 27 mai 1844, DPMG, T. Stayner au lieutenant-colonel Maberly, GPO, Londres, p. 258-261.

Bibliographie

Cette bibliographie énumère les sources principales consultées pour la rédaction de cet ouvrage. Une liste partielle de documents secondaires y fait suite.

Collections de manuscrits
Archives du Séminaire de Québec
Carton Séminaire.
Fonds Verreau
Lettres, M, N, O.

Archives nationales du Québec
Antoine Adhémar, P1000-01-10.
Sieur Delorme, P1000/28-522.
Pierre Lesacque, P1000/64-1269.
François Hazeur, P1000/48-951.
Perrault l'aîné, P204.
Cabart de Villermont, P272.

Metropolitan Toronto Public Library, salle Baldwin
Documents W. D. Powell, L16, Correspondance d'Anne Powell, série A93.
Documents Elizabeth Russell, L 21, 17, vol. 1.

Archives nationales du Canada, Ottawa
Documents George Allsopp, MG 23 G III 1, vol. 1, « Photostat of letter book, 1793-1794 »
Documents C. C. Cotton et famille, MG 24 J47.
Documents de la famille Ermatinger, MG19 A 2, série 1,
vol. 1, Recueil de correspondance de Lawrence Ermatinger (1770-1778),
———, série 2, 2 vol., Documents Edward Ermatinger, corespondance reçue.
Documents John Nairne, MG 23 G III 23, vol. 1 et 2.
Documents Jonathan Sewell, MG 23 G II 10, vol. 2-8.

Adieu pour cette année

Archives de l'Université de Montréal
Collection Baby, partie 2, série U, « La correspondance générale ».

Sources principales imprimées
« Archives Gradis », *Rapport de l'archiviste de la province de Québec*, 1957-1958 et 1958-1959.

The John Askin Papers, publiés par Milo Quaiffe, 2 vol., Détroit, Detroit Public Library Commission, 1928-1931.

Lettres au cher fils : correspondance d'Élisabeth Bégon avec son gendre (1748-1753), préparé par Nicole Deschamps, Montréal, Hurtubise, 1972.

« Lettres de Mère Marie-Andrée Duplessis de Sainte-Hélène, Supérieure des Hospitalières de l'Hôtel-Dieu de Québec », *Nova Francia*, vol. 2 (1926-1927), vol. 3 (1927-1928), vol. 4 (1928-1929), vol. 5 (1929-1930), et vol. 6 (1930-1931).

« Lettres du père Aulneau », *Rapport de l'archiviste de la province de Québec*, 1926-1927.

« Lettres de Saint-Charles Garnier », *Rapport de l'archiviste de la province de Québec*, 1929-1930.

Marie de l'Incarnation, Ursuline (1599-1672) : Correspondance, publié sous la dir. de Dom Guy Oury, Solesmes, Abbaye Saint-Pierre, 1971.

N. B. : La bibliographie générale des premiers volumes du *Dictionary of Canadian Biography*, University of Toronto Press, contient des informations brèves mais intéressantes sur la plupart de ces documents.

Choix d'ouvrages secondaires
Cette liste d'ouvrages secondaires a été dressée à partir des documents cités dans le texte.

Lettres, plumes et papier
BARROW, William J. *Manuscripts and Documents : Their Destination and Restoration*, Chalottesville, University Press of Virginia, 1972

BERKELEY, Edmund. *Autographs and Manuscripts : A Collector's Manual*, New York, Scribner's, 1978.

CHARTIER, Roger, et al. (sous la dir. de). *La correspondance – Les usages de la lettre au XIXe siècle*, Paris, Fayard, 1991.

GASKELL, Philip. *New Introduction to Bibliography*, Oxford, Clarendon Press, 1972.

HUNTER, Dard. *Papermaking : The History and Technique of an Ancient Craft*, New York, Alfred A. Knopf, 1943.

———. *Papermaking through Eighteen Centuries*, New York, William Edwin Rudge, 1930.

Illustrations
ALLODI, Mary, Peter N. MOOGH et Beate STOCK. *Berczy*, Ottawa, Musée des beaux-arts du Canada, 1991.

ALLODI, Mary. *Printmaking in Canada : The Earliest Views and Portraits*, Toronto, Musée royal de l'Ontario, 1992.

GRAHAM, Conrad. *Mont Royal – Ville Marie : Early Plans and Views of Montreal*, Montréal, Musée McCord, 1992.

STRONG, Roy. *A Pageant of Canada*, Ottawa, Musée des beaux-arts du Canada, 1967.

VACHON, André. *Dreams of Empire : Canada before 1700*, Ottawa, Archives publiques du Canada, 1982.

———. *Taking Root : Canada from 1700-1760*, Ottawa, Archives publiques du Canada, 1985.

WILSON, Bruce G. *Colonial Identities : Canada from 1760-1815*, Ottawa, Archives nationales du Canada, 1988.

Nouvelle-France
Dictionary of Canadian Biography, Toronto, University of Toronto Press, 1967- .

ECCLES, W. J. *Canadian Frontier, 1534-1760*, Albuquerque, University of New Mexico Press, 1983.

———. *Essays on New France*, Toronto, Oxford University Press, 1987.

HARRIS, R. Cole et John WARKENTIN. « The French Impact in Canada and Acadia », dans *Canada Before Confederation : A Study in Historical Geography*, New York, Oxford University Press, 1974.

Bibliographie

HARRIS, R. Cole (dir.) et Geoffrey J. MATTHEWS (graphiste). *Historical Atlas of Canada*, vol. 1 : *From the Beginning to 1800*, Toronto, University of Toronto Press, 1987.

MIQUELON, Dale. *New France, 1701-1744 : A Supplement to Europe*, Toronto, McClelland and Stewart, 1987.

SMITH, William. *The History of the Post Office in British North America, 1639-1870*, Cambridge, Cambridge University Press, 1920.

TRUDEL, Marcel. *The Beginnings of New France, 1524-1663*, Toronto, McClelland and Stewart, 1973.

VACHON, André. *Dreams of Empire : Canada before 1700*, Ottawa, Archives publiques du Canada, 1982.

VACHON, André. *Taking Root : Canada from 1700-1760*, Ottawa, Archives publiques du Canada, 1985.

Le Canada après la Conquête

Dictionary of Canadian Biography, Toronto, University of Toronto Press, 1967- .

GENTILLCORE R. Louis (dir.) et Geoffrey J. MATTHEWS (graphiste). *Historical Atlas of Canada*, vol. 2., *The Land Transformed, 1800-1891*, Toronto, University of Toronto Press, 1993

HARRIS, R. Cole (dir.) et Geoffrey J. MATTHEWS (graphiste). *Historical Atlas of Canada*, vol. 1 : *From the Beginning to 1800*, Toronto, University of Toronto Press, 1987.

HARRIS, R. Cole et John WARKENTIN. « Ontario », dans *Canada before Confederation : A Study in Historical Geography*, New York, Oxford University Press, 1974.

McCALLA, Douglas. *Planting the Province : The Economic History of Upper Canada, 1784-1870*, Toronto, University of Toronto Press, 1993.

SMITH, William. *The History of The Post Office in British North America, 1639-1870*, Cambridge, Cambridge University Press, 1920.

WILSON, Bruce. *Colonial Identities : Canada from 1760-1815*, Ottawa, Archives nationales du Canada, 1988.

———. The Enterprises of Robert Hamilton : A Study of Wealth and Influence in Early Upper Canada, 1776-1812, Ottawa, Carleton University Press, 1983.

Ceux qui souhaiteraient une liste plus exhaustive d'ouvrages secondaires peuvent consulter les bibliographies accompagnant des textes plus généraux, par exemple, BUMSTED, J. M. *The Peoples of Canada : A Pre-Confederation History*, Toronto, Oxford University Press, 1992.

*Cet ouvrage
composé en Bembo corps 11
a été achevé d'imprimer
en septembre mil neuf cent quatre-vingt-dix-sept
sur les presses de
l'Imprimerie HLN,
Sherbrooke (Québec).*